韩国神话历史

林炳僖◎著

南方日报出版社
NANFANG DAILY PRESS
中国·广州

图书在版编目（CIP）数据

韩国神话历史 / 林炳僖著. -- 广州 : 南方日报出版社，2012.5
ISBN 978-7-5491-0583-0

Ⅰ. ①韩… Ⅱ. ①林… Ⅲ. ①神话－历史－韩国Ⅳ. ①B932.312.6

中国版本图书馆 CIP 数据核字(2012)第 119948 号

韩国神话历史 林炳僖 著

出版发行：南方日报出版社
地　　址：广州市广州大道中 289 号
电　　话：（020）83000502
经　　销：全国新华书店
印　　刷：广州市岭美彩印有限公司
开　　本：787mm×1092mm 1/16
印　　张：17.75
字　　数：250 千字
版　　次：2012 年 5 月第 1 版
印　　次：2012 年 5 月第 1 次印刷
定　　价：36.00 元

投稿热线：（020）83000503 读者热线：（020）83000502

网址：http://nf.nfdaily.cn/press/

总序

神话：中国文化的原型编码

叶舒宪

“神话”这个概念是20世纪初由留日学者梁启超、蒋观云等人引入现代汉语中的。在此之前，中国学术话语中没有这个词，当然也没有神话学这门学问。100多年来，中国神话学从无到有，取得了重大成就，也留下明显的局限。最初热衷于介绍和研究神话的学者以文学家为主体，如鲁迅、周作人、茅盾、郑振铎、谢六逸等，所以至今我国的神话学教学仍然只限于在大学中文系的民间文学课程范围里进行。凡是没有讲授民间文学课程的学校，当然也不会讲授神话学的专业知识。对照20世纪以来国际神话学研究大发展的情况，国内在学科划分上的这种自我封闭之局限性非常明显。以国际神话学理论权威学者罗伯特·西格尔（Robert A.Segal）在1996年主编出版的六大卷《神话理论》（*Theories of Myth*）来看，文学方面的神话学研究只占六卷书中的一卷而已，即不到神话学研究全貌的百分之二十，占据百分之八十以上的内容是哲学、历史学、考古学、宗教学、心理学、人类学等学科视角的神话研究。与中国神话学的现状相比，文学本位的神话观成为制约我国人文学术发展的一个瓶颈。

如何有效地总结一个世纪以来中国神话学的成就与研究经验，反思我国学者在这一领域中的思维工具之局限性及其遮蔽、阻碍作用，相应地提出学术对策，对限制性的瓶颈加以突破，实现对神话观念和神话学知识格局的更新，与时俱进地回应国际学术发展趋势，适当地吸收学术创新成果，对于推进我国神话学研究乃至整个人文研究的水平，都是十分必要的基础理论工作。

以往的经验表明，突破中国神话学研究的文学本位之局限，神话概念将充分发挥其贯通文学、历史、哲学、宗教学、心理学的跨学科知识整合优势，引领人文学者打开思路，主动尝试交叉学科的思考，发现、提出和解决新问题，特别是关系到文史哲研究视野如何打通和重新整合的关键问题。

一个世纪以来的中国神话研究，将主要精力用于从古籍中寻找类似古希腊神话故事的工作，却完全忽略了一个根本性的问题：中国古人为什么不能研究神话？换另一种问法：中国古汉语中为什么就没有“神话”这个词呢？由于这样具有根本性的文化特质问题没有得到较早的提示，在学者中也得不到深入的思考和讨论。中国文化传统的最大特征就在于其完全的和弥漫性的神话特质。不仅遍布城乡各地的无数孔庙和财神庙，无言地见证了这个多民族国家的巨大造神能量，就连被西学东渐以来的现代学者视为“中国哲学”、“中国历史”和“中国科学”的许多根本内容，也离不开神话的观照。

参观北京故宫的游客，很少能够明白所谓“紫禁城”，原来就是纯粹的神话式命名！人们确信地上的皇宫对应着神话想象中的天上紫微宫，那是天帝位居天庭中央的统治标志，于是才会有人间的紫禁城这样的神圣化名号。大家都知道“天人合一”是中国文化的特质，但是大家往往都忽略了“天人合一”信念本来就是神话的观念，或者说是直接来自神话思维的信仰观念，它对于整个中国传统来说，具有文化基因的作用。就连自我标榜“不语怪力乱神”的孔圣人，其实也坚信“天命”，特别关注超自然的生物麒麟与凤凰之类的神话象征意义。当年一位楚国狂人甚至直接用“凤”来比喻孔子本人。今人只看到神话表现的一种形式是文字叙事，所以它就被归入现代意义上的文学。但是文化传统中还有大量以图像叙事和物的叙事来表现的神话，紫禁城、天坛、地坛、日坛、月坛等明清两代皇家建筑莫不如此，更不用说自古以来的“天子坐明堂”制度了。从古代的高频语词“真龙天子”、“龙凤呈祥”等，到今天的高频语词“龙的传人”、“巨龙腾飞”之类，离开了神话式的思考和观念，还谈什么中国文化？

再举一个工具书的例子，我们从中可以看出，神话对于中华文明的深刻渗透和全面覆盖，如何达到至深至广的程度。《说文解字》这部书，大家公认是古汉语的第一部字典。但是只要仔细阅读第一卷开篇的几个最重要的部首下面的字，就不难看出，这不是随意编排的工具书，其9000多字的编排顺序始于“一”而终于“亥”，分明体现着神话宇宙观的时间和空间秩序。至于为什么要将一、二、示、三、王、玉这六个部首的字排在字典的首要位置，其间的奥秘只能从华夏大传统的信仰基础和神话根脉上才能看得清楚，绝不是按照笔画顺序排列就能够解释的。许慎对许多汉字的解说方式，其间充满着神话观念与神话叙事，尽管他那个时代还没有“神话”这个词语。从认知人类学角度看，《说文解字》不用神话词汇而表达出的神话和信仰内容，对中国文化传统的神话性给出了生动的示范。“不识庐山真面目，只缘身在此山中”，中国古人不用讲“神话”这个词，因为他原来就生活在神话所支配的观念和行为之中！从这一意义上看，象形文字作为文化的符号编码方式，本身就体现着神话观念的原型编码规则，这正是当代学者能够通过神话学的整合视角而重新进入中国传统的窍门所在。这也是《神话历史丛书》的编撰初衷：如何将局限于文学课堂的神话真正释放出来，使之成为重新贯通文史哲、反思中国文化研究的有效概念工具，引领学者超越传统的成见和现代的学科偏见，重新进入中国思想传统和历史传统。

《神话历史丛书》计划出20卷，分为中国神话历史和世界神话历史两个系列。世界神话历史系列，包括苏美尔神话历史、希腊神话历史、日本神话历史、韩国神话历史等，为审视中国神话历史提供世界文明及东亚文明的大背景参照。中国神话历史系列，包括一卷总论和各卷分论。分论以先秦两汉的重要经典为个案，如《尚书》、《论语》、《春秋》、《礼记》、《仪礼》、《穆天子传》和《淮南子》等，分别透视其所承载的神话历史与神话哲学之内涵，展示与以往不同的解读门径。我们希望各卷合起来能够构成一个相互关联和相互照应的学术整体，有助于加深对中国文化的发生及其特质的认识。

本丛书秉承了笔者一贯的研究风格（参见20世纪90年代叶舒宪与萧兵、王建辉合作主编的“中国文化的人类学破译”系列丛书），集中呈现笔者近年来的跨学科思考，并汇聚了一批具有新锐探索精神的青年学者（本丛书的作者都是有志于进行跨学科研究的人文学者，围绕着目前活跃于学界的几个学会——中国文学人类学研究会、中国神话学会等进行研究），力图从神话历史新视域解读中国文化的原型编码，从而呈现出具有规模性的人文研究和国学研究的创新成果。本项目的缘起，原本依托于中国社会科学院重大项目“中华文明探源的神话学研究”，又于2009年单独列为广东省文化强省项目，得到了广东省委宣传部和南方日报出版社的大力支持和资助。本丛书还得到了2010年新成立的上海交通大学文学人类学研究中心在人力、物力等方面的鼎力支持。谨在此向广东省委宣传部、南方日报出版社和上海交通大学、中国社会科学院文学研究所表示诚挚的谢意。

2010年6月6日于北京太阳宫

目錄

导论

无处不在的神话

神话化为历史，历史化为神话。重要的是神话的历史化和历史的神话化其根本都在神话历史的领域，这里的神话绝非现代已经被狭义化的神怪故事。神话化为历史的是一种神话，同时历史化为神话的也是一种神话。

第一节
神话与历史

一、矛盾的合一

对于人的精神世界而言，存在完全的客观吗？存在完全的理性吗？不，在世上没有绝对。历史并不是完全客观的事实，而神话也不是完全的想象虚构。但当古希腊人把罗各斯（Logos）限定在理性的领域，秘索思（Mythos）被归之于感性的领域后，神话（Myth）也被作为秘索思的产物。此后神话一直被锁定在理性、真实、历史的对立面。

在西方史学发展的漫长年代中，神话和历史一直都被定义为两种相对立的范畴，基本上神话都被理解为是编造的、纯粹虚构的，因而看起来仅仅是对所发生事实的虚假描述，而历史则是一种严肃可信的、对实际所发生的解释，这在经验主义的来源和论述范畴内是真实的。[①]但是历史不是客观的事实。历史的反面有神话；神话的反面有历史；理性的反面有感性；感性的反面有理性。这就是矛盾的统一体。

宋代的学者张载曾提出“一物两体”的概念。他说：“一物两体，气也。一故神，两故化。”[②]一气之中，有阴阳二性，故为“一物两体”。当其为“一”之时，则“清通而不可象为神”。所谓“一故神”也。因其中有阴阳二性，故“生絪缊相荡，胜负屈伸之始”。絪缊相荡，即二性之表现也。气有二性，故絪缊相荡，聚而为万物。所谓“两故化”也。[③]

阴强阳隐，此时看起来阴；阳强阴隐，这时看起来阳。可是阳里有阴，阴里有阳。同样，理性里有感性，感性里有理性，历史里有神话，神话里有历史。其实我们看到的更多是自己立足的社会所强调的那一

① Joseph Mali: *Mythistory*, Chicago: The University of Chicago Press, 2003, Preface xii.
② ［宋］张载：《正蒙·参两篇》，上海：上海古籍出版社，2000年版。
③ 冯友兰：《三松堂全集》第三卷，郑州：河南人民出版社，2001年版，第288页。

面。如果将这样的逻辑引入时间的连续性，神话与历史的关系便转化为回归与分化的结构。

这同中国道家的老庄之理论颇有异曲同工之妙。以思维共性而言，在一定程度上，人类不同文明对周遭世界的解释异中有同。佛家讲“生者必灭、会者定离、去者必反”。一切事物都遵循循环的道理，这是被自然科学与宗教精神不断验证着的。对于人类自身，其肉体也不例外。人的身体由细胞分化形成。分化减弱、停止，肉身便开始老化、消亡，老化的肉身最终回归自然。可是人之愿望不想回归自然，总是希望死而复生，因此肉体必灭的事实早在史前时代就催生着人类从精神上寻觅能够挽回、替代死亡的方法。尽管形式各异、观念有别，无论是希望生命无限延续，还是渴求生命进入循环，人类都曾把肉体与精神的关系纳入到一种神话性的思维中去解释。

人体的物质性本身就孕育着延续与循环的理论可能。从泵血的心脏到毛细血管，思维着的头脑与传达命令的神经细胞，呼吸、消化、吸收的脏器，甚至骨头与皮肤，人的身体确实复杂万分，今日的医学、生物学等科学对其认识也仅为入门。神秘的人体从卵子和精子的结合开始。卵子受精后成为受精卵并开始分化，进而成长为人体。除了两性结合之外，人体延续自身的方式还可以借助科学手段以复制干细胞的方式进行，就是一般所说的克隆。如果我们能够以人工的方式分化胚胎干细胞，就可以制造身体的任何部分，为罹患肝病的人提供健康的肝源，为受伤的皮肤提供新的替代物。如果说胚胎干细胞的分化意味着人体的形成，那么还原胚胎干细胞就意味着复生，意味着另外的重生、一个崭新的生命。为了复生，人体的细胞要经过还原胚胎干细胞的过程，还原胚胎干细胞就是回归根本的过程。难怪，克隆被称为现代造人神话。

神话学意义上的延续与循环观念同样如此，这就是人类对自身生命密码的精神解读。神话本体观也符合人类解读自身的内在规律，神话自诞生之后不断地变化，这变化就在于分化和回归的历程。有时古代神话的面目变成现代神话或者当代的范式，有时古代的神话成为后代的秩序、原型。这样的现象就是神话的分化和回归。格兰特（M.Grant）说：“20世纪的作家们，从悲剧到报纸连载的漫画都使用着古代神话的原形。古代神话不断地成为被探讨的对象。”[1]

作为一体两面，如果神话的因素强化，历史的因素就弱化；反之，历史的因素强化，神话的因素就弱化。神话与历史是统一在循环的结构之中的。神话与历史的循环遵循四段循环模式。从古希腊神话的黄金时代起，四段循环的思维模式就在西方文明中传承下来，而当初印欧人南下的一个分支所创建的南亚次大陆文明中，同样流传着四时代更替轮转的神话思想，乃至在佛教义理中概括出成、住、坏、空的四段公式。东亚的华夏文明亦不例外，《周易》有元、亨、利、贞的四段式，《老子》有道生一、一生二，二生三、三生万物的四段创生说，《庄子》则概括为一、分、成、毁的存在规律。[2]这些在某种意义上看，都是以四段为一个完整单位，循环往复，以至无穷的。

神话是在不断地重复和演变的。重复和演变是在分化和回归的过程中逐渐形成的。分化是诞生和成长的过程，回归意味着回转生命的起源。人希望长生不老、重生、建立新秩序。分化与回归不仅发生于人的肉身，创造宇宙、创造人，人与自然、人和人之间出现秩序和制度也是一种分化。固定的关系与秩序变成人们遵从的道理或者时代的范式。

新秩序形成的过程也是一个逆分化的过程。就像克隆人体干细胞研究的内容是如何将已经分化的体细胞转换为有分化能力的干细胞。这样的逆分化就是回归。回归起源，追溯最初的、还没生成秩序的状态，这其中孕育着形成事物，确立范式初始，其中蕴蓄着改变世界的力量。如果得到这种力量就可以重生，但是没有把握这力量的时候，就要遵守现存的秩序。人的诞生和成长是细胞的分化过程，重生是细胞的回归过程，人的生死、重生都是通过细胞的分化和回归进行的。细胞是分化和回归的通道，同时也是分化和回归的本体。世界、国家、社会、秩序、范式等的分化和回归的途径在人的精神领域表现是什么？究其本源，就是神话，神话是回归根本的通道，分化的始源，所以人从原初时代开始即传承神话、读神话、说神话、表现神话。在重演神话的过程中，人回归根本，在根本处获得力量，这个力量成为改变世界的原动力，神话不仅仅是神圣的叙事，更是整个人类赖以存留自身文化与承继文明的土壤，所以人类必须重演神话。

---

① [美]迈克尔·格兰特（M. Grant）：《希腊罗马神话》，徐美释译，首尔：现代知性社，1999年版。
② 叶舒宪：《庄子的文化解析》，西安：陕西人民出版社，2005年版，第325页。

神话是一个整体，像转动的太极一样的整体。阴和阳不分开。阴渴求阳，阳渴求阴，老阴变成小阳，老阳变成小阴。因此阴和阳混在一起。“易”的原理是往返于阴和阳的两端并引起变化的。这样的现象类似驶向目的地的船。依照反馈理论，船不走直线。舵手看着目的地的方向，发现船走向左侧，就把舵转向右边，船走向右侧，再把舵转向左边。船左右交替着前进。在这儿，左和右不是对立的关系，而是互补的关系。神话也是一样。

神话包括分化和回归、秩序和无秩序、理性和感性。因此神话是矛盾的。由于神话是矛盾的存在，神话才是有意义的。神话的两极不是绝对对立的关系。以对立的关系看两端是西方的悠久看法。德里达（Derrida）说：“虽然有例外，人看世界时，区分主体和客体、本质和现象是柏拉图以来西方人文学的两项对立思考方式的产物。”[①]可是东方思想不一样。老子说：“故有无相生，难易相成，长短相形，高下相倾，音声相和，前后相随。”[②]老子的思想中不存在两项对立、两项的暴力的阶级秩序、绝对善恶的判断。看起来对立的两个存在，其实是互补的关系。两个存在在相互关系中产生意义。这样的思考在伊利亚德的研究中也有反映。伊利亚德思想中突出的一个特点是“逆的合一（coincidentia oppositiorium）”。通常我们相信白色和黑色、历史和神话、圣和俗是相反的。不过他认为，虽然它们互相对立，但总的来说它们不是两个，而是从一个本质上出现的。[③]

“逆的合一”很像太极。易构成阴和阳的组合。阴和阳生四象，四象生八卦，八卦生六十四卦。易表现分化的过程。整个从无极到太极，从太极到阴阳、从阴阳到四象、从四象到八卦、从八卦到六十四卦的过程就是分化的过程。六十四卦就能够包括世上的诸般变化。不过六十四卦是从阴阳、太极、无极中衍生的。想知道六十四卦要先知道八卦，想懂八卦要把握四象，明白阴阳后才能了解太极和无极是阴阳的来源。从六十四卦追溯到无极的过程是回

① Jacques Derrida: *Positions*, tr. Alan Bass, Chicago: University of Chicago Press, 1982, pp. 56—57.

② 老子：《道德经》，北京：中央编译出版社，2006年版，第123页。

③ [韩]黄弼昊：《关于伊利亚德的“逆的合一”》，《神话与历史》，首尔：首尔大学校出版部，2004年版，第143页。

归。这样说“易”也是一种神话，包括着分化和回归。

从原初时代开始，神话本质上即是分化、产生秩序、分类事物的产物。原始社会的认识与当代社会的认识不同，对动物与人类的分类观念也不同。在初民的认识中，动物和人、草和虫子、山川和江海和谐共存。因为那时候人对秩序和分类就是这样理解的。那个秩序和分类起源于我们今天称之为神话的叙述本体。说明天地万物怎么产生的创世神话不是区分劣等和优等，而是表现平衡。这种平衡的秩序支配了那个时代。但是人文的神话、科学的神话、数字说明一切的观念出现后，新秩序和分类就产生了，进而把神话的循环与回归同其自身对立起来，缩小了神话的内涵，使之成为故事一类的叙事，这是现代的偏见。应将这种神话狭化视为神话循环的整体，也就是前述所言的逆分化所形成的新秩序。在新秩序中，像地球、太阳系、银河系以及门纲目科属种这样的生物秩序和分类依据就出现了，以广义、原初的神话内涵而论，应该重新理解这些不过是新型神话。我们习惯以当代范式看世界，以当代的分类法认识世间万物。这个新秩序，被我们称之为科学，它并不能否定神话，而只是作为人类思维整体的一极。可是没有不变的神话，出现新分类法意味着出现新神话。

托马斯·库恩在他的著作《科学革命的结构》（*The Structure of Scientific Revolution*）中定义了“范式”。按照他的见解，范式是结合了科学的认识、理论、习俗、思考、观念、价值观等的总体条框或者概念集合体。但是范式不是不变的，它也经历着生成、发展、衰退、代替的过程。神话形成新范式，以及新范式获得权威，被当作时代精神，制造历史。同时神话形成的范式也经过生长、发展、衰退、代替的过程。类似巴特（Barthes）的说法，“神话剥夺历史”，新的神话剥夺、替代古老神话，新神话出现之前，世界处于混沌无序或者旧有秩序的状态。混沌中，依据新的神话出现新秩序。新秩序的正当性依靠神话，它的出现绝非凭空，必然从旧有神话中带来因子。这样的现象是一种回归和分化。回归无秩序然后才有新秩序。回到空间和时间的起点，才有新世界。

巫仪式也是一样的道理。巫仪式是重演神话的行为。通过巫仪式，巫师回归来源。巫师追溯来源，获得重新组合局面的力量后返回现实。带病人去尚未出现疾病的时间和空间，带迷惑的人去神的领域抓鬼。巫师的仪式，也是治疗病人的医术，在神话中难以分割。巫仪式展开的过程也是分化和回归的过程。

分化和回归是神话的两极。从东方的中国思想来看，分化更多体现出儒家的性格，回归主要反映了道家的性格。儒家的重点是现实的秩序。为了儒家秩序的巩固化，为了主导变化的世界，儒家不断地在观念上分化。孔子试图分化尧、舜、禹、周公的思想，孔子的思想通过曾子和子思子到孟子又分化了。依周敦颐、二程、朱子，孟子的思想也分化了。他们都在分化的过程中。社会越复杂，儒家的思想分化越充分。孔子说“非礼勿视，非礼勿听，非礼勿言，非礼勿动”。[①]在儒家那里，礼是世界的根本，区分了君臣、父子、贵贱、上下、亲疏，又区分了仁义礼智忠孝信爱和中这样现实生活的共同法则和范畴。儒家的思想继续分化。为了纠正现实的秩序又开始说四端和七情、性和理、理和气。儒家希望通过分化巩固自己的秩序。儒家学说的分化正是分化形成新秩序的内在反映。

但是老子主张回归来源。老子多次强调女性和婴儿，这意味着老子重视回归。这里的回归又意味着另外的创造。看《道德经》时，这样的思想很明显。

谷神不死，是谓玄牝，玄牝之门，是谓天地根，绵绵若存，用之不勤。（六章）

专气致柔，能婴儿乎？（十章）

致虚极，守静笃，万物并作，吾以观复，夫物芸芸，各复归其根，归根曰静，是谓复命。（十六章）

知其雄，守其雌，为天下谿，常德不离，复归于婴儿。（二十八章）

反者，道之动，弱者，道之用，天下万物生于有，有生于无。（四十章）

含德之厚，比于赤子，蜂虿虺蛇不螫，猛兽不据，攫鸟不搏，骨弱筋柔而握固，未知牝牡之合而全作，精之至也。（五十五章）

---

① [宋]朱熹：《四书章句集注》《论语集注》，北京：中华书局，2010年版，第132页。

因为老子认为破坏世界的主犯是分化，所以他觉得恢复世界的方法在于回归。老子说：“大道废，有仁义，智慧出，有大伪，六亲不和，有孝子，国家昏乱，有忠臣。”[①]按照老子的思想，有了观念后，世上才变坏了。在这儿，有观念意味着分化。老子主张的是回归。老子想回归的“无”是分化以前的状态，就是Chaos即混沌。

老子的整个思想体系是以混沌创世神话为基础的理论抽象，所以在他的著作中，作为宇宙本源的“道”也可以混同于混沌，是一种阴性的本体，又可同玄牝相互认同。[②]按照创世神话，从混沌的状态中生天地万物。因为混沌是无，所以无成为万物之母。在这里，“无”不是什么都没有的绝对无，而是还没被分化的混沌的状态。

分化和回归反复发生。总之，我们抱着回归的欲望，在分化的世界活着。这是世界的矛盾，同时也是我们自身拥有的矛盾。神话也是一样，西方的“神话”一词实际上也经历了分化，最初古希腊的秘索思就是罗各斯，而罗各斯即是秘索思，不过是使用场所有别。简单地说“神话只是秘索思”近乎是谬论，诚如上述老子之言，神话本身就包含着“道”或“逻各斯”之类的话语雏形。或许一体两面看，神话是具体，而逻各斯是抽象。神话与逻各斯是互补的存在。20世纪初丹麦出生的物理学者尼尔斯·玻尔（Niels Henrik David Bohr）说明光线的两种性质时，揭示了互补性（complementarity）的原理。海森堡（Werner Karl Heisenberg）为了以数学说明互补性提示不确定原理，阐发了两者之间的力学关系。互补性原理表明相反的东西中存在互补的关系。在两者力学关系中，一个粒子的位置与运动量的正确性成反比。提高运动量的正确性时，降低了位置的正确性。而提高位置的正确性时，又降低了运动量的正确性。即一个值正确的时候，另外的值不正确。这样的现象类似太极的阴阳。阴阳是互补的存在，而且阴决定阳，阳决定阴。尼尔斯·玻尔也认为太极是最正确的互补性原理的反映，因此玻尔家的纹章就是太极。

诚如老子的辩证法所昭示的，对立的事物是相互统一、相反相成而又相互转化的。[③]秘索思与罗各斯、神话与现实、神话与历史、分化与

① 老子：《道德经》，北京：中央编译出版社，2006年版，第167页。
② 叶舒宪：《老子与神话》，西安：陕西人民出版社，2005年版，第71页。
③ 叶舒宪：《老子与神话》，西安：陕西人民出版社，2005年版，第2页。

回归的关系都是互补的。神话包括上述的关系。一部分越强大，另外的一部分越减弱。不过减弱的部分没有消失，还是存在。类似阴阳的力学关系，两个存在一直共存。《易传》记载“一阴一阳谓之道”。本文将之改写为“一分一合谓之神话”。

二、神话与历史的张力关系

真实与人们相信的往往不一致。人不是因为真实而相信，而认为相信的是真实。从这个意义上说，真实与信任总是处在混乱中。对基督教信徒来说，上帝创世是理所当然的。而且基督教信徒把上帝的故事叫上帝的历史。这里的历史不是指真实发生的过去事件的记录，而是信仰系统上的历史，是观念的历史，尤其这样的信仰是不应置于是否真实存在的真伪领域进行判断的。

这样的情况在古希腊也存在。早期希腊历史学家，如波吕比乌斯、狄奥多罗斯及洵萨尼阿斯认识到，古代神话传统持续在诗的创作中繁荣，修辞演说、国家的政治公共机构因而不得不重新改写它的历史。因此，波吕比乌斯回应修昔底德，“一个真实事件的历史”全无任何价值，比起听基于看更好，他通过引用荷马介绍俄底修斯的词句继续特征化理想的历史：“告诉我，啊，缪斯，他四处徘徊……他看到许多市镇，了解他们的思想，在土地和大海上遭受更多的苦难……经过了人的战争，也经受了令人哀伤的波涛。”这样唤出了俄底修斯，行动的人，也是叙事的人，他所要讲述的神话的主角，是同一个冒险者更加相关的，故事讲述者更像希罗多德而不是那位分析和批评的仲裁者，修昔底德。[1]

坚持客观性是历史学的基本特点。但是疑问在于，我们已经知道绝对的客观不存在。历史家记录的历史文本是客观的吗？我们会客观地回想过去吗？历史家描写某事件时，他必然受到时代的范式、自己的价值观、阶层、国家、民族等的影响。历史家记述的历史只是经过他自己筛选的历史叙述。所以历史不可避免地包含主观性。感性、主观、想象等要素一般不放在逻各斯的领域进行考察。而历史虽然基本上被划为逻各斯的领域，但是也拥有反逻各斯的因素。

① Joseph Mali: *Mythistory*, Chicago: The University of Chicago Press, 2003, pp. 2—3.

反逻各斯已经被确立为秘索思。历史是逻各斯，同时也是秘索思。

一般认为神话是秘索思，位于罗各斯的对立面。可是神话存在的理由和神话的叙事中同样也有逻各斯层面。与历史一样，神话既是逻各斯的，同时还是秘索思的。历史在逻各斯的领域包括秘索思，神话在秘索思的领域包括逻各斯。神话与历史站在对立面互相指向对方。神话的历史化与历史的神话化就是互相指向的结果。洛斯文（Ruthven）说："因为实在发生的事件通过记述那个事件的故事才会得到认识，所以历史家不得不成为一种神话创造者。"①

格兰特（Grant）说："很多心理学者和人类学者认定这个故事里充满着对人深奥的洞察。不必说，这个故事给我们说的不是历史的真实。这是另外的真实。也可以称为'类似历史（Para-history）'。"②神话是历史的另外面目，同时具有神话面目的历史是Para-history。在各个古代与现代文明的建国神话中，很明显地体现Para-history的性质——为了制造另外的真实，神话又一次要分化。

人为什么需要历史？根源在历史的功能，通过历史，人不是寻求事实，而是寻求教训。古代东方认为历史是政治的镜子，西方认为历史是生活的教师。历史提供指教，同时也是一种道德的范式。人相信天或者神主宰世界时，记录历史就是神圣的任务。历史直接联结政治权力的正统性。③有了历史，也就有了权威。有时候，历史的开头是神话。因为神话是神圣的，所以从神圣的神话开始的历史作为神圣的历史。

历史上，每当新的朝代和国家建立时，新国家制造建国神话。按照建国神话，建国是必然的，而且建国是上天授命、符合民意的。为了强调太祖的神圣血统，建国神话往往从太祖的祖先开始。继承了神圣血统的太祖才能建国。强调神圣血统的理由是为了保证新王朝的正当性。凸显正当性的另外的轴心是天命。天命象征着民心，前王朝丧失民心。因为前王朝不能受天命统治百姓，所以世间秩序混乱，生灵于水火中遭受涂炭。天命转移到新王朝。受天命统治百姓的权力也转移到新王朝。丧失天命的王朝必然崩溃。周武王怎么说打击商朝的理由？

① Ruthven: K. K., *Myth*, London: Methuen, 1976, p.10.

② Michael Grant & Jonh Hazel: *Who's Who In Classical Mythology*, London: Oxford University Press, 1993, Introduction viii.

③ [韩]金基凤：《后现代主义时代的历史是什么》，《后现代主义与历史学》，首尔：蓝的历史，2008年版，第23页。

> 王曰，嗟我友邦冢君越我御事庶士，明听誓。惟天地万物父母，惟人万物之灵，亶聪明作元后，元后作民父母。今商王受弗敬上天，降灾下民。沈湎冒色，敢行暴虐，罪人以族，官人以世。惟宫室台榭陂池侈服，以残害于尔万姓，焚炙忠良，刳剔孕妇。皇天震怒，命我文考肃将天威，大勋未集。肆予小子发，以尔友邦冢君观政于商，惟受罔有悛心，乃夷居弗事上帝神祇，遗厥先宗庙弗祀，牺牲粢盛既于凶盗，乃曰，吾有民有命，罔惩其侮。天佑下民，作之君，作之师，惟其克相上帝，宠绥四方，有罪无罪，予曷敢有越厥志。同力度德，同德度义，受有臣亿万，惟亿万心，予有臣三千，惟一心。商罪贯盈，天命诛之，予弗顺天，厥罪惟钧。予小子夙夜祗惧，受命文考，类于上帝，宜于冢土，以尔有众底天之罚。天矜于民，民之所欲天必从之，尔尚弼予一人，永清四海。时哉，弗可失。①

周武王明显地阐明他承受天命伐纣的神圣性。天命给他征伐的正当性。辜负天命的商王不再是受到尊敬的王。天命就是王朝政治的根本。武王提到天命意味着他在重写新王朝的神话。这里天命意味着回归——每一朝代都要遵从之；建国意味着新分化——以新的合法性取代旧有统治。新王朝通过回归天命才能建国。这里面神话信仰的力量不可忽视。新王朝的秩序和旧王朝的秩序不同，夏商周的秩序都不同。《四书集注》中，朱熹引用："马氏曰：……三统，谓：夏正建寅为人统，商正建丑为地统，周正建子为天统。"②建国神话同时意味着秩序的变化。商王是天的代理人，天子商王的权威代表神的权威。商王说，"吾有民有命"。按他说的话，百姓和天命属于商王。这包含着神权政治的内容。但是武王说的不一致，武王说"民之所欲天必从之"。民心是天心，武王先听的是民意。商朝的政治系统是从天到民的向下式政治，可是武王阐明的政治系统是从民到天的向上的政治。排除政治意识形态功利性的因素，这种统治秩序的差异还是明显的。武王的天命、周的建国神话意味着神

① 《书经集传》（下），成白晓译注，首尔：传统文化研究会，2007年版，第15页。

② [宋]朱熹：《四书章句集注》《论语集注》，北京，中华书局，2010年版，第59页。

的权威转变为人的权威，宗教的神的秩序转变为人文的秩序。

下一步是让百姓相信建国神话。不被信仰的神话不具有存在价值。不管事实的真伪，建国者都设法使人们相信神话是实在的事件。实在的事件化为历史。化为历史的神话是传播意识形态的有力手段。这就是神话的历史化。

历史也化为神话。已发生事件的神话化是为了利用神话的力量。历史神话化时，历史的事件像基督教信徒相信上帝的过去一样变成真实而神圣的历史。化为神话的历史摆脱了人间的领域。然而神话化的历史不是放在判断价值的领域，而是放在信仰的领域。

神话是千面的叙事。对基督教徒来说，创世纪是神圣的历史，实际上也是神话。红山文化的玉龙、新罗的金冠是考古的遗物，依图像叙事而言又是神话。坟墓的壁画、岩刻画是美术，但是它们也包含神话。巫师们之间口传的巫歌是口传文学，可是巫歌无疑具有神话性质，可以说屈原的“楚辞”是文学，同时楚辞也是神话。关于《圣经》的“出埃及记”，但特（Dante）在写给德拉斯卡拉的一封信里说：

> 如果只从字面上看，“出埃及记”意味着摩西时代以色列的子女从埃及出来。如果从比喻上看，意味着耶稣的救援。如果以道德的角度看，悲惨和困穷的灵魂转变为受恩宠的状态。如果以神秘的解释来看，圣灵从堕落的尘世进入到永远自由的世界。①

神话与电脑的输入不同，输入到电脑中的字符不会产生别的形态。神话不是只包含一种意义的解释体（monosemy），而是包括多种意味的多种解释体（polysemy）。这就意味着神话是力学的综合体。在神话的罗网中能够拉上来什么取决于看神话的人的想法。决定神话与非神话的基准在于看神话的态度。借用列维-施特劳斯学说：“每一作品都是潜在的神话。但是现实化作品的神话性取决于取用其的集团的思想。”②判断是神话与否，取决于看待神话的主体态度。但是无论历史、宗教、信仰、思想都无法摆脱这一力量，神话无处不在。

---

① 但特（Dante）给Cangrande della Scala去信中。参考：Eco, Umberto, *Lector in fabula*, Milano: Bompiani, 1979, p. 20.

② [法]Marcel Detienne：《神话学的创造》，南秀仁译，首尔：Ecilo出版社，2000年版，第105页。

神话的历史化、历史的神话化都有关于意义的创造。神话的力量就是创造新范式、新秩序的根据。神话又联结现实。按照《圣经·旧约》的内容，犹太人占领耶路撒冷，建立了以色列国。犹太人的神话变成他们的历史，古代的历史成为以色利建国的根据。《圣经·旧约》说明了犹太人离散的原因，成为犹太人离散的根据。神话与历史是规定当代的根据。不过规定神话与历史的是当代的范式。神话的历史化和历史的神话化即使现在仍在不断发生。

神话是从创世到现在一直活着的。伊利亚德提出神话的5个特点：①神话构成超自然者的行为的历史。②这个历史是完全“真实”的及神圣的。③神话总是与“创造”有关系。神话展示事物的来源，如何确立行为的形态、制度、劳动方式。所以神话被当作所有重要的人间行为的模范。④因为知道神话，人知道事物的“起源”，因此可以统治、操作事物。⑤无论通过什么方式，人都“活”在神话里。[①]马林诺斯基说：“在所有的文化中，神话是必须的要素，而且神话不断地再生。所以一切历史的变化产生于历史连贯的神话。”[②]神话与历史是密不可分的关系。它们之间的张力不是两个事物之间发生的，而是一个事物里发生的。即神话与历史是一个事物里的同时存在。

现在韩国有许多学者试图联结檀君神话和红山文化。对韩国人来说，檀君神话是韩民族的第一建国神话，同时檀君是韩民族的祖先。如果红山文化的主人是韩民族，韩国人就成了建设灿烂的新石器文化的伟大的祖先的后代。现在谁都不能确定红山文化的主人公是什么民族。况且以当代的民族观念看新石器时代的人也是一种错误。追究韩民族和红山文化关系的理由是通过阐发两者关系产生活在当下的人同历史的连贯性意义。在中国进行的很多文明探源工程也显示出以当代的范式解释古代的错误。研究古代神话、古代历史的原因是由于过去规定现在和用现在的范式去解释过去。而且这样的思想中还存在着心理的离散观念。现在的我们与灿烂的古代分离了。现在的我们想再恢复古代灿烂的文化，古代祖先的疆域。这就是心理的离散，类似犹太人的离散。儒教的祭祀也反映了心理的离

---

① Mircea Eliade, *Myth and Reality*, New York: Harper&Row, Pubilishers, 1963, pp.18—19.

② [英]马林诺斯基：《原始神话论》，徐永大译，首尔：民俗苑出版社，2001年版，第87页。

散。比如说："对去世的祖先与活着的老辈的崇拜是很好的根据。我们恭敬他们时，他们被当作应该被恭敬的人。——虽然没有理论的根据——即我们这样做产生新意味。"[①]

神话化为历史，历史化为神话。重要的是神话的历史化和历史的神话化其根本都在神话历史的领域，这里的神话绝非现代已经被狭义化的神怪故事。神话化为历史的是一种神话，同时历史化为神话的也是一种神话。所以可用神话历史的术语概括之。

① Bryan S., Rennie：*The potential Contribution of Non-Western Cultures to the Spiritual Healing of the West*, 2002年11月5日在韩国江南大学发表，pp. 21—22.

第二节 韩国神话与历史

一、韩国人的历史认识[1]

神话和历史一体两面。神话变成历史，历史变成神话。韩国的神话和历史也同样。为了把握韩国神话，要了解韩国历史。韩民族和韩国历代国家都是从神话开始的，进而神话变成历史。而且韩国巫师——巫堂口传的巫神话包括宗教文化。

神话和历史都是开天辟地后的事，所以神话的开头是创世。创世神话说明天地万物的生成过程。有了世界、有了人后才有民族的祖先和国家。本来韩国人的祖先分布在包括辽宁省、吉林省的满洲和以朝鲜半岛为中心的东北亚等地。距今70万年的旧石器时代和距今8000年的新石器时代开始，这些地区都分布着人类活动与文化遗迹。新石器时代韩民族形成部族社会，部族的基本单位是以血缘为中心的氏族社会。新石器时代产生了对自然现象和自然万物的崇拜，人们认为多样的事物中都有精灵的存在，普遍有“泛灵”的信仰和对特定动植物的图腾崇拜，这时灵魂崇拜、祖先崇拜和巫及巫文化也一起产生了。新石器时代晚期，从公元前2000年前后到公元前1500年前后朝鲜半岛进入青铜器时代。然后从公元前5世纪前后开始铁器时代。不过这样看，也不能认定这些居民就是韩民族的祖先，在这里重要的问题是韩国人认为谁和什么国家是韩民族的起点。

随着青铜器文化的发展出现族长支配的社会，韩国历史上最初的国家古朝鲜产生。按照高丽后期的僧侣一然编纂的史书《三国遗事》和朝鲜时代（1485年）徐居正等编纂的从檀君朝鲜到高丽的通

① 因为看历史的视角很多，所以要找最公认的历史认识。笔者认为高中的历史课本所讲述的是当代韩国公认的基本“史实”，所以这篇文章基本参考的文献是《高韩国史教科书》。

史《东国通鉴》，公元前2333年檀君王俭开创古朝鲜。檀君和古朝鲜成为韩国历史的起点。韩民族的祖先是檀君，韩民族最初的国家是古朝鲜，这样的等式立足于檀君神话。檀君神话第一次揭开了韩国历史。不管檀君神话是否真实，韩国人的观念中檀君是确定不移的祖先，檀君建国的古朝鲜是韩民族最初的国家。这是神话，是神话力量的表现。

古朝鲜以今天辽宁地域为中心成长，逐渐合并附近的部落社会，然后发展到朝鲜半岛。古朝鲜以辽宁地域和现在的朝鲜大同江流域为中心独立发展文化，到公元前3世纪强力的否王、准王上台和辽西地域的燕国作对。在战国时期为了回避混乱的时局，中国的移民大量流入古朝鲜，古朝鲜让他们居住在西边。到了秦汉交替期，卫满挈带约1000人来到古朝鲜。开始准王信任卫满，让他守备西部边疆。可是卫满不久就开始培养自己的势力，公元前194年驱逐准王自立为王。这就是继承檀君朝鲜的“卫满朝鲜”。从这里开始出现“箕子朝鲜”的问题。《尚书大传》、《史记》、《汉书》中有箕子去朝鲜成为王的记录。可是在韩国的历史叙事中否定箕子朝鲜。韩国否定箕子朝鲜的理由在第二章仔细说明。

卫满朝鲜主动地接受铁器文化及发展商业和贸易，而且不断征服、拓展领土。汉武帝感到古朝鲜的威胁，发兵进攻古朝鲜。经过一年的战争，公元前108年古朝鲜灭亡。汉朝在古朝鲜的地域设置乐浪郡、临屯郡、真番郡、玄菟郡四郡进行统治。可是汉四郡面临着土著民的强力反抗，最后留下的乐浪也于313年被高句丽所摧毁。

虽然王朝灭亡，但留下历史，留下神话。如果说历史给后代留下教训，神话则留下文化的传统，而且神话通过交替、脱落、变形留给后代。古朝鲜灭亡前有一个国家在今天吉林市一带松花江流域成长。那个国家就是“扶余”[①]。虽然扶余联盟王国也不免灭亡，但扶余的神话历史意义不小。

随着公元前57年新罗建国、公元前37年高句丽建国、公元前18年百济建国，韩国历史上的三国时代开始了。不过三国中两个国家高句丽、百济均和扶余有密切的关系。高句丽的开国者是朱蒙，高句丽的建国神话是“朱蒙神话”。按照朱蒙神话，朱蒙建国前生活的国家就是扶余。扶余系的不少人参与高句丽的建国，所以高句丽和扶余之间必然有关

① “扶余”又表记为“夫余”。在本文中用“扶余”。

●图0-2-1　古朝鲜以后出现的国家

系。而且朱蒙神话里同时存在扶余神话的因素。百济和扶余之间的关系比高句丽更深。朱蒙的第二夫人是扶余系的召西奴，她在朱蒙建立高句丽的过程中曾给予他不少的帮助。可是朱蒙不给召西奴的儿子王位。她带两个儿子沸流和温祚南下，温祚开国百济。并且百济又叫南扶余。并且把“扶余”成为百济王的姓氏。这样的情况显示了百济的扶余继承意识。

三国最终形成前，在朝鲜半岛有几个国家。公元前2世纪，卫满朝鲜还没灭亡的残余，在朝鲜半岛南边有部落联盟体辰国，然后出现马韩、辰韩、弁韩的“三韩”。以后三韩成为百济、新罗、伽倻的源头。不过“三韩”的“韩”象征古朝鲜。被卫满篡夺王位的准王南下亡命辰国。那时古朝鲜的移民自己叫“韩”。所以在新罗和伽倻的神话中发现檀君神话的因素。朴赫居世是新罗的第一代王，“赫居世神话”是新罗的建国神话。可是开始的时候，新罗不是一个姓氏承续王位的国家，第三代王是昔脱解，然后从第十三代味邹王开始金氏世袭王位。为了确保正统性和正当性，成为王的各姓氏必须要建立自己的神话。所以新罗有“朴赫居世神话”、“昔脱解神话”、“金阏智神话”。新罗合并伽倻后，高句丽、百济、新罗的三国时代最终开始。

本来三国中力量最落后的新罗，通过和唐结成联合军伐灭了百济和高句丽，676年新罗达成三国统一。可是高句丽的大部分领域不属于“统一新罗”。698年高句丽的遗将大祚荣集合高句丽的遗民和靺鞨族在吉林省敦化县东牟山定都开国“渤海”。中国和韩国对渤海的看法不同，韩国历史界认为渤海是继承高句丽的国家，所以统一称新罗和渤海共存的时期为南北国时代。

随着新罗的混乱，900年出现“后百济”、901年出现“后高句丽”，这个时期是后三国时代。918年后高句丽的将军王建掌握政权后改国号为“高丽”。王建的高丽终于统一三国。不过928年渤海被契丹所灭。

统一后三国的王建为了强化政治统治、确保其正统性与合法性，试图建立神圣化的系谱。神圣化的系谱被视作高丽神话。这样的现象到朝鲜时代亦有重现。1392年高丽的将军李成桂灭高丽建国朝鲜。为了传播易姓革命的正当性、获得老百姓的支持，朝鲜开始了太祖李成桂系谱的神话化工作，工作的结果就是“龙飞御天歌”。朝鲜是把“性理学”当作统治理念的儒教国家。所以朝鲜时代类似巫等非儒教的传统被压制。然后韩国经过抗日、韩国战争，成为现代民族国家——大韩民国。

在韩国历史上，后代的王朝试图建立或割断与前代王朝的联系，神话的思考也经过继承、变形的过程。韩国历史上叫“朝鲜”的国家是三个，第一个是檀君建国的“朝鲜”，第二个是李成桂建国的“朝鲜”，第三个是现在的“朝鲜人民民主主义共和国”即朝鲜。为了同李氏朝鲜相区别，第一次建国的檀君朝鲜和卫满朝鲜叫古朝鲜，朝鲜的国号显示了继承古朝鲜的意识。同样百济用南扶余的国号显示继承扶余的意识。被作为百济、新罗起源的三韩也和古朝鲜的继承意识有关系。高丽继承和扶余有密切关系的高句丽。而且现在韩国的“韩”和三韩有关系，再追溯“韩”，“韩”象征古朝鲜。继承历史意识的中心在以檀君神话为首的神话。从檀君神话开始的韩国历史联结各国的建国神话。每次历史的起点都是神话。

二、韩国神话研究史

一般韩国的日历都标记檀君纪元和公元。檀君开国古朝鲜的时点是檀君纪元的起点，公元2011年是檀君纪元4344年。虽然本书的题目是“韩国神话历史”，可是把握4344年的神话历史是不可能的。由于牵涉到的对象太庞杂，本书不得不选取主要的神话历史材料与事件，无法面面俱到。而且神话不止表现为文字。文字出现前就有口传形态。最初的神话虽然现在已经被文字书写下来，可是本来是口传的。口传神话、图画、坟墓、神器等物质文化也是表现神话的一种手段。本书要研究4344年的心理精神、社会组织、物质文化的三方面主要文化因素。[①]韩国神话和东北亚的少数民族神话及文明有密切的关系，所以要参考考古学、历史学、民族学、文学、人类学、宗教学等的相关研究。可是介绍所有的研究也是不可能的。因而只能介绍一些代表的研究成果。

记录大部分韩国神话的文献是高丽末期的僧侣一然编纂的《三国遗事》。《三国遗事》中一然通过注释表现自己的看法，所以可以说《三国遗事》又是神话研究的材料。和《三国遗事》类似的，记录神话的文献是《帝王韵纪》、《三国史记》、《东国李相国集》、《高丽史》、《朝鲜王朝实录》等。而且《诗经》、《史记》、《汉书》、《后汉书》、《三国志》等中国史书也有和韩国神话相关的记录。还有满族、赫哲族、鄂伦春族等少数民族神话和日本的《古史记》、《日本书纪》及蒙古民族和西伯利亚诸民族的神话也是比较研究的对象。

首先研究的韩国神话是“檀君神话”、“朱蒙神话”、“赫居世神话”、“脱解神话”、“阏智神话”、“虎景神话”、“龙飞御天歌”等建国神话系统。其次是熊文化、金冠和玉文化、古墓壁画、岩刻画等以物质文化表现的神话。最后是韩国巫神话及巫文化，巫神话是创世神话系统的“创世歌”、“天地王本解释”、“甑词”和巫祖神话“Bali公主”，而且巫仪式、神器、成巫过程等也是研究的对象。

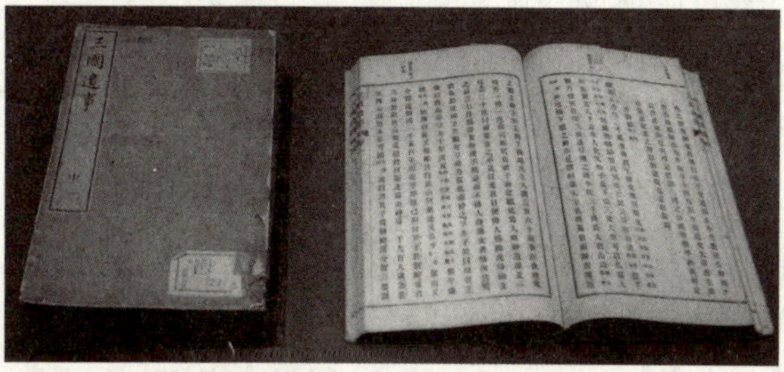

●图0-2-2 《三国遗事》

① 这是Shirokogoroff的分类法。参考：Shirokogoroff, S. M: *Psychomental Complex of the Tungus*, Peking: The Catholic University Press, 1935, p. 1.

正式研究韩国神话的不是韩国人，而是日本人。1897年朝鲜改国号大韩帝国，但是不久大韩帝国即受日本的支配。1905年11月17日，大韩帝国和日本立下“乙巳勒约”，虽然名称是“韩日协商条约”，按条约大韩帝国被剥夺外交权及日本在朝鲜半岛设立“统监府”，由此实质上大韩帝国成为日本的殖民地。起初日本研究韩国神话的目的是试图通过韩国神话进行文化侵略和鼓吹殖民思想。

1894年，日本史学者那珂通世在《史学杂志》上发表《朝鲜古史》，通过论文他主张檀君是伪造的虚构人物。随着1910年“朝鲜总督府”的设置，日本学者正式否认檀君。发表《檀君传说考》的今西龙等学者进一步主张4世纪后半期日本支配朝鲜半岛的“任那日本府说”。当然日本学者中有用另外的方法研究的学者，1931年三品彰英发表《脱解传说考》，试图以文化人类学的文化圈移动理论比较韩日神话。

可是到20世纪20年代，为了对抗日本的殖民统治伦理和鼓吹民族意识，韩国学者开始进行神话研究。崔南善发表《檀君论》（1926年）、《不咸文化论》（1927年）主张韩国的传统思想是从檀君一直留下的“光明思想”。以及申采浩从1931年在《朝鲜日报》上连载《朝鲜上古史》，他建立连绵古朝鲜、扶余、高句丽的历史认识体系。抗日时期的韩国学者也已经认识檀君是韩民族的祖先、古朝鲜是韩民族最初的国家。抗日胜利后关于檀君神话的研究也日益丰富。有代表性的檀君神话研究著作是崔南善的《檀君古记笺译》、金载元的《檀君神话新研究》、孙晋泰的《在檀君神话上表现的思想特色》、金廷鹤的《檀君传说与图腾崇拜》、金贞培的《如何看檀君神话》、柳东植的《始祖神话的构造》、以民俗学为主题的金泰坤的《从巫俗上看檀君神话》、成顺译的《檀君神话的民俗学考察》等。檀君神话研究的著作是数不胜数，到现在学者们仍在不断地研究檀君神话。

不过檀君神话研究的又一倾向是以考古学的方法论联结檀君神话和韩民族的起源。代表著作是金廷鹤的《以考古学看韩国民族》和金贞培的《韩国民族的起源》、《韩国古代史论的新潮流》等。这些研究包括北方起源说，不过最近出现联结以红山文化为代表的辽河地域文明和古朝鲜的研究。李亨求在《在渤海沿岸找到的韩国古代文化的秘密》和《渤海沿岸栉文土器文化的研究》中主张辽河文明和古朝鲜之间有密切的关系。

关于韩民族起源的著作是《韩国民族的起源与形成》，这本书是各方面的学者按自己的立场写韩民族的起源问题的。考古学方面有李鲜馥写的《东北亚旧石器考古学与民族起源论》、韩英熙的《韩民族的起源》、卢爀真的《青铜器时代》等论文，文化人类学者金宅圭的《岁时构造的韩文化复合》、金烈圭的《为了探索韩国神话源流的西伯利亚萨满教及神话》、赵兴胤的《韩民族的起源与萨满教》，体质人类学者朴善周的《我们民族的根与形成》，语言学者成百仁的《韩国语系统研究的现象与课题》。历史学界也研究檀君神话和古朝鲜、扶余、高句丽的问题。最近活跃的学者是徐永大、卢泰敦、徐荣洙、吴江原等。尤其是“东北亚历史财团”频繁地出版关于古朝鲜、扶余、高句丽、韩民族等的相关书籍。

韩国神话研究或者比较神话研究的代表著作是金烈奎的《韩国的神话》、《神话、传说》、《韩国神话与巫俗神话》、《韩国神话与文学研究》，玄容骏的《韩日神话比较》，张筹根的《韩国的神话》，徐大锡的《韩国神话的研究》，黄浿江的《韩国神话的研究》，朴元吉的《欧洲与亚洲草原帝国的萨满教》，金华庆的《韩国神话的源流》，朴时仁的《阿尔泰神话》，赵显卨的《东亚建国神话的历史与伦理》等。

联结物质文化和神话的著作是金秉模的《金冠的秘密》、《寻找许黄玉的渠道》，林在海的《阐明新罗金冠的起源》，朴仙姬的《阐明我们金冠的起源》。在这方面考古学者金秉模和民俗学者林在海、服装学者朴仙姬的看法不同。他们争论的焦点是金冠立式装饰究竟表现什么。金秉模认为是树和鹿角，可是任在海认为都是树。而且金秉模在《寻找许黄玉的渠道》中主张伽倻王首露的王后是从印度过来的。研究高句丽古墓壁画和岩刻画的代表著作是全虎兑的《高句丽古墓壁画研究》、任世权的《阿尔泰地域岩刻画表现的太阳神崇拜》等。

此外还有关于韩国巫和萨满教、巫神话研究的代表著作。《三国志》等中国史书有关于韩国古代巫仪式的记录，根据记录古代韩国社会有祭祀长，祭天仪式。不过配图记录巫仪式的书是朝鲜时代兰谷写的《巫堂来历》。可是开始正式记录巫神话和巫仪式的人是抗日时期的日本学者赤松智城和秋叶降，他们著有《朝鲜巫俗的研究》。抗日时期研究巫的韩国学者是写作《朝鲜巫俗考》的李能和。研究巫的代表著作是柳东植的《韩国巫教的历史与构造》，崔吉城的《韩国巫俗论》，赵兴胤的《韩国的萨满教》、《韩国巫的历史与现场》等。研究创世神话的代表著作是金宪善的《韩国的创世神话》等。

第三节
神话与文明

一、东北民族源流

考古学、人类学、历史学、生物学、神话学的研究成果显示，东北亚诸民族有密切的关系。基因研究和体质人类学的成果是寻找东北亚诸民族亲缘性的第一个线索。亚洲民族起源说大致可以分为多源说和一源说。人类从非洲到亚洲南部海岸的时候，其中的一派通过中东、阿拉比亚、波斯流入中亚。他们大约在4万年前移居东北亚，即通过北方陆上和南部海上两条路径流入的人群成为现在的东北亚族群祖先。

2005年HUGO（Human Genome Organization） Pan Asian SNP（Single Necleotide Polymorphism）进行了包括韩国、中国、日本在内的亚洲73个民族1928人的基因分析。[①]研究的内容是10万年前出现的现代人类（Homo sapiens）如何传布到亚洲各地。研究的结果表明，在非洲诞生的现代人类到达印度北部之后，避开峻险的西藏高原，迁移到东南亚，定居印度支那半岛中的一些人迁移到了以印度尼西亚和菲律宾为主的南太平洋岛屿上。另外的人类迁移到北方，定居中国、韩国、日本。因为估计通过中国流入朝鲜半岛的人中一部分渡过韩国东海，到达了日本，所以韩国、中国、日本人的基因接近。如果韩国人和非洲人之间的基因差值是100，韩国人和中国人之间的差值是5.03，和日本人差值是4.23，和欧洲人差值是58.2。

这个研究不是完全否定多种移居说，而是主张亚洲人的主流是通过从亚洲南部海岸流入的。不过这一研究有一个缺点，因为蒙古等中亚研究队伍没有参加，所以缺乏对北方民族迁移路线的说明。按

① The Hugo Pan Asian SNP Consortium：*Mapping Human Genetic Diversity in Asia*，Science 11 December 2009，Vol326，no5959，pp.1541—1545.

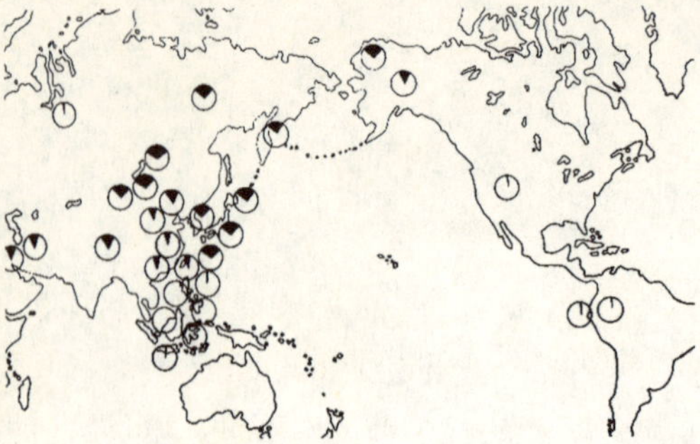

●图0-3-1　蒙古系和周边民族的GM基因流①

照另外的研究，现代人类中的一支通过北方到东北亚。那样东北亚的人类是从北方过来的和从南方过来的人类结合形成的。可是这样的研究只说明几万年前的事，不能说明文明和民族的深远关系。

Gm基因是由于对抗病菌或者病毒等外来的细菌以及有害的物质而产生的保护身体的抗体。Gm基因显示了各民族的基因频度差异。这个方法是日本学者松元秀雄发明的。按照他的分析，蒙古系民族分为北方系和南方系。

HLA是Human　Leukoeyte Antigen System Locus A的简称。人种之间的差异通过HLA基因的组合显示出来。分析这个基因可以知道民族的迁移和定居、混血人群的移动情况。

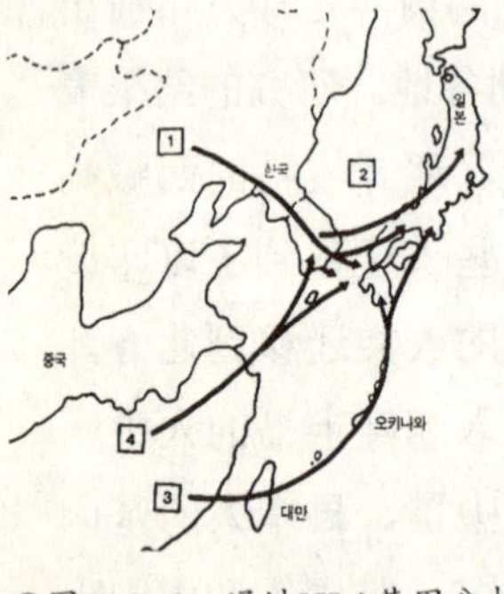

●图0-3-2　通过HLA基因分析推测的民族迁移渠道②

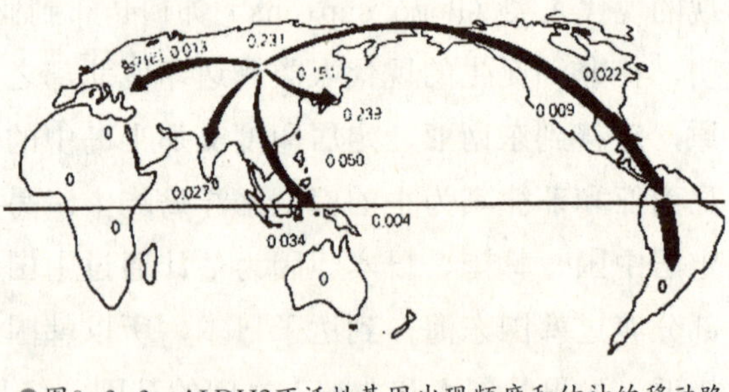

●图0-3-3　ALDH2不活性基因出现频度和估计的移动路线③

① [韩]韩永熙：《韩民族的起源》，《韩国民族的起源和形成·上卷》，首尔：小花出版社，1997年版，第98页。

② [韩]韩永熙：《韩民族的起源》，《韩国民族的起源和形成·上卷》，首尔：小花出版社，1997年版，第102页。

③ [韩]韩永熙：《韩民族的起源》，《韩国民族的起源和形成·上卷》，首尔：小花出版社，1997年版，第104页。

人骨的形状属于集聚平均分散的范畴。尤其是头骨比较，因为头骨的形态可以确保客观性，所以在体质人类学上常常使用这一指标阐发种族间的亲缘性。把旧石器、新石器、青铜器、铁器时代的朝鲜半岛人的头骨与中国、蒙古、日本、西伯利亚等地人进行纵向和横向的比较时，得到了一些结论。旧石器时代朝鲜半岛人和新石器时代人的头骨的长度有比较大的差异，可是新石器时代的头骨和青铜器时代的头骨没有差异。另一方面，朝鲜半岛出土的新石器时代头骨同中国河北发掘的头骨类似，尤其是龙山文化人的头骨。青铜器时代发掘的头骨也和在中国河北、吉林、辽宁省等地出土的头骨类似。这种情况表明中国东北地区和韩文化在史前时代或具有同源性。①

东北亚民族之间分明存在亲缘关系，可是同时生活在不同的地域，神话也不同。各民族之间的等质性显示文化的共有，可是随着时间的潮流和环境的变化出现更大的不同点。神话、物质文化、社会组织、宗教都存有这样的现象。从等质性出发寻找不同点是比较研究的基本方法。

二、民族的分化与神话

韩国人认为韩民族是单一民族，可是这并不是事实，强调民族单一性的范式，是一种秩序的建构，也是一种神话。从基因上看，韩国人基因的70%—80%是北方系，20%—30%是南方系。构成韩国历史的国家也不是基因完全一致的单一族群。韩国人认为韩国的历史从古朝鲜开始，经过扶余、高句丽、百济、新罗、渤海、高丽、朝鲜发展到现在的韩国，在这样的历史观念之下，符合其范围的这些国家的神话才被划归为“韩国神话”。

问题是这些国家的疆域和民族构成绝非一成不变。当代韩国的疆域限制于朝鲜半岛，可是古朝鲜、扶余、高句丽、渤海的疆域远远超出朝鲜半岛。这就同现代政治地理发生矛盾，古朝鲜、扶余、高句丽、渤海的主要活动舞台是当代中国东北地区，而且迄今仍是多民族共存。如何看待这种古今的不一致？就神话研究而言，延续下来的是神话的本体，可是这本体已经受到了遮蔽与出于不同目的的

① [韩]朴善珠：《韩民族的起源》，《韩国民族的起源和形成·上卷》，首尔：小花出版社，1997年版。

解释。现实中的政治、国家、民族是一个问题，而神话本体是另一个问题。本文研究所强调的重要一点就是避免这样的混淆，从而揭示神话本源的样貌。笔者想试图研究从神话本身开始扩张包围神话的社会、范式、历史。例如，“檀君神话”本身是研究的开端，然后对檀君的各时代、社会的认识是研究檀君神话的另外侧面。从而研究檀君神话本身时，要力图避免国家民族的意识形态影响。

学界认为扶余和高句丽的主要民族是濊貊系，不过还有另外的民族痕迹也在一起。这样的多民族构成在日本也不例外。贾雷德·戴蒙德（Jared Diamond）《枪炮、病菌与钢铁》的韩文特别版上推论从东亚洲本土迁移的人取代了日本本土的阿依努族。若按国别划分神话研究，今日美国的印第安神话该如何去看？可见其中现代的政治地理版图观念对神话研究的负面影响。国别神话的划分是有问题的。

东北亚民族经过不断融合、分支、同化的过程，形成今天的局面。在这过程中民族的名称也变了。称呼中国东北的满族、蒙古族、鄂伦春族、赫哲族等的名称只不过是当代的概念。他们以前被称呼女真、契丹、鲜卑等，再往前叫匈奴、东湖、室韦、濊貊、勿吉、萧慎、挹娄等。随着各时代的认知、社会范式、历史意识、种族观念发生变化，民族的分类和民族观也变了。民族的迁移引起民族之间的结合、分离。民族和民族观念的生成死灭现在也继续不停。这样的现象显示以当代的领土观念、民族观念不能准确地解释古代。解释神话也不例外，各民族神话经过融合、分支、同化过程也不断互相影响。总之，东北亚诸民族在共有和差异之间创造着多样的文化。不应该渗透进民族国家之间的意识形态功利性。

时间和环境的变化是进化的条件。适应某个环境的生物生存，可是如果环境的变化大，已适应那个地方生存环境的生物减少，反而适应新情况的生物增加。反过来说，新形态的生物越多，即多样性越增加，进化的时间就越长、环境的变化也越大。某个基因的突变越大，进化的时间越长。与环境的变化引起生物进化的情况类似，民族在分化和融合的过程中创造自己的文化。也就是说民族文化基因的多样性和独特性是经过悠久的时间和环境的变化形成的。

王明珂对民族与种族的问题提出了自己的观点。首先如当代许多研究族群现象的学者一样，他怀疑“族群”并非是一有共同的客观体质，文化特征的人群，而认为族群由族群边界来维特；造成族群边界的是主观上对外有异己感（the sense of otherness）的人群，以及该集团对内的基本情感联系（primordial attachment）。其次，它强调族群边界的形成与维特，是人们在特定的资源竞争关系中，为了维护共同资源而产生。因此，客观资源环境的改变，经常造成族群边界的变迁。第三，族群边缘环绕中的人群，以“共同祖先的记忆”来凝聚。因此，个人或人群都经常借着改变原有的记忆，来加入、接纳或脱离一个族群；造成族群边界的变迁，也就是族群认同变迁（ethnic change）。第四，由于族群的本质由“共同的族源”来界定及维系，因此在族群关系中，两个互动密切的族群，经常互相“关怀”甚至干涉对方的族源记忆。失去对自身族源的诠释权，或是接受强势族群给予的族源记忆，经常发生在许多弱势族群之中。最后，在一个族群的内部，也经常形成不同的此集团，互相竞争着到底谁对本族群的“过去”有诠释权。因此所谓族群现象，不仅是两个互动族群间的关系，还包括族群内部的两性间、阶级间、地域集团间的关系。[①]

构成高句丽的诸民族共同创造了高句丽的文化，这是经历了一个分化与融合的过程的，可是高句丽灭亡后各民族再一次分化，且路径不同：某个民族和另外的民族融合或同化；某个民族继承高句丽；某个民族发展出自己的文化。迁移到中国的民族估计和当时当地的民族融合或被同化，有的民族回归游牧文化，有的民族为了重建高句丽重新合并。民族分支、融合、同化意味着环境的变化，环境的变化引起多样性的增加。他们是和另外的民族不同的新形态，可是他们也继承高句丽文化的共有性。有时候共有性成为中心轴，有时候特殊性和多样性成为中心轴产生民族的历史和文化。神话也处在相同的进程之中。

韩国的神话也具有东北亚民族的共有性和特殊性。古朝鲜的建国神话同时是韩民族的民族起源神话。檀君神话包括欧亚大陆的熊文化。与檀君的母亲熊女本来是熊类似，以赫哲族为代表的多个民族也说他们的祖先是熊。而且檀君神话中出现的天孙降临、天地合一的母题在另外的神话中都有出现。高句丽建国神话朱蒙神话中，游

① 王明珂：《华夏边缘：历史记忆与族群认同》，北京：社会科学文献出版社，2006年版，第4页。

牧的和农耕的文化还存在多样的文化因素和神话因素。而且朱蒙神话中的柳花还应该同檀君神话的熊女和满族神话的佛库伦、佛朵妈妈、柳支娘娘等有着内在的联系。考虑柳花和佛库伦的出现场面，我们会看到女神地位的变化。新罗的延乌朗细乌女神话的细乌女具有太阳神的面目，满族神话和日本的天照大神也出现这样的现象。新罗的赫居世神话中出现天孙降临和卵生的母体，新罗第四代王脱解神话包括铁匠神话，阏智和首路神话表现了民族的移动和融合。

韩国巫和东北萨满教之间有密切的关系，二者之间存在神观、图腾、仪式等结构上的共同性。而且韩国死灵祭中口诵的Bali公主和满族的尼山萨满神话呈现相似的结构。总之，以当代的边疆、民族观念不能解释韩国神话。并且，研究韩国神话是研究东北神话的参照，整合二者，进行比较研究时，能更接近韩国及东北神话的本质。

三、东北亚文化圈论

文化的生命是共有性。自生和模仿引起人类文明的诞生、发展、丰富。自生性是文化内在的、向心的属性，它控制文化的普遍性和个别性。模仿性是外延的、离心的属性，它决定文化的传播性和容受性。因而自生性和模仿性是文化的两种属性，同时是文化的发生、发展的必要因素，它们是互补互助的关系。如果两者中缺失一个，会导致文化沉滞或畸形。[①]

在中国东北地区和朝鲜半岛的广大地域考古挖掘出大量特征相类似的遗物。那些遗物之间具有可推测的紧密的关系。考虑自生性和模仿性，不能断定哪个是起源。只是依据编年，从最古的估计寻找原形而已。因而要研究文化如何传播、模仿，就要比较其在各地域结合什么样的自生因素。中国东北地区有代表性的新石器文化是渤海的广录岛发现的小朱山下层文化、沈阳的新乐文化、渤海北部的兴隆洼和红山文化。韩国学者认为从小河西文化到夏家店下层文化的新石器文化和桓雄、檀君、古朝鲜有密切的关系。这样的结论带来了东北亚文化圈论。从小河西文化到夏家店下层文化的特点如下表：[②]

① [韩]郑守一：《古代文明交流史》，首尔：四季节出版社，2001年版，第22页。
② [韩]禹实夏：《古朝鲜的疆域和辽河文明》，首尔：东亚地图，2007年版。

第一章

神话与创造：创世神话

古代人的想象力中，世界是以创世神话为具体化的。创世神话里同时存在文明和自然两种因素。有的创世神话显示出文明的进程，有的创世神话则显示出自然之美。正是通过创世神话我们才会反思到现在所走的歧路。

第一节
秩序与范式的生成

分化意味着个体的生成。世界由万物组成，社会由人构成，人又是由最基本的细胞组成。世界、万物、社会、人都由无数的个体组成。个体又通过相互间的关系网合成整体。关系网的形成意味着个体之间建立了秩序。对于人而言，秩序的生成又意味着形成社会。世界尚未分化为个体以前的状态正是混沌。在混沌的状态中，一切都还没有被决定。此种状态就是一种无秩序，亦即“无”。

社会从没有秩序到产生秩序，从无生有的过程又是一个分化的过程。看似不变的东西实际在不停地变化，产生了秩序的社会仍要不断地分化。创世神话所表现的并不是臆造的幻想而是从“无”的混沌中出现万物，再到给世界赋予秩序的过程。创世神话的意义就在于说明从最初的分化到社会的形成，并循环反复的过程。这种秩序不是抽象的，而是具体的。

《周易·序卦》中开篇即道出万物生于天地之间。有天地然后有万物，有万物然后有男女，有男女然后有夫妇，有夫妇然后有父子，有父子然后有君臣，有君臣然后有上下，有上下然后有礼仪。[①]天地与万物依次产生后才有人，有人后才生成社会和关系网。这样的抽象说理仿佛重现了创世神话的创造过程。

《周易·序卦》以“易”的精神看待世界，在变易的精神内涵里了解自然变化、人和自然的关系、人和人之间的关系。《周易》用“易”作为伦理规范给世界赋予秩序，这个抽象的伦理规范对于后人而言又是发挥了“易”的想象力而建构的。创世神话也是通过当时的想象力来说明世界如何被创造出来。创世神话不是单纯的故事，而是对世界赋予秩序的思考。《易》中的秩序不是天地万物出现时的秩序，而是共有

① 《周易》，郭彧译注，北京：中华书局，2008年版，第413页。

“易”的社会的秩序。同理，创世神话的秩序也不意味着创世的时间秩序，其所反映的秩序是产生创世神话的社会和当时人的秩序。

福柯在《词与物》中主张：词的秩序就是范式的秩序。当代的语言反映当代社会的范式。单字组成句子，句子组成文章，文章变成叙事。叙事包括当时社会与当代人的思维意识。神话叙事也一样，表现的是当时人的思维意识。创世神话包括当时的以听、说的形式记录下来的世界观。创造的过程蕴含那时候的人如何给世界赋予秩序的思维。按照博亚的解释：想象力的世界是结构的世界、制作空间伦理、制定规则方式。[①]当人们意识到空间的存在时，便想拥有秩序。人们意识到自己的存在时，便渴望拥有伦理与思维。创世神话就包括伦理的思维、世界的创造、空间的准则。所以创世神话是当时社会的语言，反映当时社会的世界观念。

神话具有语言的两种特点。第一种是辨别的特点。索绪尔说语言是辨别的符号体系。两分法是辨别你和我的第一步。辨别又意味着秩序。所以两分法的含义是认识世界的起点。天和地、阴和阳、男和女、你和我、正和反都是两分法的思维。创世神话说明的第一次分化过程就是第一次辨别的过程。创世神话表现如何出现天地万物，如何分开天和地、神和人、男和女等。

第二种是神话语言本身的特点。神话包括众多思想的理由起因于神话语言的特点，神话的语言是隐喻的、开放的、象征的。隐喻的语言具有超越的力量。神话的语言包容处于不同范畴的事物。比如说“光是神”，光属于世俗的世界而神属于神圣的世界。可是在神话中光和神被认同为一致。光是神的世界之类观念只存在于想象力的世界、神话的世界中。在这样的世界里，神话获得超越科学的理性和道德的良心的力量。以光表现神的神话语言又是象征的语言。一个象征可以被表现为多样的语言，所以神话的隐喻不是一一对应的关系。神话表现的对象里融合着多样的内涵。比如说创世神话中出现的卵既是生命，又是宇宙，也是未分化的混沌。这种现象就展示出神话语言的开放性。

神话语言的基础是想象力，想象力反映当时社会的范式。可是范

① [法] 博亚（Lucian Boia）：《想象力的世界史》，金雄权译，首尔：东文选出版社，2000年版，第48页。

式并非一成不变，而是持续变易。范式的变化意味着秩序的变化，即重新设定个体和个体之间的关系。神话就包括这种变化过程。所以创世神话中会发现不同的范式与秩序。创世神话里共存着各时代的范式，渗入了各个时代的痕迹。

按照法国的神话学者杜兰德（Gilbert Durand）的说法：神话意识的思维不能限制于个人，神话必然联结着当时社会的范式。所以神话的思维是需要在社会历史脉络上把握的。①比如说，记录日本神话的代表文献是《古事记》与《日本书记》。《古事记》是712年日本元明王命安万侣编纂的日本最古的文献。《古事记》由3卷构成，中上卷记录神话。《日本书记》是720年元正王时编修的文献，全30卷，其中1、2卷记录神话。不过《古事记》和《日本书记》中的神话不是纯粹的神话记录。《古事记》中的神话是按天武王的意图以王家世为主重新编纂的神话。编纂《日本书记》的情况也大同小异。按照日本学者津田左右吉的说法，《日本书记》是6世纪前后的大和管人为了皇室统治的正当化而编纂的。这样的皇室神圣化一直影响到近代日本。明治时代，日本帝国宪法第一条明示“万世一孙的天皇统治大日本帝国”，第三条明示“天皇神圣不可侵”。那时候津田左右吉的观点是不被允许的，他的书受到售卖禁止的判决，他本人也被判有罪。②这样的现象显示出当时的社会范式影响神话的产生、继承、流传、解释。

这里，我们会假定在创世神话中至少存在三种范式。首先，现在流传下来的创世神话并不是产生时的原本形态。我们看到的神话是传抄原本或者编纂原本的神话。原本和我们之间存在抄录或者整理的人。某种程度上，他们在保留和整理神话的过程中，也是神话的创作者。只不过这些创作者说创世神话的时候，他们的根据是过去的神话。过去的神话建立于过去范式的基础上，那个范式影响神话作者。所以现在我们看到的创世神话里存在过去的范式。这是创世神话里存在的第一个范式。

可是神话的记录者不是过去的人。他的时代有特定的范式。记录神话时的政治、社会、经济、思想又影响记录者。所以记录过去神话时的范式也融入创世神话。所以创世神话里同时存在过去的范式和当时的范式。这样的现象，在创世神话中会不断被发现。比如说有的创世神话里

① [法]Gilbert Durand：《神话批评与神话分析》，俞平根译，首尔：Sallimbooks，1998年版。
② [日]《完译日本书记》，田溶新译，首尔：一志社，2006年版。

同时存在母系社会的因素和父系社会的因素。有时候统治者利用神话的变形使统治正当化，《古事记》和《日本书记》都记载，日本的第一王神武是天照大御神的后代。天照大御神是日本神话传说中的太阳女神，也是神道教诸神中最重要的神祇之一。[①]这是第二个范式。

第三个范式是，创世神话接受者接受的内容。每个接受者对神话文本内容的理解都不一样。这个内容可以视作未来的范式。如果这样看创世神话，它不是单纯的叙事，而是包括着对世界、世界与人、人与人、人与社会关系的动态变化的整体。

① [英]雷切尔、斯多姆：《东方神话》，曾玲玲等译，太原：希望出版社，2007年版，第168页。

第二节

创世神话的起点：混沌的宇宙观

世界是从混沌和空虚开始的。基督教的《旧约·创世纪》记载："起初，神创造天地。地是空虚混沌，渊面黑暗：神的灵运在水面上。"希腊神话也提到混沌。有夜（Nyx）和他的兄弟暗黑（Erebos），这两个本体存在于混沌（Chaos）里，不一会儿夜和暗黑分离于混沌，沉降的暗黑和浮上的夜成为球，球又分成天空和大地。

提到"混沌"的不仅是西方神话，《庄子·应帝王》记录："南海之帝为倏，北海之帝为忽，中央之帝为混沌，倏与忽时相与遇于混沌之地，混沌待之甚善。倏与忽谋报混沌之德，曰人皆有七窍以观听食息，此独无有，尝试凿之，日凿一窍，七日而混沌死。"《淮南子·精神训》中记录："古未有天地时，惟像无形，窈窈冥冥，芒芠漠闵，鸿蒙鸿洞，莫知其门，有二神混生，经天营地。"《淮南子》中表现的"古未有天地时"的状态是混沌。此外，日本《古事记》的序文也记录了太初的混沌。

在中国，开天辟地的神话分为自生型、胎生型、蛋生型、开辟型、创造型、变成型。[①]但开天辟地的神话并非严格按照某一标准进行区分。每个神话都可能兼具几种类型。一般创世神话的起点是混沌。当然有的创世神话的起点是水。

水是生命根源的象征。按照伊利亚德的说法，水滋养生命，雨促成多产，就像精液一样。在创造世界的两性象征中，天空用雨拥抱大地并且使之丰产。水是万物之源，包含一切潜能，一切种子都在水中孕育，这就很容易知道为什么会有神话和传奇认为人类种族或者其中一部分起源于水。概而言之，水象征着全部潜在性；它是根源，是万物可能存在

① 陶阳、牟钟秀：《中国创世神话》，上海：上海人民出版社，2006年版。

的源泉。[①]

韩国的创世神话也显示着世界从类似混沌的状态开始。不过很可惜，在韩国还没有发现创世神话的文献记载。在文献中只发现有“混沌”的状态。高丽时代的文人李奎报写的《东国李相国集》中有《东明王》[②]一篇，上面记载“元气判沌浑，天皇地皇氏”。可是看下面的内容时，就会看到中国的影响。他先提到伏羲、神农等，然后阐述东明王的故事。这在中国文献中是比较典型的历史叙述手法。

韩国创世神话是巫堂口传的。[③]巫堂是巫师。在韩国巫堂口传的故事叫“巫歌”、“神歌”、“巫俗神话”、“本puli”。本的意思是根本，puli是解释的意思，即说明根本的事。神话就是重演根本。伊利亚德认为掌握神话就是知道根本的意思。这还意味着知晓神话的人具有统御所有事物的力量。即神话不是一种知识，而是以实践再现太初之由来、变化。[④]实践就是重演。重演的方法很多，仪式、舞蹈、唱歌等都是一种重演。在巫堂举行仪式的时候“本puli”是口头演唱的一种巫歌。“本puli”是说明神、人、事物的起源的。

在韩国有几种口传创世神话。口传创世神话的基本结构大概分为两种：①黑暗和混沌自然地分裂后产生天空和大地。天空中有两个太阳和两个月亮。世界的秩序是由天上的男神与地上的女神生育的两兄弟来整顿。后来两兄弟为争夺治理世界的权力打赌。最终是坏的弟弟赢了，所以世界还是混乱。②弥勒把靠在一起的天空和大地分开。那时候，有两个太阳和两个月亮。弥勒把一个太阳和一个月亮摘下来做成星。弥勒创造了人。释迦出现后，为了治理世界的权力，弥勒和释迦打赌。释迦因耍把戏最终霸占世界。因为坏的释迦治理世界，所以世界依然混乱。这些神话被叫作“本puli”。

韩国创世神话的重要母题大概是：①开天辟地；②创世神的巨神面目；③水和火的根本；④创造人；⑤为了占有人世竞争；⑥日月

① [美]米尔恰·伊利亚德：《神圣的存在——比较宗教的范型》，晏可佳、姚蓓琴译，桂林：广西师范大学出版社，2008年版，第178—182页。

② 《东国李相国集》是一种文集。《东明王》篇是关于高句丽的始祖东明王的史诗。

③ 巫堂，即巫师。详细的内容参考第五章。

④ Mircea Eliade, *Myth and Reality*, New York: Harper&Row, Publishers, 1968.

调整；⑦天父地母的结合和始祖的出生。[1]韩国创世神话的开头都是开天辟地。那么开天辟地前的状态是什么样呢？有出于无，创造出于混沌，混沌象征什么都还没决定的未分化的宇宙。在混沌中没有层次，在混沌中一切事物都缠绕着、混合着存在。如“天地王本puli”的开头是：太初的天地是混沌。那时候，天空和大地贴在一起。“创世歌”的开头是：空间和大地产生的时候，弥勒也诞生了。可是天空和大地一直连接在一起。他们表现的开天辟地前的状态都是还没分化的混沌。韩国的创世神话“甑词”[2]表现的混沌状态如下：

那时候是什么时候啊？那时候是柞树上结了年糕，马头上长了角，飞禽走兽会说话的时代。那时候有一天，天下宫的七星神下到地下宫查看人的世界。已经天黑了，连飞禽走兽也回家了，七星神没有可去的地方。他环视四周，看到了灯光。那儿是梅花夫人的家。七星神去梅花夫人的家借宿。夫人睡觉的时候一直做梦。初更的梦中，在夫人的右肩膀上结了太阳，二更的梦中，在左肩膀上结了月亮，三更的梦中，青龙和黄龙绊着上去天下宫。第二天早上，夫人请求七星神解梦。七星神说：“结了太阳是跟七星神自己有关系，结了月亮是跟夫人有关系，看见青龙和黄龙是生兄弟的意思。”果然十个月后，夫人生了两个儿子。先出生的哥哥叫先门，后出生的弟弟叫后门。兄弟到十岁的时候，因为没有父亲，被同学们欺负了。兄弟俩伤心地回家，问母亲他们的父亲是谁。夫人告诉他们七星神是他们的父亲。兄弟俩知道谁是他们的父亲后，就变得无所不能了。有一天，他们很想见父亲。兄弟用黑云摇橹，架虹桥，上白云到天下宫。七星神让哥哥治理大韩国，让弟弟治理小韩国。可是那时候，在世界有两个太阳和两个月亮。早上出来两个太阳，晚上出来两个月亮。为了整顿这样的情况，用铁弓射掉一个太阳和一个月亮。把一个太阳挂在帝释宫，把一个月亮挂在黄泉。

① [韩]金宪宣：《韩国的创世神话》，首尔：Gilbut出版社，1994年版，第17页。

② 甑词记载于1937年日本学者赤松智城和秋叶隆写的《朝鲜巫俗的研究》上篇。本文的甑词是笔者简要概括的。甑词是举办京畿道都堂仪式的时候口演的巫歌。韩文叫“Xilumal”，“Xilu”的意思是做年糕的甑子，“mal”的意思是词。

“甑词”没有表现完整的混沌。而且在“甑词”中，已经有了植物和动物。虽然“甑词”所表现的混沌不完整，但“甑词”却表现出混沌中存在的事物。因为动物和动物、动物和植物混在一起，可以有树上结的年糕、马头上长了角。并且禽兽说人的话。在混沌中，人和动物、人和植物、人和自然、人的领域和神的领域是不加区分的。在这样的世界中，人和神、人和动物的沟通是自然的。可是有了秩序、境界后，表明从神话时代进入到人文学的时代，和神沟通的能力就仅限于萨满。比如说，可以祭天的人限于皇帝。这又是赋予新秩序和范式，同时是分化的过程。然则混沌究竟应该是什么样的？盘古神话中所描述的具体表现出混沌的状态。盘古神话中表现的混沌是鸡蛋，有文献记载如下：

> 天地混沌如鸡子，盘古生其中，万八千岁，天地开辟，阳清为天，因浊为地，盘古在其中，一日九变，神于天，圣于地。天日高一丈，地日厚一丈，盘古日长一丈，如此万八千岁，天数极高，地数极深，盘古极长，故天去地九万里。①

日本的《古事记》和《日本书记》也表现类似盘古神话的混沌状态。

> 混元既凝，气象未效。无名无为。谁知其形，然，乾坤出分。②
>
> 古天地未剖，阴阳不分，混沌如鸡子，溟涬而含牙。及其清阳者，薄靡而为天，重浊者，淹滞而为地，精妙之合抟易，重浊之凝揭难。故天先成而地后定。然后，神圣生其中焉。③

《日本书记》描写的开天辟地前世界的情况比《古事记》中更为详细。其实《日本书记》的开天辟地是把《三五历记》的字串起来

① 《太平御览》卷2，引《三五历记》。

② [日]安万侣：《古事记·上》，权五晔、权静译，首尔：God' sWin出版社，2004年版，第16页。

③ 《日本书记》卷第一《神代上》。

●图1-2-1　日本大阪城

●图1-2-2　日本大阪城的神社

写成的。可是在这儿有一个疑问。为什么日本人接受盘古神话的世界观？他们同意盘古神话的世界观的理由是什么？笔者认为他们同意的关键词是"混沌"、"鸡子"、"阴阳的辨别"。"混沌如鸡子"的句子里隐藏着两种含义。卵是还没决定、还没被赋予秩序的状态、不完整的生命体。从卵壳孵出来后，卵的生命体完成。

社会群岛的创世神话讲述了"诸神的祖先"和宇宙的创造者塔阿罗（Ta' aroa），"亘古以来就一直在黑暗中坐在他的壳里面，这壳就像一个在无尽空间中旅转的蛋"。[①]卵，尤其是盘古神话和《日本书记》中出现的"鸡子"是创世前的混沌的象征。其实鸡子是世界观的具体表现物。下面详细说明，鸡子的另外象征是世界本身。

盘古神话和《日本书记》明显地显示出阴阳思想。阴阳是两分法即"辨别"的起点。阴阳、清浊、天地、上下的观念展示哲学的思考融入创世神话的现象。阴阳的分离、两分法的辨别是对世界的认识、个体分化的起点。可是世上万物更复杂，需要更多的分化。所以创世神话要表现阴阳分离后的分化和万物的出现。

> 首生盘古，垂死化身：气成风云，声为雷霆，左眼为日，右眼为月，四肢五体为四极五岳，血液为江河，筋脉为地理，肌肉为田土，发皮为草木，齿骨为金石，精髓为珠玉，汗流为雨，身之诸虫，因风所感，化为黎民。[②]

先有混沌而后有盘古，有盘古接着就生出万物和人。那么在盘古

① Mircea Eliade：*Myth and Reality*，New York：Harper&Row，Publishers，1968，p.387.

②《绎史》卷1，引《五运历年记》。

神话中，盘古意味着什么呢？盘古是在混沌中生的。混沌中阴阳同在。从混沌中出现的盘古包含着天地阴阳的两种因素，即盘古是天地阴阳的中介者（mediation， middle term）。按照列维-施特劳斯的理论：在神话中最有意义的存在是矛盾自体，神话的决定性价值就在于调节矛盾的两个方面。[①]

混沌是尚未赋予秩序的状态。但是从混沌中生出天地阴阳的秩序。开天辟地以前天地是像鸡蛋一样的混合，这状态被视为混沌、太极之前的无极的状态。鸡蛋象征生命和宇宙。混沌分为阴阳，意味着最初的秩序是通过阴阳的两分法产生的。鸡蛋是创世以前的宇宙，即表现的是当时人的宇宙观。

对宇宙的认识大概分为垂直的分割（vertical division）和水平的分割（horizontal division）。北亚洲萨满教的宇宙形态论展示出如下三个特点：[②]

（1）宇宙的空间分化上都出现垂直的和水平的分割。不过基本观念是上中下界的垂直分割。这些宇宙层由宇宙轴连接。太初时一般人也能做宇宙旅游，可是失乐园后只有萨满可以。

（2）宇宙构成上中下的三层结构，各层有善神、人、恶神的居所。而且由方位决定神和精灵的布置。

（3）上下界是中界的模仿（copy）。

按北亚洲的垂直三层观，萨满在仪式或宗教体验中能够往来于另外的宇宙层和现世，各宇宙层之间没有隔断。可是在古代宗教或世界普遍宗教中，来往各宇宙层的通路已经断绝了。只有还具有原始宗教特点的萨满还能做宇宙旅游。[③]从一个宇宙层到另外的宇宙层，从地上到天界、从地上到下界往来的能力是萨满的独特本领。萨满精通宇宙地理。萨满能来往穿梭宇宙层的原理在于北亚洲萨满教的宇宙结构。连接各宇宙层的中心轴是宇宙旅行的通道。[④]屈原的《楚辞》中也表现出存在类似的上升和下降的概念。

《离骚》中屈原升降的空间和西伯利亚萨满教的宇宙结构类似。

① Edmund Ronald Leach：*Structuralist Interpretations of Biblical Myth*，London：Cambridge Univ Press，1985.

② [韩]李弼荣：《北亚洲萨满教与韩国巫教的比较研究》，《白山学报·25号》，1979年版，第16—17页。

③ [韩]张秉吉：《宗教学概论》，首尔：博英社，1975年版，第69—70页。

④ Mercea Eliade: *Shamanism*，New York Pantheon Books，1964，pp.259—266.

《离骚》里频繁出现去往天界的词汇，乘、升、登、上、飞、腾、驰、翱翔都意味着登天。并且有很多种类的鸟等动物以及风、云、彩虹担当登天的媒介。

在《离骚》里多次出现屈原在天空和大地之间升降往来的句子：

路漫漫其修远兮，吾将上下以求索（97行）
曰勉升降以上下兮，求矩矱之所同（144行）

而且在《离骚》里也多次出现神和屈原降临下界的句子：

贤相观于四极兮，周流乎天余乃下（118行）
巫咸将夕降兮，怀椒糈而要之（151行）
百神翳其备降兮，九疑缤其并迎（152行）

除了这些句子以外，表现人在天界环游的句子还有很多。天界环游意味着巫师登上神的世界后在神的世界环游。[①]这种神圣空间表现了垂直的宇宙观，如下图表所示：

西伯利亚萨满教的宇宙结构

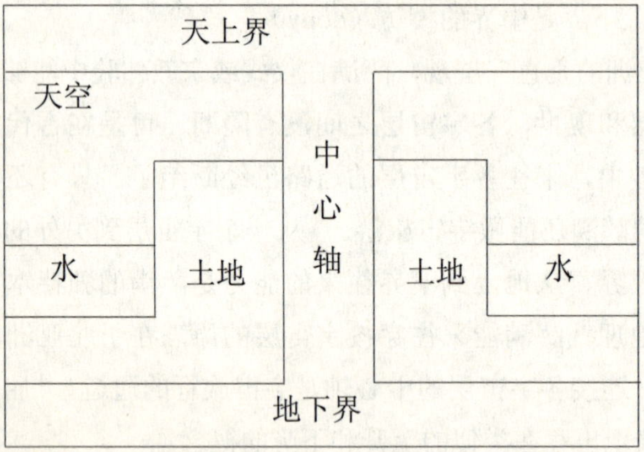

“甑词”也表现上升下降的环游。七星神的天下宫在上边，梅花夫人的地下宫在下边，所以七星神下到地下宫。而且兄弟用黑云摇橹，架虹桥，上白云到天下宫。“甑词”表现的就是垂直的宇宙观。垂直宇宙观的两个要素是世界的分割和中心轴。“甑词”中，上下的观念象征世

① [韩]金仁镐：《楚辞和巫俗》，首尔：Shina社，2001年版，第110页。

界的分割。那么中心轴的观念在哪儿呢？中心轴表现在宇宙树、宇宙山等上面。

宇宙树代表世界中心和上下各界的相通渠道，这种符号在萨满教观念和仪式中起着重要的作用，它是天地、神人、生死联系的纽带。在萨满教的神话里，树、山、河流、桥、彩虹、梯子等等都可以用来代表通道，这些符号都是宇宙树、宇宙轴观念的变体。①如此，“甑词”中出现的云和彩虹也是一种宇宙树。可是垂直的宇宙观并不仅仅分为上中下的三层世界。

早期满族萨满教认为，天有多层。有九层、十七层等多种说法，后来多认为，自然宇宙分为九层。最上端为天界、火界，又称光明界，有三层，为天神阿布卡恩都力和日、月、星辰、风云、雨、雪、雷、电、水雹等神灵所居。除此还有众多的动植物神以及诸氏族远古祖先英雄神，高踞于九天“金楼神堂”之中。在许多氏族绘制的图画中，可见九天上有神鸟，左日右月，光照环宇。中层亦分为三层，是人、动物及弱小精灵繁衍的世界。下层为土界，又称地界、暗界，亦分三层，是伟大的巴那吉额姆（地母神）、司夜众女神以及恶魔耶鲁里居住与藏身的地方。萨满是九天的使者，既可飞升于高天之上与神相通，又可伏治中界的精灵，更可以驰降于地下暗界的最底层，去铲除殃及人类的恶魔，并随时应请地母神巴那吉额姆赐予大地以丰收和富足。②

按照满族神话的说法，萨满是能够自如穿行九界的使者，而且是伏治中界的领袖。这里可以辨析“甑词”中两兄弟的面目。射太阳的神话母题在东北亚是广泛存在的。不过，重要的问题是射太阳所反映的实质。萨满被赋予治理中间界的任务。七星神让兄弟俩分治大韩国和小韩国。在神话里，中间界的最大问题是两个太阳和两个月亮。解决这个问题的两兄弟就是萨满。“甑词”是巫师口传的巫神话，常常重点表现巫师的伟大权能。

“甑词”明显地表现出垂直的宇宙观特征。可是不能据此断定韩国巫的宇宙观就都是垂直的。其他的神话也有表现类似卵的水平的宇宙观。蒙古族神话“天地起源”表现了混沌和卵的状态：

① 孟慧英：《中国北方民族萨满教》，北京：社会科学文献出版社，2000年版，第195—196页。
② 富育光：《萨满教与神话》，沈阳：辽宁大学出版社，1990年版，第26页。

往古，往古，更往古时候，天和地还没有分割的时候，世间只是混混沌沌，好似浮动的彩云，飘荡的膏脂，模模糊糊地继续着轻静的胎动。①

“好似浮动的彩云，飘荡的膏脂”的状态同卵里的情形是相似的。卵是宇宙的一种象征。蛋白和蛋黄构成卵。蛋黄浮在蛋白中。在卵里，没有贯通蛋白和蛋黄的通道。这就是水平宇宙观的特征。韩国代表性的巫歌中有“Bali公主”。②“Bali公主”巫歌展示了水平宇宙观。为了找到救父母的神药，Bali公主去他界寻找。她走着去西天西域国和地狱。西天西域国意味着上界，地狱意味着下界，可是Bali公主巫歌中都没有上升和下降的意象。她徒步或者坐船去上界和下界。下图可以用来表现韩国巫的宇宙结构：

韩国巫的宇宙结构

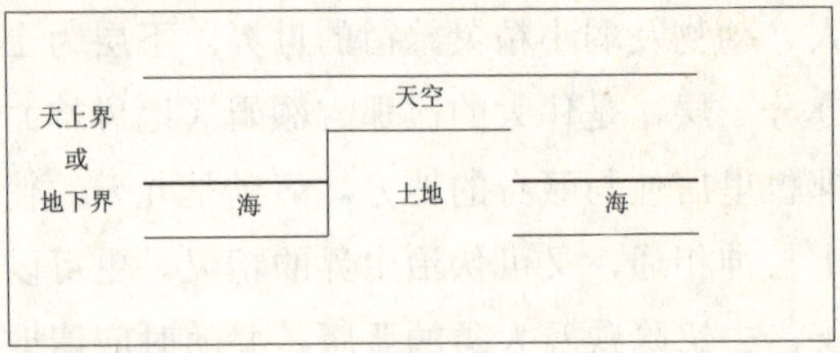

水平的宇宙类似鸡子的样子。其实鸡子是水平宇宙观具象表现。

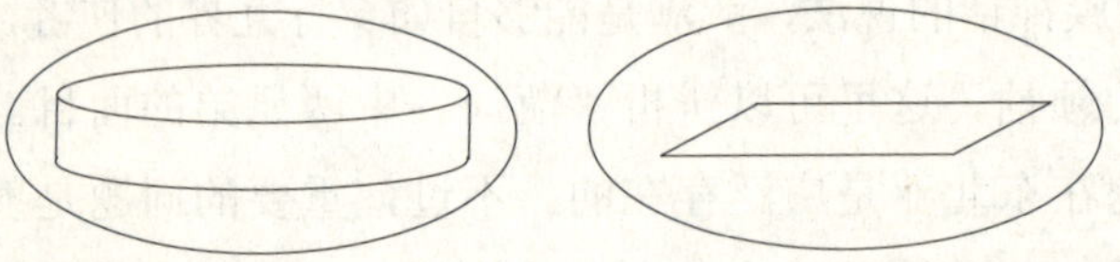

如左图，假定椭圆是宇宙，椭圆内的圆柱是人界，圆柱以外的地方是天上界或地下界。在这儿天上界、地下界、人界之间没有层次。这就是卵或鸡子的样子。进一步说，假定人界是方形，如右图表现的也是一种宇宙观。右图的圆中有方表现了什么？就是天圆地方的思想。

当然类似“甑词”的韩国巫文化或者神话中确实也出现过宇宙轴的概念。古朝鲜的檀君神话中出现的太白山神檀树，高句丽神话中解慕

① 陶阳、钟秀：《中国神话》上册，北京：商务印书馆，2008年版，第29页。

② “Bali公主”是在死灵祭中口演的巫歌。“Bali”是受排挤的意思。详细的内容将在第五章说明。

●图1-2-3 表现天圆地方的铜钱

漱降临的熊心山，三韩时代祭天仪式中出现的立木（象征一种宇宙山、宇宙木），就具有中心轴的概念。宇宙树的观念又是中国北方萨满教的核心象征之一。其实韩国巫的宇宙观里同时存在垂直的宇宙观和水平的宇宙观。可是笔者认为水平的宇宙观比垂直的宇宙观表现了更原初的宇宙观。

进行创造、分化前，宇宙的状态是混沌。垂直的宇宙观展示出创造、分化、赋予秩序后的状态。赋予秩序前，世界和万物都混在一起。神和人，人和神都拥有同一个世界。这样的世界类似《魔戒》的中土世界、《哈利·波特》的魔法学校。在《魔戒》中精灵和人、魔王和魔法师、兽族和植物族都住在同一个世界。可是《魔戒》的中间界越来越隔绝了，植物不想和人沟通，精灵离开中土。不过精灵族离开中土世界的方法是坐船，他们不是上升或者下降，他们的迁移是水平的。同样，哈利·波特也是穿过站墙坐火车去魔法世界，这也是水平的。

在韩国，巫、神和人拥有同一个空间。横梁有横梁神，厨房有灶神，厕所有厕神。神的居所不分上界或者下界。现在韩国巫师也不做宇宙旅行，在巫仪式中，神降到巫师的身上。这样的现象是韩国巫和西伯利亚萨满教的区别。在水平宇宙观里，巫师或者萨满不需要中心轴。因为他们本身就是和神沟通的中心轴。

第三节
从生态主义世界观到霸权竞争

一种形式的能量能够转化成另外的能量，包括热能在内的能量转化规律是：能量的总量不变。这是物理基本定律之一的“热力学第一定律”。以盘古神话为首的创世神话展示事物变成另外事物的过程，类似能量转化过程中能量总量不变的定律，创世神话中事物转化，但维持总体平衡。虽然发生变形，但这种变形不威胁世界与自然。创世神话表现的第一世界观就是生态主义世界观。

盘古从混沌中出现，他再转化为世界万物。创世神话中，混沌转化为盘古，盘古化生出万物，都建立在总体不变的基础上。虽然由一生多，但为了变形已经有的存在要消失，所以盘古得死去。这样的过程又是赋予秩序、分化的过程。当然，转化、赋予秩序的过程要经过几个阶段。

创世神话中出现天地阴阳，象征整个世界第一次被赋予秩序。可是世界还不完整，还需要第二次被赋予秩序。因此需要毁灭与创造交替循环。这样的想象力，同自然现象结合就产生洪水神话。根据洪水神话，发生大洪水后，人类毁灭，可是因为少数的幸存者，在世界上人类会继续生存繁衍。在有天地阴阳的状态下，盘古是唯一混沌的存在。秩序从混沌中出现，所以第二次秩序要从盘古身上显现。盘古之死，是为了给世界赋予第二次秩序。盘古的身体化生万物和人。这就是盘古神话里存在着的当时人们的想象力和世界观。

类似盘古巨人化生天地万物的神话在世界上有广泛地分布。挪威神话中的Ymir是巨大的冰怪物。Borr的三个儿子Odin、Vili、Ve杀死Ymir后用它的尸体做万物。它的冰血变为海河，肉变为干地，骨头变为山，牙齿变为石头。根据记录日本神话的《古事记》，男神伊邪那岐（いざなき）洗澡，洗左眼的时候生出太阳，洗右眼的时候生出月亮，洗鼻子的时候生出台风。

在韩国的济州岛也会发现巨人神的创造行为。“在济州岛有一个巨大的奶奶，她叫雪慢头姑。她躺的时候，枕着汉拿山，她的腿到海。……济州岛的据文岳是她用裙子搬动土地的时候，从破的地方落下的土地。汉拿山是用留下的土地做的。”[①]她所做的事是一种创造行为，同样是巨人神创世神话的变形。

盘古的身体变成自然。变成自然的身体部位和自然之间有相关性。在这儿我们会发现当时人们的想法。第一个是人的身体会变成自然。这现象意味着盘古的身体延伸出自然。这样的想象力符合麦克卢汉（Macluhan）的理论。他主张：人类历史的动力是技术，尤其是媒介（media）。对他来说，媒介就是人的延伸。衣服是皮肤的延伸，打字机是手的延伸，汽车是足的延伸，电脑是头脑的延伸。[②]按照他的理论，我们可以反过来看盘古神话。如果将盘古视为人，那么，“盘古延伸万物和人。风云是气的延伸，雷霆是声的延伸，日是左眼的延伸，月是右眼的延伸，四极五岳是四肢五体的延伸，江河是血液的延伸，地理是筋脉的延伸，田土是肌肉的延伸，草木是发皮的延伸，金石是齿骨的延伸，珠玉是精髓的延伸，雨是汗流的延伸”。这就是弗雷泽在《金枝》中提出的巫的相似律。他主张相似的东西产生相似的东西，即结果像原因。变成自然的盘古身体和自然之间，显然可以印证弗雷泽的理论。

盘古神话中要关注的地方就是人所延伸出大自然的一切。盘古神话中不是大自然延伸出人，人与自然都是盘古的延伸。并且西藏东南部流传牛尸创世神话。《三个神牛》说：

> 大地母亲有三个儿子，老大普苏索布是火神牛，老二拉玛索布是铁神牛，老三铁仁索布是土神牛。三人虽是兄弟，但性格迥异，冲突频起。一次，火神牛和铁神牛斗了起来。老大把老二吞到肚子里头。铁神牛拉玛索布死后，毛变成了树木、百草，骨头变成了石头、山脉，血液变成了河流，内脏化成了动物、昆虫。[③]

按照《三个神牛》的说法，树木、百草、山脉、动物的来源不是

---

① [韩]张筹根：《韩国的神话》，首尔：成文阁出版社，1964年版。

② [加]麦克卢汉：《理解媒介——论人的延伸》，何道宽译，北京：商务印书馆，2000年版。

③ 谢选骏：《中国神话》，杭州：浙江教育出版社，1995年版，第41页。

人，而是牛。神话时代，牛能当成伟大的神，可是后来人和自然的关系改变了。人不再是与自然和谐一致了，而是与自然对立。这到底是为什么？就是因为人们对自然的想法改变了。本来人和自然是可以互通的，可是开天辟地后自然世界逐渐变成了被征服的对象。现在的自然不是人的延伸。所以人们认为可以征服一切。在《第三种黑猩猩》中，戴蒙德说：人和黑猩猩的基因差异只是1.6%，可是因为人，黑猩猩面临绝种危机。先民认为人和自然是一样的，所以在盘古神话中诸虫感风而化为人，诸虫就来自盘古，同其他变形化出自然的器官是一致的。

韩国的“创世歌”也展示虫子变成人的过程。“创世歌”是1923年在韩半岛的北部咸兴采录的巫歌：

> 空间和大地产生的时候，弥勒也诞生了。可是天空和大地一直连接在一起。弥勒把天空变成像铁锅的盖子一样凸的样子。然后把四个铜柱竖在大地的四方。
>
> 那时候，世界有两个太阳和两个月亮。弥勒把月亮摘下做成北斗七星和南斗七星，把太阳摘下做成大星和小星。
>
> 弥勒是巨人神。那时候吃生食。有一天弥勒想知道水和火的起源。他抓住蚂蚱问：“你知不知道水和火的起源？”可是蚂蚱根本不知道。他又问蛙，可是它也不知道。最后弥勒问老鼠。老鼠反过来问弥勒：“如果我告诉你，你给我什么奖？”弥勒说：“你可以得到世界的粮柜。”老鼠告诉弥勒：“水的根本是一座山的泉水，火的根本是铁和石头的摩擦。”
>
> 那么人是怎样产生的？弥勒一只手上拿着金盘子，另外一只手上拿着银盘子对着天空祝祷。这时候，虫子突然从天空中落入盘子。每个盘子上有五条虫子。掉在金盘子上的虫子变成男性，掉在银盘子上的虫子变成女性。他们是人的祖先。
>
> 弥勒的时代是太平盛世。可是释迦出现后所有的事情都改变了。释迦想抢夺人世的统治权。释迦对弥勒说：“你的时代已经过去了。”弥勒说：“这时代还是我的时代。”他们决定打赌。第一次是把瓶子系上绳子后放入大海，谁的绳子断谁输。第二次是在夏天把江冻结。释迦都输了。可是释迦还是不服。最后是在膝盖上开牡丹花的赌。他们坐在一个房间里，尝

●图1-3-1　伏羲女娲图（7世纪吐鲁番阿斯塔那）

试开牡丹花。果然弥勒的膝盖上开牡丹花了，但是释迦的膝盖上什么都没有。释迦费尽心机地假装睡觉，弥勒却真的睡着了。弥勒睡觉的时候，释迦偷偷地把弥勒的花放在自己的膝盖上了。睡醒后弥勒才发现。弥勒对释迦说："因为你偷我的花，所以花无十日红，种植的花也不能生十年。"弥勒给释迦人世。弥勒最后说："因为你不好，所以以后在世界上会不断地发生很多坏事。"

"创世歌"认为，各个物种之间，自然物和动植物之间，人与动植物及各种自然物之间，没有什么绝对的界限，人可以是袋鼠，袋鼠也可以是人，风可以是人，也可以是鸟。[①]当时的观念认为，虫子并不是一种劣等生物形式的存在。因为自然万物都是从盘古的身体上化生出来的。在伟大的自然中，万物都有存在的理由。这样的思维是神话的特点。可绝非神话中的秩序都强调生态主义。

《淮南子·精神篇》记载着"烦气为虫，精气为人"。这个句子和盘古神话的内容相反。韩国的创世神话也说虫子化为人。但是虫子和人在文明的秩序共同存在的时候，已经出现污秽与洁净的差别。

不过在中国神话中还有神造人的方式。同《圣经》里上帝用泥土创造亚当。女娲也是用泥土创造人。

① 陶阳、牟钟秀：《中国创世神话》，上海：上海人民出版社，2006年版，第20页。

俗说天地开辟，未有人民，女娲抟黄土作人，据务力不暇供，乃引绳于泥中，举以为人。[①]

在韩国的创世神话里也会发现用泥土创造人的叙述。1965年韩国学者任晳宰和张筹根采录了巫女姜春玉的巫歌。她是从朝鲜的咸兴来到韩国的巫女。她唱的巫歌韩语叫Seng-Gut，Seng是圣人的韩语方言，Gut是巫意识的意思。这首巫歌的主人公是帝释，所以巫歌的内容是说明帝释的来历。

人们从哪儿来的？汇集天界岩绿山的黄土，用这黄土做男人。然后为了后代的延续做女人。[②]

用泥土创造人的神话是人类普遍的想象力。神话就是想象力的世界。以从神话的角度来看，人绝非是比自然优等的存在。神话说的是人和自然的关系。可是创世神话里还有另外的范式。这就是为了占有世界的霸权竞争。

在霸权主义世界观中，创造不是转化，而是必然的牺牲。为了获得一个就要牺牲一个。我获得再多一个，另外的人获得的就少一个。如果我获得全部，对方就什么都没有。试图形成只有自我的世界、自己支配的世界的是霸权主义世界观。

从物理学的角度看，如果某部分的熵（entropy）减少，另外部分的熵必然增加。这就是熵的定律。在热力学第二定律中，热只从高温传到低温。从高温转到低温的过程中，动能转化为热能，事物和事物进行混合的根据就在于自然发生的定律。人使用能量越多，自然能量越减少，就越经历痛苦；我获得越多，对象获得就越少。创世神话中霸权主义世界观的出现和霸权主义世界观会造成什么呢？“天地王本puli”展示了霸权主义世界观。天地王本puli是在济州岛的巫师中口演的巫歌。

天地王本puli

① 《太平御览》卷78，《风俗通义》。

② [韩]任晳宰、张筹根：《关北地方巫歌》，首尔：文化财管理局，1966年版。

太初的天地是混沌。那时候，天空和大地贴着了。甲子年、甲子月、甲子日、甲子时，天空的一部分从子方打开了。乙丑年、乙丑月、乙丑日、乙丑时，大地的一部分从乙方打开了。天空和大地之间裂开了。那时候，阴阳相通、万物出生。第一个出现的是星。虽然牛郎星、织女星、老人星、北斗七星、三台星固定下了，可是天地还是黑暗。天皇鸡抬头，地皇鸡扇动翅膀，人皇鸡摆动尾巴后开始黎明。可是世界还没确立秩序。因为上帝给世界两个太阳和两个月亮，所以白天太热，晚上太冷。而且连草木和禽兽也会说话，人和鬼住在同一个世界。

天地王想着拯救世界的方法开始做梦了。在梦中他咽下一个太阳和一个月亮。天地王觉得这个梦就是胎梦。他为了结婚降临地上。那时候，在地上有一个夫人。她叫聪明夫人，就是天地王的伴侣。天地王去夫人的家了，可是夫人的家连做饭的大米也没有。夫人不得不去寿命大人家借大米。可是寿命大人的心肠不好。他借给大米的时候，混合沙子了。天地王发现米饭里有很多沙子。愤怒的天地王让闪、雷、火的使者火烧寿命大人的家。

天地王要回去天上的时候，告诉夫人："如果生两个儿子，哥哥叫大星王，弟弟叫小星王。"然后天地王给了夫人匏瓜子。果然聪明夫人生了两个儿子。有一天，由于没有父亲，他们被欺负了。兄弟问夫人谁是他们的父亲。夫人告诉他们天地王是他们的父亲。然后给兄弟匏瓜子。匏瓜子一种下就长大到天上了。兄弟攀匏干上去天上见天地王。天地王让好心的大星王治理现世，让不好心的小星王治理黄泉。可是小星王想治理现世。小星王对大星王提议打个赌，赢的人占现世。小星王连着输了两次。最后他们打开花的赌。大星王开的花很好，可是小星王开的花不好。大星王睡觉的时候，小星王偷偷地换了花。结果小星王占了现世。但是那时候的世界太混乱。有两个太阳和两个月亮，因为什么都会说话，所以特别吵。并且人和鬼在同一个世界，有很多小偷、强盗、杀人、奸淫什么的。小星王根本没有解决的能力。所以他恳求大星王整理现世的事。来到现世的大星王先射下太阳和月亮，然后为了只有人会说话向世界撒松脂粉。最后他给人和鬼过秤，超过一百斤的事物留在现世，把不到一百斤的事物送到黄泉。虽然大星王整顿了自然秩序可是他不想做别的事。因为他回到黄泉去了，所以在世上还是有犯罪。

在说明霸权主义世界观前，先要解决用语的问题。韩国的创世神话里省略的地方有诸多之处，外来宗教的影响也多。弥勒和释迦就是受佛教影响的证据。可是用弥勒的名字有来历。弥勒的语源是印度教的Mitra。Mitra的意思是友情和慈爱。Mitra是和严肃的Varuna对比的神。Mitra象征慈爱的母性。创世歌的弥勒是在创造女神的传统上被接受的。①

可是笔者关注的地方不是这里。重要的是弥勒与释迦的象征，在有的神话里弥勒变形为大星王或者先门，释迦也一样变形为小星王或者后门。有一个创世神话的结局是弥勒输后升天。弥勒的脸变成太阳和月亮，眼睛变成星，鼻子变成三泰星，耳朵变成北斗七星，肚子变成蓝天，身体变成大地。弥勒化为星的意思是虽然弥勒失去世界，可是他延伸出了自然。这样的故事类似盘古神话。

这样看的话，弥勒象征自然和女性，释迦象征文明和男性。并且他们最后打赌的是谁能让花朵盛开。结果弥勒使花朵盛开，释迦却没有使花朵盛开的能力。能使花朵盛开象征自然的能力。释迦的方法是诈骗弥勒，偷弥勒的花。释迦利用弥勒的能力取胜。利用自然，同自然对立，破坏世界的是什么？就是文明。韩国的创世神话里有很多神话要素可以延伸理解现代文明问题。

在中国创世神话中同样会看到有女性作为神的假想。据《说文解字》："娲，古之神圣女，化万物者也。"但是女娲的神迹有变化。据《淮南子·览冥训》："于是女娲炼五色石，以补苍天，断龟足，以立四极。"女娲补天的原因是："昔者共工与颛顼争为帝，怒而触不周山，天柱折，地维绝，天倾西北，故日月星辰移焉。"②女性作为神创造万物是以女娲生万物为代表的。虽然共工与颛顼争为帝，可他们没有

① [韩]赵显卨：《我们神话的谜语》，首尔：Hanibook，2006年版，第94页。
② 袁珂：《中国古代神话》，北京：华夏出版社，2004年版，第45页。

恢复世界的能力。能承担恢复世界任务的是女娲。

这样的结构类似弥勒输给释迦后世界变得混乱。据天地王本puli，小星王占世界后，世界特别混乱。有两个太阳和两个月亮，有很多小偷、强盗、杀人犯等。并且人和鬼在同一个世界。可是小星王根本没有解决的能力。是谁使混乱的世界恢复秩序？就是女娲和弥勒一样的存在。小星王恳求大星王整治世界的混乱。这样的结构同女娲补天相似。争霸之战中重要的并非世界是怎样形成的，而是谁拥有世界。释迦不介意世界的混乱和污秽的原因是因为他只关心谁拥有世界。

神是人的隐喻。神和人都愿意占有世界。霸权又是欲望。以卑鄙的手段占有的世界、因人的欲望占有的世界必然臭浊。亚当和夏娃从伊甸园被赶出去的根本原因也是欲望。神话正是以形象来说明理由。神话说明人为何住在臭浊的世界，为何在世界上会有盗窃、抢劫、强奸、杀人等恶行。创世神话说明的就是人类失乐园的理由。西伯利亚的布里亚特（Buriat）族留传着如下的创世神话：

> 太初除了水以外什么都没有。那时候，三神Esseghe-Burkhan，Maidari-Burkhan，Shibegeni-Burkhan遭遇水上游泳的一只水鸟。神让水鸟到海底捞回若干的土。神把土撒在水面制造硬的土壤。在土壤上生出了草和树，然后神创造了毛人。为了决定谁给一对男女生命，神打了赌。内容是各神把蜡烛放在盘子上睡觉，到第二天早上，烛火还燃着的，盘子上开花的神胜利。最早起床的Shibegeni发现Maidari的烛火燃着、盘子上开花了，反而他的烛火已经灭了、盘子上没开花。他急忙换掉Maidari的烛火和花。醒来的其他神看到Shibegeni的烛火和花。Shibegeni就占有了给人生命的特权。[①]

Shibegeni是释迦，Maidari是弥勒。这些神话一方面容括古代蒙古先民揭示天地起源奥秘所作的探索以及他们对现有世界的认识，同时反映蒙古神话通过佛教媒介接受印度和藏族等信仰佛教的国家

① [韩]朴时仁：《阿尔泰神话》，首尔：青鹿出版社，1994年版，第363页。

或民族的神话文化影响的实际状况。[1]神话的后半部出现魔鬼和上当的狗。可是基本问题是在有不正当行为的Shibegeni最后有了给人生命的权力。Shibegeni象征欲望。力争给人生命的权力的行为表现了支配世界的强烈欲望。

对征服性的世界观来说，自然只是征服的对象。可是对关系网的世界观来说，世界是和谐共生的对象。创世神话里同样存在征服的世界观和关系网的世界观。可是不少创世神话强调征服的世界观，因为创世神话表达了从自然到文明的过程。

人们曾经认为，神、人、动物和自然是密不可分的整体，它们遵守同样的法则，并由同样的神性物质所构成。在人的世界和神的世界之间，并不存在所谓的本体论鸿沟。[2]

在合理的科学意识支配世界前，有很多认识世界的方法。从当代文明的程度看，古代人的思维显得荒唐。但如果从古代人的文明程度看，当时的世界观却是合理的。今天研究创世神话的原因并不是阐明伦理或者证明其为虚构，而是阐述为什么那时候的人会有这样的思维意识，进而探索当代创世神话的意义。同时通过研究创世神话的渊源，来补充我们整体、合作意识的贫乏。

卡普拉提到洛弗洛科的“盖亚假说”提出女神信仰与当代重要理论的关系。盖亚是包括地球本身和在地球上生存的生物、大气圈、大洋、陆地的泛地球的实体。按照盖亚假说，地球是活的有机体。[3]可是现在对地球的破坏越来越严重。人们为了建立自己的文明造成了污染、地球变暖等环境问题。现在很多科学家都在关注这个理论。他们认为盖亚假说可以给我们提供解决当今问题的答案。盘古和弥勒的身体化作自然万物。那么盖亚不是盘古吗？盖亚不是弥勒吗？创世神话提醒我们现在最重要的化解危机的思维意识应该从哪里寻找。仅仅将神话作为故事来看，是无法借之反思文明问题的。

毋庸置疑，文明的秩序是必不可少的。可更为重要的是如何发展文明，怎么才能使人类与自然保持平衡。人与自然和谐的观念并不会因为来自神话就不理性，相反，那种在理性外衣下同自然对立、征服自然、

① 那木吉拉：《中国阿尔泰语系诸民族神话比较研究》，北京：学习出版社，2010年版，第17页。
② [美]凯伦·阿姆斯特朗：《神话简史》，胡亚豳译，重庆：重庆出版社，2005年版，第6页。
③ [美]卡普拉：《生命的网子》，金镕贞译，首尔：汎洋社，1998年版。

霸权意识泛滥才是真正的非理性。在创世神话里有这样的智慧。虽然创世神话是为了反映文明的秩序，可是创世神话里还存在文明批判论。文明进步是最终不变的宿命，可是对我们来说“创世神话里有咱们要学习的地方”。卡普拉已经说过：“因为有历史，人们才会有希望。”

古代人的想象力中，世界是以创世神话为具体化的。创世神话里同时存在文明和自然的两种因素。有的创世神话显示出文明的进程，有的创世神话则显示出自然之美。正是通过创世神话我们才会反思到现在所走的歧路。

第二章

神话与民族：檀君神话

檀君神话里有很多文化因素。桓雄的迁移反映民族的移动，桓雄集团的熊女象征图腾，桓雄和熊女的结婚意味着民族的结合，檀君和檀君朝鲜阐明新民族、新国家的诞生。除了这些文化现象以外，檀君神话包括更多的文化和历史的问题。檀君神话里的很多因素仿佛一种迷宫。

第一节
什么是檀君神话?

檀君神话是韩民族有史以来一直的话题。关于檀君的研究难以计数。如此众多的研究足以证明檀君神话对韩民族的重要性。韩国人认为檀君是韩民族的根。虽然从遗传学上看，韩民族不是单一民族，可是无论在文化观念上还是认识论上檀君都是韩民族不容否定的共同祖先。

檀君神话这一文本产生众多的解释。极端的民族主义者认为檀君神话证明古代韩民族是世界的霸王。有些学者想通过檀君神话阐明古代东北亚地区文明和韩民族的关系。学者们往往以自己的专业诸如萨满教、文学、哲学、语言学、人类学、考古学、历史学等为工具解释檀君神话。还有些学者否定檀君的存在，一些历史学家认为檀君是不能证明的存在。因为不能证明，所以他们觉得檀君时代不属于历史的领域。他们在古朝鲜历史中排除檀君朝鲜。而且抗日时期，日本官学派学者以否定檀君神话试图抹杀韩民族的民族精神。而抗日学者则以檀君神话鼓吹民族精神。

韩国众多学者试图揭示隐藏在神话的象征和语法背后的实体。一般

●图2-1-1　檀君圣殿的檀君像

●图2-1-2　首尔的檀君圣殿

的研究倾向是通过檀君神话阐明古代史。他们的共同观点认为，檀君神话是从北方来的崇拜天神的民族与原住的崇拜熊的民族结合后建立国家级统治集团现实的反映。这个集团是使用青铜器、农耕生产的高水平文化集团。[①]这样的解释还是出于认同的需要。有人提出山东省武氏画像石——汉建和元年（147年）制造——表现的是檀君神话。可是韩国学界批评了这个主张。[②]关于檀君神话的议论不止这些。有些学者认为檀君神话里的图腾崇拜和神秘的因素是古代思想的体现，熊女生檀君的故事是兽鸟神话的表现，而桓雄降下的神檀树反映萨满教的树木信仰之宇宙树。当代也存在五花八门的檀君神话研究。最近出现的研究倾向是以符号学为研究方法，把檀君神话和辽河地域的文明联系起来进行阐释。

记载檀君神话的最古文献是《三国遗事》。[③]《三国遗事》是高丽时代的和尚一然（1206—1289）所作的。记载檀君神话的另外一本文献是1287年李承休写的《帝王韵纪》。[④]《三国遗事》与《帝王韵纪》上记载的檀君神话如下：

《三国遗事纪异第一古朝鲜王俭朝鲜》

《魏书》说：从现在二千年前有坛君王俭，他定都阿斯达，开国朝鲜。这时期与中国尧王同时。《古记》说：古时候桓因的庶子桓雄想下凡，桓因知道儿子的意思，俯瞰三危太白可以“弘益人间”。于是桓因给桓雄“天符印”三个治人世。桓雄率三千之徒，降到太白山顶的神坛树上，建立了“神市”并他称“桓雄天王”。他还带了“风伯”、“雨师”、“云师”，主管农业、寿命、疾病、刑罚、善恶等三百六十件人间诸事。当时有一熊一虎同住于一个洞中，

① 主张这样的学说的代表学者是崔南善、李丙焘、金廷鹤等。参考崔南善：《檀君古记笺译》，《思想界》2卷2号，首尔：思想界出版社，1954年版；李丙焘、金廷鹤等：《古朝鲜史·三韩史研究》，首尔：一潮阁出版社，1999年版。

② [韩]金载元：《武氏祠石室画像石的檀君神话》，首尔：新文社，1988年版。

③《三国遗事》的刊行年代不清楚，估计在1281—1282年。《三国遗事》包括五卷。第一卷：王历第一（新罗、高句丽、百济、驾洛及后三国的年表），纪异第一（古朝鲜以下三韩、夫余、高句丽、新罗的遗史）。第二卷：纪异二（新罗、百济、后百济的历史与驾洛的遗史）。第三卷：兴法（佛教的传来与高僧的行迹），塔像（寺塔、佛像的故事）。第四卷：义解（高僧的行迹）。第五卷：神咒（逸僧的传记），感通（显灵的事），避隐（隐居逸僧的记录），孝善（孝行、善行的记录）。

④《帝王韵纪》包括上下两卷。上卷的内容是从盘古时代到金国的历代事迹，下卷是韩国历史。

它们请求桓雄把它们变成人。桓雄就给它们灵的一炷艾和二十头蒜说："如果你们吃这些东西，一百天不看阳光，能变成人。"结果熊只蹲了二十一天，变成了一个女人。虎却没有照办，结果未能变成人。熊变的女人没有配偶，就去祈求桓雄，于是桓雄就与熊女结婚，生下了坛君王俭。他在尧帝五十年即位，以平壤为都城，在位一千五百年，后来箕子出现隐居阿斯达山，活到了一千九百零八岁。

《帝王韵纪卷下东国君王开国年代并序前朝鲜纪》

起初谁开国？是释帝的孙子檀君。《本纪》记载：上帝桓因有庶子叫雄。桓因说"你能下去三危太白弘益人间吗？"于是雄受到"天符印"三个，率领鬼三千之徒降到太白山顶上神坛树上，他叫檀雄天王。他让孙女吃药变成人，使她和檀树神结婚。生儿子檀君。檀君成为朝鲜的王。所以新罗、高句丽、南北沃沮、东北扶余、秽与貊都是檀君的后代。治一千三十八年后，入去阿斯达成为山神不死了。

与尧王同年戊辰年开国，经过舜到夏朝在王位。殷国武丁八年乙未年入山阿斯达成为山神了。

《三国遗事》中的檀君神话与《帝王韵纪》中有的部分不一样。首先《三国遗事》引用《魏书》和《古记》，而《帝王韵纪》引用的是《本纪》。《魏书》估计是中国的历史书，可它没流传下来。朝鲜时代的《世宗实录地理地》平壤条引用《檀君古记》，可是那本书也没留传。《帝王韵纪》引用的据推测是《三国史》的本记，这本书也没留传。这样的现象至少说明关于檀君神话的文献有两种以上，而且它们之间的记录有偏差。

《三国遗事》与《帝王韵纪》之间最大的不同点是檀君的血统。按《三国遗事》记载，桓雄和熊女结婚生檀君，可是《帝王韵纪》中，檀树神和檀雄的孙女结婚生檀君。这个部分的解释也很多。金廷鹤认为《三国遗事》记录的熊女生檀君接近原本。因为忌讳兽鸟诞生，所以《帝王韵纪》记录雄孙女变成人生檀君。[1]即孙女是熊女，檀雄是桓

① [韩]金廷鹤：《檀君传说与图腾崇拜》，《历史学报》第7集，1954年版，第278页。

雄。可是还存在不同的解释。徐大锡认为桓因的血统由父系转变为母系，并出现了檀树神作为父系血统。通过与高句丽神话联系起来进行研究，他揭示出那时同时存在着檀君系统和解慕漱系统。[①]考虑故事的完整性和古代性，笔者觉得《三国遗事》更接近原本。

在这里还有要解决的问题：为什么在檀君神话中出现佛教的因素？檀君的时代佛教还没有诞生，可是檀君神话中出现桓因、帝释等佛教的用语。这个问题在于人类学中的"相似律"。弗雷泽说："对希腊人和意大利人来说，Zeus与Dione、Jupiter与Juno、Dianus（Janus）与Diana（Jana），虽然各部族叫的名称不同，但本质上是同一的一对神。"[②]

文献神话基本上由叙事结构构成。在叙事结构上，语段（syntagma）的系统、语法的系统、转喻（metonymy）的系统不容易发生变化，可是词形变换（paradigma）的系统、隐喻的系统却是容易变化的。比如说，名词容易代替另外的名词，有时名词脱落。虽然在叙事结构上经常发生词汇的代替和脱落。可是故事的结构却不容易改变。在这儿重要的不是名词，而是名词被赋予的功能。即在檀君神话中重要的不是出现佛教的用语，而是那个用语执行的是什么功能。这里我们会发现檀君神话的固定性与变化性。

神话不总是保持原形。重演神话的时候，重演者会加上想象力和创造性。伊利亚德说："更新传统的神话材料的力量在于基础宗教的想象力的创造性。"[③]神话被按照神话继承者的思想润色。檀君神话也包括变化性。可是同时有变化的原则。Edmund Leach认为："可能历史上确实存在一位叫X的人，但同时也存在许多我们已经不知其名的人，不过我们关心X的理由是由于X在神圣故事上有作用。"[④]伊利亚德同样主张历史主人公的神话化不是盲目进行的，而是按模范的标准进行。[⑤]《三国遗事》的著者一然之所以使用佛教用语，是因

① [韩]徐大锡：《韩国神话的研究》，首尔：集文堂出版社，2002年版，第28—34页。

② J.Frazer：*The Golden Bough*，abridged ed. In one volume, MACMILLIAN&CO., London, 1959, p.164.

③ M.Eliade：*Myth and Reality*, translated from the French by Willard R. Trask, Harper&Row, Publishers，1963，p.146.

④ Edmund Ronald Leach：*Structuralist Interpretations of Biblical Myth*, Cambridge Univ Press，1985，p.60.

⑤ M.Eliade：*The Myth Of The Eternal Return*（*Cosmos And History*），Trask, Willard R. (TRN), Smith, Jonathan Z. Princeton Univ Press，2005. p.70.

为他要寻找适合自己理解与阐释的标准的名词。一然是个和尚，与桓因的功能符合的名词是什么？在天上主宰世上的佛教神就是帝释。答案就在这里。

这样的现象不仅发生在檀君神话中，也被发现于蒙古民族的神话。蒙古人皈依佛教之后，他们的开天辟地神话也和其他类型神话一样接受佛教文化的洗染润色，同时以佛教为媒介接受了印度和藏族等信仰佛教的国家和民族的神话文化影响。这些神话材料有的保存于各种文献之中，而大部分则在民间口头流传。按其类型分类，大概有自然形成或称进化型、佛神（包括动物神）创造型和化尸型或肢解型等。[①]这样的现象在太白山与妙香山的关系上也能够得到反映。妙香山在朝鲜的平安北道与平安南道中间。

妙香山这个名称11世纪初以后开始流传，因为山势奇妙又散发香气，所以得名“妙香”。由于岩石浅白又干净，高丽中叶以后又被叫做白山。不过一然为什么估计檀君神话的太白山是妙香山？原因很可能是一然按照自己的标准去寻找神圣山的名称，而并非神话本体原初之位置了。妙香山是韩国佛教的圣山，在妙香山里有360多座寺庙。一然拿佛教的标准代替檀君神话中的名词，结构虽然稳定，但名称已经变化。如果不了解结构，就会对一然所记录的檀君神话的佛教之名感到困惑与茫然。

檀君神话里有很多文化因素。桓雄的迁移反映民族的迁移，桓雄集团的组成说明他们的生活像，熊女象征图腾，桓雄和熊女的结婚意味着民族的结合，檀君和檀君朝鲜阐明新民族、新国家的诞生。除了这些文化现象以外，檀君神话包括更多的文化和历史的问题。檀君神话里的很多因素仿佛一种迷宫。学者们拿自己的方法在檀君神话的迷宫中寻找走法。

① 那木吉拉：《中国阿尔泰语系诸民族神话比较研究》，北京：学习出版社，2010年版，第17页。

第二节
檀君神话的文本分析

为什么我们把这部神话叫作檀君神话呢？如果从内容中主要角色的比重上看，檀君神话的主人公实际上是桓雄。但是我们没有称其为桓雄神话，而叫檀君神话，这是由于使这部神话流传的决定性因素是檀君。对于“神话”的理解角度有很多，笔者认为，神话是讲述起源的故事——从宇宙整体到具体人、物与事的来源，它是一种解释也具有功能——同时表现了从起源到分化的过程。起源神话包括对一种创世行为的记录，有时候神话是一种重演，它重演的是所有存在的根本，这即是回归。神话说明从无到有，从根本到现在，这既是分化，也是秩序，当然还具有结构。那么檀君神话想讲述、表现、重演的是什么？单凭内容而论，第一就是檀君建立古朝鲜国的过程，在这儿强调的是建国者檀君，他是始创者，重演的是大神创世的叙事；第二是说明檀君的神圣谱系，檀君神话告知的是继承神圣血统的檀君创立古朝鲜国的事实。

檀君神话是古朝鲜的建国神话。建国是檀君神话的核心事件，对此，完成神话事件的人必然要被赋予正当性。获得正当性的途径在于使之神圣化。建立古朝鲜国的檀君要被赋予神圣性，最有力的根据就是他从天上下来。檀君神话必然包括檀君的神圣谱系，檀君神话由天上的桓因、降到地上的桓雄、开国的檀君三个故事构成。其谱系就是桓因—桓雄—檀君，这是一种三位一体。檀君神话中关键数字“三”也是神话思维的结果。三危太白、天符印三个、率徒三千、风伯雨师云师都与数字“三”有密切的关系。

檀君与“三”有关系。桓因与桓雄不住人间世界而住在天上，他们是天神。这意味着神话产生之初当时人具有天神的概念，具有对天的信仰。为了阐述神话的事件，就要符合天意与地意。符合天地时，才能开创新的国家。在这儿桓雄意味着天，熊女意味着地。檀君是天上的桓雄与地上的熊女结合的产物，即檀君是天地合一的存在，就是天地人的关系。这样的思想是出现哲理化的“天人合一”前的古代思想。

中国的历史上，建国、称帝必须秉承天命。受天命然后才能统治百姓。皇帝本身不是天命，他是受天命代理天的人。不过桓雄是天神，他不是受天命的，而是具有天命的。桓因给桓雄天符印三个。檀君得到桓雄传递的天命。这就揭示出当时人的天神崇拜与桓因的面目。

住在天界的桓因是天神，不过有些学者认为桓因是太阳神。崔南善认为桓因是光明神，而且檀君的名字与蒙语Tengri有关系，Tengri意味着天。按照他的主张，高句丽神话里的解慕漱、朱蒙、新罗的赫居世都是光明神。除了神话以外，韩国众多山的名字也包含光明思想，以白头山为首的太白山、小白山、汉拿山等山名亦显示了“光明”的思想，这些山是光明神的居所，也是韩民族的圣所空间。因而，他总结出韩民族是太阳崇拜民族，韩民族神话的中心思想是对光明、太阳的崇拜。[①]

朝鲜的学者共明成在《朝鲜历代国号研究》中进一步主张朝鲜的国号与古朝鲜名为“阿斯达”、其君主称檀君、种族名朴达都有密切的关系，是一个关联的解释系统。按照那本书，阿斯达意味着光辉灿烂的早晨，檀君的意思是天任命的王，扶余是太阳与火，辰国是太阳出来的东方，高句丽是太阳的后代，百济是明亮的山，新罗是新的天亮的地方、太阳出来的平野，渤海是明亮的太阳照的国家，高丽是太阳、神圣的意思。

实际上，天本身的神圣显现（hierophany），即天神与太阳的神圣显现即太阳神都是代表天的神格的。而且两者信仰的历史悠久，同时信仰分布也十分广大。在青铜器时期的岩刻画上就发现有太阳崇拜的痕迹，建国神话中出现天神，《三国志·伟志东夷传》记录了祭祀天神的人叫天君，并提到扶余、高句丽等的祭天仪式。根据这些记载，天神崇拜的历史悠久，而且在高句丽的记载中天帝与太阳没有区别。[②]虽然天神与太阳神不同，但是看世界宗教史时，总会发现天神被太阳神代替或与太阳神融合，太阳神和天神并不相互区分。太阳神和天神之间存在大

① [韩]崔南善：《不咸文化论》，郑在乘译，首尔：我们历史研究财团，2008年版。《不咸文化论》最初发表于1927年。不咸即长白山的旧名称。

② [韩]徐永大：《檀君神话的意义和功能》，《檀君与古朝鲜史》，首尔：四季节出版社，2000年版，第124—125页。

●图2-2-1　青铜铃铛（青铜期时代）

●图2-2-2　古朝鲜的建国理念“弘益人间”

的共同分母。[①]

但是桓因不限于太阳神。另外的神话展示天神和太阳的区别。按照《山海经》太阳和月亮是帝君的子女。《山海经·大荒南经》记载：“东南海之外，甘水之间，有羲和之国。有女子名曰羲和，方日浴于甘渊。羲和者，帝俊之妻，生十日。”《山海经·大荒西经》记载：“有女子方浴月。帝俊之妻常羲，生月十有二，此始浴之。”希腊神话中出现的太阳神阿波罗也是宙斯的儿子。太阳的地位明明白白在帝俊和宙斯之下。而且是帝俊派羿射太阳。射日神话的因素在韩国创世神话“甑词”中也被发现。射日神话中太阳不是至高无上的天神，神话中比太阳高的神是帝俊和“甑词”中的七星神。而且天神具有主宰天的因素。桓因也具有这样的因素。类似帝俊打发羿帮人，桓因打发桓雄弘益人间。这样看来，桓因是超越太阳的天神。或许是源于天神概念与太阳神崇拜的融合。

神话上桓因象征天神，不过实际上桓因象征高文明的集团。桓因集团是比别的集团发展水平更高的天神崇拜集团，桓因集团拥有“弘益人间”的能力。而且三个天符印是桓因崇拜的象征。天符印是一般人不能拥有的、象征天的、可以与天沟通的、表示天意的神物。天符印是萨满的东西。韩国巫师最重要的神器是铃铛、镜子、刀。众多学者认为天符印是类似神器的东西。

① M. Eliade：*Pattern in Comparative Religion*，Merdian Books，1972，pp.126—129.

其次分析的人物是桓雄。庶子桓雄想下凡，率三千之徒，降到太白山顶的一株神檀树，建立了“神市”并被称为“桓雄天王”。他还带了“风伯”、“雨师”、“云师”，主管农业、疾病、善恶等三百六十件人间诸事的神。《三国遗事》称桓雄为桓因的庶子，不过在这儿庶子不是妾生儿子之意，而是桓雄并非长子的意思。高丽时代众多记录中，庶子都意味着不是长子。西伯利亚的Vogul族与Ostiak族天神的最年幼的儿子是地上的监视者（earth watching man），在许多神话体系中天神的儿子中小儿子的传说也十分丰富。[①]这样看来，长子继承制在神话时代并非必然的规则。

为了人间，桓雄从天上带着东西降到地上，他是一个文化英雄。为了人间，普罗米修斯偷盗天上的火。鲧也一样，“鲧布土取帝之息壤以填洪水”。[②]虽然他们的行为是为了人间的，但是他们的行为是违背天意的，所以他们要受到惩罚。但桓雄没有受到惩罚，不仅由于桓雄没有盗窃，而且因为桓雄本身就是天。

对农耕民族来说，其神话往往叙述谷物的来源是天上。在众多农耕民的神话中，人类生存的必需品谷物本来是隐藏在天上世界的。由于叛逆的文化英雄、同情人间的叛逆神或者对人间存有好意的动物的帮助，人才得到谷物。他们不顾自己、违逆神意给人间送来生存必需品。[③]

桓雄的大臣是“风伯”、“雨师”、“云师”，主管农业、疾病、善恶等三百六十件人间的事。风伯、雨师、云师是农耕社会的象征，而且桓雄首先主管的是农业。桓雄通晓农耕技术，并把技术传授给大众。其次他主管寿命、疾病、刑罚、善恶，寿命与疾病联结治疗行为，主管刑罚与善恶意味着他确立社会制度。桓雄集团是农业、医学、社会制度上优越的集团。

桓雄降下的地方是太白山神檀树。神檀树不是一棵树，而是祭祀天的祭坛，树的意思是与天沟通的宇宙木。宇宙木现象不仅是古朝鲜的神檀树。公元前后朝鲜半岛南部有马韩、辰韩、弁韩的三韩。三韩和古朝鲜有密切的关系。《三国志》卷三十《魏书》记载：“侯准既僭号称王，为燕亡人卫满所攻夺，将其左右宫人走入海，居韩地，自号韩王。

---

① Uno Holmberg：*The Mythology of All Races*, Finno-Ugric Siberian, Cooper Square Publishing Co.,1964, p.403.

② 袁珂：《中国古代神话》，北京：华夏出版社，2004年版，第231页。

③ J.Frazer：*The Golden Bough*, abridged ed. In one volume, MACMILLIAN&CO, London, 1959, p.164.

●图2-2-3　立木

其后绝灭，今韩人犹有奉其祭祀者。”这儿的候准是卫满朝鲜前的古朝鲜王。三韩之一——马韩也存在通过大木沟通天的文化现象。

国邑各立一人主祭天神，名之天君。又诸国各有别邑，名之为苏涂。立大木，悬铃鼓，事鬼神。诸亡逃至其中，皆不还之，好作贼。其立苏涂之义，有似浮屠，而所行善恶有异。[①]

国邑各立一人主祭天神，谓为天君。又置别邑，名曰苏涂，立大木，悬铃鼓。其苏涂之义，有似西域浮屠也，而所行善恶有异。[②]

“苏涂”的大木是与天沟通的神杆、宇宙木。这样的文化现象到现在仍有存在。韩国很多农村新年前夕为了祈求来年丰收与平安立长杆子就是立木。立木有两种，第一种是立木的顶上没有鸟的，第二种是把鸟放在立木的顶上的。没有鸟的立木成为村子的堂木或者庙堂的神木，同时神木继承宇宙木的性格。有鸟的立木渐渐失去巫宗教的性质，它被编入农耕信仰后成为保障村里的安宁及丰饶的村子守护神。[③]

桓雄降落到的山是太白山。然而太白山到底是什么山呢？韩国有很多白头山、太白山、小白山，白头山又叫长白山。檀君神话的太白山意味着圣山，圣山会镇住周围地域。长白山是在东北地区最高

① 《三国志》卷三十《魏书》第三十 乌丸鲜卑東夷传 马韩条。
② 《晋书》卷九十七 《列传》第六十七　东夷传 马韩条。
③ [韩]李弼英：《韩国长干子信仰研究》，首尔：延世大学校史学系博士论文，1989年版，第173页。

最大的山，而且顶上的湖水天池让人感到神异。长白山以前是有火山活动的。这样的条件充分给人恐怖感和敬畏感。形成对圣山的崇拜心态后，就会将那座山作为统治集团的统治权加以象征与神圣化。当然长白山顶上不适合定都，可是神话的叙事与表现方式不能同人文地理学的现实性完全对应。檀君神话表现的太白山不是当时人所居住的地方，而是当时当地人崇拜的神圣空间。

前述神话内容接下来衔接的是熊与虎。当时有一熊一虎同住于一个洞中，它们请求桓雄大王把它们变成人。桓雄就给它们一炷艾和20头蒜，叫它们吃下去，并且告诉它们100天内不能见阳光。熊照着办了，结果只蹲了21天，变成了一个女人。虎却没有照办，结果未能变成人。熊变的女人没有配偶，就去祈求桓雄，于是桓雄就与熊女结婚，生下了王俭。王俭即檀君。

学者们一般认为桓雄是后来农耕集团的首长，熊女是以熊为图腾的先住民，因此解释说桓雄与熊女的结合是天神崇拜集团与熊图腾部族的统合。而且解释虎没能变成人的意思是只有熊图腾部族附属而虎图腾部族没有归附桓雄集团。熊和虎意味着当时存在崇拜熊和崇拜虎的两个部族。崇拜熊的部族在西伯利亚及东北亚洲广泛地分布。那么崇拜虎的部族是谁？《后汉书·东夷传》“濊条”记录，“又祀虎以为神”。按照这篇文章，虎部族可能是濊族。不过在这还有很多异议，现在不能断定。

不过，桓雄为何让熊与虎在洞窟避开太阳？只有熊避开太阳、吃艾和蒜，才能变成人。避开太阳、吃艾和蒜是一种通过仪式。一颗种子为了从硬的壳长出来发芽，它先被埋在土地里。在地下埋的生命体指向天上升。熊女是地上的存在，渴望上升。见桓雄前，却被关在壳里。为了变成人，熊要经过破壳而出的过程。这个过程就是脱皮。

●图2-2-4　熊像（延边朝鲜族自治州汪清县满天星）

●图2-2-5 熊女神像（延边朝鲜族自治州汪清县满天星、女神拿着蒜和艾）

按照马林诺夫斯基的理论，原始野人相信远古时代人拥有地下动物的脱皮能力。地下动物是指还有保持皮肤的再生力的动物如蛇、螃蟹、四脚蛇等。最初人也住在地下，他们拥有通过脱皮回春的能力。可是后来的人遇到某件事后失去了那样的能力。[1]

通过脱皮熊化为人、成为与桓雄交合的女性。桓雄与熊女的交合不只是单纯的性行为。桓雄与熊女的性行为是原初的、第一次的，联系着宇宙创生。[2]伊利亚德认为人间的婚姻就是神婚，即是重演天地结合的行为的。[3]桓雄是天，同时具有太阳、阳光的因素，阳光希望下降。熊女是地，要求上升。下降的桓雄与上升的熊女的结合就是重演天地结合的。

檀君神话说明桓雄与熊女的结合即从天地的结合与分离过程中出现檀君的过程。世上本来混沌，从混沌的状态中，天地与阴阳的交合产生秩序、社会、历史。借伊利亚德的说法，在连接天地的宇宙中心有神圣的太白山。太白山的顶上，即大地的肚脐（The navel of Earth）[4]有神檀树。在那儿出生的檀君开创了古朝鲜。檀君神话表现了神圣古朝鲜的诞生，也就是记录了古朝鲜的神圣由来。

① [英]马林诺夫斯基：《原始神话论》，徐永大译，首尔：民俗苑出版社，2001年版，第99—103页。

② [韩]黄泂江：《韩国神话的研究》，首尔：新文社，2006年版，第101页。

③ M.Eliade: *The Myth Of The Eternal Return*（*Cosmos And History*），Trask, Willard R. (TRN), Smith, Jonathan Z. Princeton Univ Press, 2005.p.23.

④ M.Eliade: *The Myth Of The Eternal Return*（*Cosmos And History*），Trask, Willard R. (TRN), Smith, Jonathan Z. Princeton Univ Press, 2005.p.16.

第三节
古朝鲜与韩民族

一、韩民族起源论

民族起源和人类起源不同，如果依据非洲起源说，我们的共同祖先是线粒体夏娃。但是我们找的祖先不是线粒体夏娃。在民族起源论找的起源是对一个民族有意义的祖先。对韩民族来说，神话上有意义的祖先是桓因、桓雄、熊女、檀君。桓因和桓雄意味着民族的迁移，熊女象征土著民族，檀君意味着民族的融合。所以在韩民族起源论上，关注的地方也是迁移到的集团和先住的集团。

自从韩国考古学正式建立以来，众多学者不断地寻找韩民族的起源，可是谁都没有得出被普遍接受的结论，只是提出可能性的假设，并加以补充而已。不过韩民族起源的问题涉及最早的韩民族文明、西伯利亚的文化、中国东北地区的文化、中国东北的少数民族关系。首先我们要注意的时期是13000年前。

随着最后冰河期的结束，冰河解冻，迁移之路变得畅通。天气的变化导致了生活的变化，迁徙导致了民族间的交往，交往预示了文化的多样性。人类的此类活动开启了新石器时代。问题在于新石器时代树立文明基础的族群到底是谁、从哪儿来的。

如果把土器[①]的出现作为新石器时代的起点，朝鲜半岛的新石器时代是从一万年前持续到公元前2000—公元前1500年。[②]然而谁是新石器文化的主人公？这个问题有两个空白点。第一是：东北亚的人类具有基因的亲缘性，可是现在民族分类的概念并不适用于那时的人类。而且估定韩民族出现的时期，不能把韩民族的地域仅仅限制在朝鲜半岛。

① 一般中国学界用的用语是“陶器”，不过韩国学界用的是“土器”。土器是没上釉的，所以为了分别后来的上釉的陶器，笔者使用土器的词汇。

② [韩]韩国考古学会：《韩国考古学讲义》，首尔：社会评论出版社，2007年版，第48页。

人类一直处于移动和定居的交替过程之中。移动和定居现象不光发生在狩猎采集社会，由于人口的增加、气候的变化、异民族的侵略因素，农耕社会同样也会发生。所以韩民族也是一直会移动和定居的。

第二是：中石器时代是旧石器时代向新石器时代的过渡演变期，可是在韩国中石器时代的遗址和遗物不足。所以一般认为朝鲜半岛整个地域发现的大量新石器时代的墓葬属于韩民族的直系祖先。新石器时代的人类从居住在朝鲜半岛以来不断地迁移，与不同地域的种族文化互相融合。可仍然维持着自己的基本血统，他们便是韩民族的祖先。[①]按照这样的理论，韩民族祖先应该是朝鲜半岛本土新石器时代居民。

关于韩民族起源的理论分为北方起源说和自生说两种。北方起源说即西伯利亚起源说，认为贝加尔湖边的新石器文化的主人是古亚洲人和阿尔泰人，他们是自北向南迁徙到中国东北或者朝鲜半岛的。北方起源说是抗日时期日本学者首先提出的。韩国学者金廷鹤、金元龙、金贞培一直主张北方起源说，以下介绍金廷鹤和金贞培的学说。

金廷鹤根据在朝鲜半岛挖掘的有文土器尤其是栉文土器与在西伯利亚挖掘的梳齿纹样土器器型上一致的现象，认为朝鲜半岛的新石器时代是北方系。而且朝鲜半岛的新石器居民像西伯利亚新石器居民一样，经济生活以海洋捕捞为主，埋葬的方式也是向东伸展的仰卧形态，这些现象是住在西伯利亚的古亚洲族群移居朝鲜半岛的证据。另一方面，在朝鲜半岛发现的无文土器文化基本上联结了南满洲和中国北方，因为那个地方的居民一般从事土地种植，这样可以看出，他们据估计是阿尔泰族。[②]

金贞培也认为住在西伯利亚的古亚洲族迁移至朝鲜半岛。往前追溯，他认为住在朝鲜半岛和满洲一带的古亚洲族使用古亚洲语，那种语言与高句丽的词汇上留下来的Gilyaks语类似。而且他还认为檀君神话里熊女思想的渊源是西伯利亚的熊崇拜。学者们列出的等式是：檀君朝鲜=新石器文化=古亚洲族。以后新石器时代的古亚洲族

① [韩]韩永熙：《韩民族的起源》，《韩国民族的起源和形成》（上），首尔：小花出版社，1997年版，第89页。

② [韩]金廷鹤：《以考古学看韩国民族》，《白山学报》，1966年版，第141—144页。

是无文土器居民的延续，这些无文土器的主人就是濊貊族人。[①]

自体形成说或单血成论的大概内容是旧石器时代以来住在中国东北地域、沿海州、朝鲜半岛的居民在没有外来接触的情形下维持自己的血统。[②]20世纪60年代以来，自体形成说成为朝鲜的主流学说。自体形成说也不是突然出现的，可是朝鲜主张自体形成说有自己的政治意图。朝鲜的思想上的变化和自体形成说是有关系的。

配合“朝鲜民族第一主义”的意识形态，建构出了朝鲜民族的祖先应该是伟大的民族，同时是悠久而且灿烂文明的主人公。“朝鲜民族第一主义”的另一面存在神话的逻辑，朝鲜民族第一主义强化了自体形成说，同时自体形成说也强化了朝鲜民族第一主义。现代国家的神话，体现出了分化与回归的神话内在结构，即为了朝鲜民族第一主义强化自体形成说被置于回归的过程上，自体形成说强化朝鲜民族第一主义则处在分化线上。檀君在自体形成说中处于中心的位置。自体形成说是考古学的学说，同时也是产生社会思想的理论。当然这样的现象不仅仅是发生在朝鲜，时代的范式影响文本解释是普遍的情况。而且自体形成说具有根据和系统。

自体形成说的主要根据是相继发掘出的人类化石。1972年在平安南道德川市胜利山发掘出了牙齿与肩胛骨和1977年在平壤市力浦区域大岘洞发现了相当于中期旧石器时代的智人阶段七八岁孩子的化石。[③]而且1972年在平安南道德川市胜利山洞窟遗址中发现的中年男子的颚骨属于被命名为“胜利山人”的新人，1980年在平壤市胜湖区域万达里自然洞窟出土了名为“万达人”的头骨和颚骨，在祥元群龙谷里石灰岩洞窟遗迹发现了名为“龙谷人”的新人阶段的头骨化石。尤其在龙谷第一号洞窟遗迹中，从第二文化层到第四文化层的各层都出土了旧石器时代的人类化石，而且在第五文化层中发现了新石器时代的人类化石。[④]从旧石器时代到新石器时代具有连续性的化石是朝鲜的自体形成说的依据。

不同于朝鲜主张自体形成说，韩国学界一直主张北方起源说。其实中国学界也有北方新石器文化的西伯利亚起源说。裴文中认为中国北

---

① [韩]金贞培：《韩国民族的起源》，首尔：高丽大学校出版部，1973年版，第161—179页。

[韩]金贞培：《韩国古代史论的新潮流》，首尔：高丽大学校出版部，1980年版，第109—113页。

② [朝]社会科学考古学研究所：《朝鲜考古学概要》，平壤：科学百科词典出版社，1977年版。

③ [朝]张佑镇：《朝鲜人的起源》，平壤：社会科学院，1989年版。

④ [朝]金根植等：《龙谷洞窟遗址》，平壤：金日成综合大学出版部，1986年版，第64页。

方地区的新石器文化可能发源于苏联西伯利亚的贝加尔湖附近。因为，在贝加尔湖附近，曾发现许多石器时代文化遗址，在那里采集到的石器和中国细石器文化的石器的类型相似，只是比较大一些；而且研究那些遗址的年代大约都在旧石器时代的晚期。并且细石器文化从贝加尔湖附近先传播到中国内蒙古东北和黑龙江境内，再传播到松花江流域和内蒙古林西地方，然后继续向西传播到内蒙古西部以及新疆等地区。[①]可是随着中国考古学的发展，对这样的看法已经提出了不少的质疑。

在韩国也提出了对北方起源说的质疑。可是最近反对北方起源说的论调高涨了起来。北方起源说的主要根据是朝鲜半岛没发现中石器时代的遗物，而栉文土器、磊冢则起源于西伯利亚。如果有意义的中石器遗物被发现，栉文土器和磊冢的起源经考证不是西伯利亚，北方起源说必然需要纠正。而且随着渤海沿岸的河北省北部、辽宁省、吉林省、黑龙江省、内蒙古自治区的考古学的遗物逐渐引起学界的重视，新学说也出现了。尤其一些学者认为“小河西、兴隆洼、查海、富河、赵宝沟、红山、小河沿、夏家店下层”的具有连续性的文化是韩民族起源和文化的源头。他们认为新石器时代渤海沿岸是一个文化圈。即他们的学说把韩民族领域从朝鲜半岛扩大到中国东北地区。

韩国考古学者李亨求主张，由于在韩国连续发现了中石器遗物，所以旧石器和新石器时代之间没有空白，两个时期是连接的。[②]而且他对栉文土器的西伯利亚起源说提出疑问。渤海沿岸栉文土器的放射线测定年代先后顺序是：黄河下游磁山、裴李岗文化（公元前6000年），辽河下游新乐遗址和辽东半岛小珠山文化（公元前5500年），韩半岛襄阳群五山里遗迹（公元前5500年或公元前5000年），统营市上老大岛第五层遗迹（公元前5000年或公元前4000年）。[③]

而西伯利亚发现的栉文土器的年代是多少？西伯利亚起源说的根据是凹点栉文土器文化，公元前4400年—公元前2500年存在于西伯

① 裴文中：《中国石器时代》，北京：中国青年出版社，1963年版，第39—47页。

② [韩]李亨求：《在渤海沿岸找到的韩国古代文化的秘密》，首尔：Kimyoung社，2004年版，第87页。

③ [韩]李亨求：《渤海沿岸栉文土器文化的研究》，《韩国史学》10集，城南：韩国精神文化研究院，1989年版。

●图2-3-1　石冢

●图2-3-2　古朝鲜的各种石冢

利亚森林地带奥尔加（Olga）和伏尔加（Volga）流域。[1]渤海沿岸的栉文土器比西伯利亚的早1000年以上。而且刻纹的方法和样式也不一致。这就形成了对北方起源说的有力质疑。

第二个问题是石冢。石冢也是西伯利亚起源说的根据。石冢从新石器时代到青铜器时代流行于满洲和朝鲜半岛，在日本九州地方和琉球列岛也有分布，在西伯利亚也发现了石冢。可是石冢这一证据也遭到了反驳。

韩国西海岸京畿道矢岛和釜山广域市影岛东三洞发现了积石冢，放射线测定年代是公元前1500—公元1000年。[2]比西伯利亚起源说认为的石冢在公元前700年左右从西伯利亚通过蒙古、满洲传到韩半岛的时代要早。而且大凌河流域所发现的石冢的放射线测定年代大概是公元前3500年，比西伯利亚阿尔泰地方PeshcherkinⅠ的公元前2500—公元1200年还要早1500—1000年。所以按照遗物的年代，石冢的起源是渤海沿岸而不是西伯利亚地区。[3]

那么韩民族是不是起源于包括渤海沿岸的中国东北地区？因为在东北地区发现比西伯利亚早的遗物，这是西伯利亚起源说的反论，可是如果在西伯利亚发现了比东北更早的遗物，又必然会提出东北起源说的反论。任何学说都是不完全的。东北起源说同样如此，不能断定住在东北的人是从旧石器时代起一直居住在那里的人。也许13000年前移居的人开创了东北新石器文化，移居民和先住民的结合产生了新石器文化的主人。人类通过互相作用实现文明和文化。不过东北起源说的核心不是他们是移居民还是先住民，而是他们是否就是韩民族的源头。

① [韩]李亨求等：《寻找韩国人的渠道》，首尔：BM Sungandang出版社，2009年版，第98页。

② [韩]韩炳三：《失岛》，首尔：国立博物馆，1976年版。

③ [韩]李亨求等：《寻找韩国人的渠道》，首尔：BM Sungandang出版社，2009年版，第100—101页。

可是考古文化和民族的特征是不能画等号的，换句话说，一种考古文化不一定就属一个民族。因为，考古文化主要是物质文化的遗存，虽然从这些物质文化的遗存可以反映人们经济、社会、习俗和某些精神文化的面目，但却不能完全反映民族的特征。[①]所以自然地产生一个疑问：建立东北文明的人是真的韩民族吗？居住在东北的民族包括韩民族、满族、蒙古族、契丹族、赫哲族等。当然那时不存在类似现在的民族观念。以现在的民族观念解释新石器时代是有问题的，而且如果主张韩民族是东北文明的主流，东北少数民族也必须被当作文明的主流。

这里的核心问题是檀君神话。因为有檀君神话，可以主张檀君朝鲜和辽河文明有关系。不过檀君神话中曾经出现三个集团，他们可能是不同的民族。所以论东北文明时，要考虑东北诸民族和他们之间的关系。

二、檀君神话与东北民族

韩国最近又出现了新学说，按照这新学说，夏家店下层文化就是檀君朝鲜。依据檀君神话的内容，檀君朝鲜被推定为初期青铜器社会的神政国家。不过在朝鲜半岛还没发现初期国家形态的遗迹。1992年10月朝鲜发表了“檀君陵发掘报告”，按照报告在平壤出土了男女的遗骨86片、金铜王冠前面立式装饰和围带等，而且遗骨的年代是5011年前。因为朝鲜使用的年代测定方式的问题、朝鲜单独进行发掘工程的问题，所以韩国和外国的学界怀疑其真伪。到现在在朝鲜半岛还没发现相应檀君朝鲜时代的遗迹。可是如果把檀君朝鲜的领域扩大到辽河流域，对檀君朝鲜的论证就呈现出新局面。

苏秉琦主张夏家店下层文化早期已经进入了古文化古城古国阶段。[②]而且中国学界发展苏秉琦的学说，认为红山文化是古国阶段，夏家店下层文化是超越古国阶段的方国，主张辽河流域的文化是和商朝有关的先上文化。[③]不过韩国学界试图建立辽河流域文化和檀君

① 田继周：《先秦民族史》，成都：四川民族出版社，1996年版，第65页。
② 苏秉琦：《辽西古文化古城古国》文物八纪，北京：文物出版社，1986年版。
③ 郭大顺、张星德：《东北文化与幽燕文明》，南京：江苏教育出版社，2005年版。

朝鲜的联系。

韩国学者韩昌均主张夏家店下层文化本身就是古朝鲜文化，所以要追溯檀君的开国年代。[1]夏家店下层文化和檀君朝鲜在年代和国家的形态上有符合的部分。可是不能断定夏家店下层文化就是檀君朝鲜，也不确定夏家店下层文化的主人公是谁、什么种族、他们的后代是谁。考虑遗物的分布和片面的记录，只能确认夏家店下层文化和檀君朝鲜的亲缘性。为了解决这个问题，有些学者依据语言的亲缘性主张中国东北地区的民族本来就是同一个根系派生的。

一般中国学界认为的先秦时代代表东北的民族是“肃慎”、“东湖”、“穢貊”等。肃慎人是中国东北地区最早见于记载的居民之一，又称“息慎”、“稷慎”，在远古舜、禹时代就与中原王朝建立了联系。关于肃慎的地理位置，《山海经·大荒北经》说：“大荒之中，有山，名曰不咸，有肃慎氏之国。”东北西部大兴安岭两侧的草原地区，是游牧民族活动的广阔天地。关于他们的历史，可以追溯到东湖。东湖一称，最早见于《山海经·海内西经》所载“东湖在大泽东”。“大泽”，当即今天的呼伦湖（又称达赉湖）。“胡”原是对古代塞北诸民族的泛称。濊貊或称秽貊、秽貉，是东北地区和朝鲜半岛古濊族和貊族系的总称。濊貊是由濊族和貊族混合而成的民族混合体。[2]除了三个民族系统以外，先秦时代已经存在“匈奴”、“山戎”、“朝鲜”、“韩”等。一般认为东湖是蒙古族的祖先，肃慎是满族的祖先。

不过对穢貊的看法有点复杂。一般韩国学界对穢貊的看法分为“穢貊一名说”、“穢貊一族别种说”、“穢貊二族说”、“穢貊一族别称说”、“穢貊异称说”。[3]可是一般韩国学界认同穢貊是古朝鲜的基本成分。可是有的学者认为东北诸民族是同一个根出来的。韩国学者金廷鹤认为那些部族名字本来是阿尔泰语，不过先秦文献记录民族名字的时候，用的是发音相似的汉字。

按照瑞典汉学家高本汉对古代汉字字音的研究，“肃慎”的“肃”上古音（周音）是“siok”，古代音（600年代）是“siuk”，北京音是“su”，“慎”的上古音是“dien”，古代音是“zien”，北京

① [韩]韩昌均：《古朝鲜的成立背景与发展阶段》，《国史观论丛》，1992年版，第33页。

② 王钟翰主编：《中国民族史概要》，太原：山西教育出版社，2004年版。

③ [韩]金翰奎：《辽东史》，首尔：文学与知性社，2008年版，第102页。

音是“shen”。“朝鲜”的“朝”上古音是“tiog”，古代音是“tiau”，北京音是“chao”，“鲜”的上古音是“sian”，中古音是“siän”，北京音是“sien”。它们有一些不同的地方，但是可以看出“肃慎”和“朝鲜”是同一部族的汉字表示。

“韩”在中国上古音是“gan、ran”，北京音是“han”，不过这发音是阿尔泰语“khan、han”的汉字记载。“Khan、han”是“大、太”的意思。以前韩国的王或者高官职记载“汗”、“可汗”、“干”。从早先以来“韩”即是韩民族的表示。按照高本汉的说法，“貊”的上古音是mǎk，中古音是mÞk，北京音是mo。可是“貊”的音是估计“百”，因为“豸”是为了轻视异民族添加的偏旁。“百”的上古音是“pǎk”，中古音是“pÞk”，北京音是“po”。“Pak”是韩语“bak”（太阳、光明）的意思。“Pak”象征着韩民族对太阳的崇拜。而且申采浩和郑寅普根据《满族源流考》主张朝鲜是满语珠申、肃慎的同义语。[1]

基础语言学的见解依据的是发音的类似性。不过这样的学说的问题是只有可能性，而没有确定性的。如果结合夏家店下层文化和檀君神话会得出下面的结论。

桓雄集团的背景是从红山文化发展的夏家店下层文化成长起来的，他们和崇拜熊、虎的土著民融合在辽河的阿斯达，檀君朝鲜就这样形成了。檀君朝鲜是拥有神政国家性格的城邑国家。然后公元前1100年前后，在大凌河地域以箕子势力为首的殷周势力出现了，檀君朝鲜和他们对立抗争，在辽河线上制止了殷周势力的东进。[2]不过这样的推论也是任意的。

联系檀君朝鲜和夏家店下层文化的根据是檀君神话。但是这样的推论省略了檀君神话中的很多母题。首先桓雄降到太白山神檀树开神市，不过红山文化和夏家店下层文化地区没有发现像太白山一样的山。在这儿存在三种可能性，第一是：假定太白山是东北地区的圣地，去圣地、圣山时距离不是个问题，比如藏族以五体投地的方式前往拉萨朝圣。不管远近，圣山太白山拥有象征的意义，开国的大事应该在圣山开始的。第二是：假定把太白山一带作为立脚点的

① [韩]申采浩：《朝鲜上古史》，朴基峰译，首尔：飞凤出版社，1988年版，第81页。

② [韩]徐荣洙：《古朝鲜的发展过程及疆域的变动》，古朝鲜史研究会、东北亚历史财团：《寻找古朝鲜的历史》，首尔：学缘文化社，2007年版，第30—31页。

集团和继承檀君神话的集团融合，然后檀君神话的圣地变成太白山了。即圣地的功能没变化，圣地的名字变化了。第三是：按照檀君神话中的逻辑，红山文化的背景下发展的桓雄集团东进到太白山，然后和崇拜熊、虎的集团融合。现在不能断定什么是确实的。不过桓雄集团确实比土著集团发达得多。

桓雄集团具有天神观念，但是崇拜熊、虎的集团没有天神观念。神话当中的天和自然的天不同。匈奴族把天叫做“撑犁”即“Tenggeri”。“撑犁”是突厥族系、蒙古民族系、满族系民族共同存在的词汇，“撑犁”是称呼神化的天、萨满教的最高神时使用的。在称呼自然的天时，他们用另外的用语。

《汉书〈武帝本纪〉》颜师古注“[天山]即祁连山也，匈奴谓天为祁连，祁音巨夷反，今鲜卑语尚然”

《汉书〈霍去病传〉》颜师古注“祁连山即天山也，匈奴呼天为祁连音上夷反”

匈奴称呼自然的天时使用“祁连（kilen）”。阿尔泰—塔塔尔、布里亚特、雅库特民族具有像“Tenggeri”、“Bai-Ulgan”一样的最高神，可是鄂伦春、赫哲、鄂温克民族并没有形成最高神的概念。具有最高神的民族一般是蒙古高原的游牧帝国的属部或者在他们影响圈里的其他民族，没设立最高神的民族到17世纪中叶，成了在孤立状态下维持原始共同体的氏族社会。[①]

具有天神的桓雄集团和东北地区的另外的集团可能是当时已经发生文化交流的。他们迁移中遭遇落后、孤立的熊集团和虎集团，桓雄集团和熊集团融合的结果就是桓雄集团首领檀君成为神话中古朝鲜的开国之君。

不能断定东北诸民族是同一个根出来的，可是东北民族的观念上分明有继承古朝鲜的观念。辽国是契丹族的国家。不过《辽史》中发现继承古朝鲜的观念。

《辽史》卷49

辽本朝鲜故壤，箕子八条之教，流风遗俗，盖有存者。

① ［韩］朴元吉：《欧洲与亚洲草原帝国的萨满教》，首尔：民俗苑，2006年版，第18—19页。

辽国具有古朝鲜的法制。他们继承古朝鲜的文化。而且2世纪鲜卑族的大君长檀石槐的神话似乎继承了古朝鲜的扶余和高句丽的神话。

《三国志》卷30鲜卑

“投鹿侯”从匈奴军三年，其妻在家，有子。投鹿侯归，怪欲杀之。妻言：“尝昼行闻雷震，仰天视电入其口，因吞之，遂妊身，十月而产，此子必有奇异，且长之。”投鹿侯固不信，妻乃语家，令收养焉，号“檀石槐”，长大勇健，智略出众。

檀石槐的出生神话类似朱蒙神话，朱蒙的母亲柳花也是被照日光而怀上朱蒙。电也是从天下来的光。产生始祖神话时，一般参考模范的典型。那时模范的典型与始祖之间肯定有关系。檀石槐与朱蒙神话的类似性暗示古朝鲜、扶余、高句丽、鲜卑族之间的关系。而且檀石槐的后代慕容廆和他的儿子慕容皝当成朝鲜公。东湖系鲜卑族慕容廆是中国五胡十六国时代前燕的始祖，他的儿子慕容皝是前燕的第一代王。不过他们的记录中出现朝鲜的两个字。

《晋书》卷109

慕容皝字元真，廆第三子也，……建武初，拜为冠军将军，左贤王。封望平侯，率众征讨，累有功。太宁末，拜平北将军，进封朝鲜公。廆卒，嗣位。

其实文化与民族都没有纯粹的。北方起源说的含义是韩民族的祖先是古亚族，东北起源说的含义是韩民族的祖先是通古斯族。两者主张的关键问题是谁是先族。但是这样的主张过于主观偏激，因为先族并不能完全保证文化与民族的正统性。

从横向比较而言，通古斯语族的人们具有自己鲜明的体质特点。一方面，据体质人类学的最新成果，现代满族与赫哲族的体质特征最为接近，其种族类型均由东亚和北亚蒙古人种因素构成。之所以含有东亚人种的因素，很可能是因为长期以来与属于东亚蒙古人种的汉人、朝鲜人、锡伯人等血缘交流的结果。[1]类似韩民族的血统中有南方系和北方系，而且韩民族的文化也是通过交流、融合、创新等的过程形成的。

其实寻根也是一种现代的神话。寻根是回归的过程。寻根包括回归民族的开头即神话，再分化建立新范式的过程。这就是神话的结构，又是神话，又是历史。现在檀君神话作为产生新神话的根据、材料。神话产生另外的神话，一方面神话转变为历史，另一方面历史又转变历史。文明即历史与神话、过去与现在一直转向同一个轨道。

三、古朝鲜的存在与疆域

（一）包围檀君存在的理论

按照《三国遗事》的记录，尧帝五十年檀君创立古朝鲜国，以平壤为都城，在位1500年，后来箕子东来隐居阿斯达山，活到了1908岁。并且《帝王韵纪》记录“故尸罗高礼南北沃沮东北扶余秽与貊，皆檀君之寿也”。从上述记录看，朝鲜半岛南东边的新罗、以集安地为起点占有辽东的高句丽、以朝鲜的最北端城市咸兴地为起点的沃沮、以现在的吉林市地区为初期活动舞台的扶余，构成这些国家主要成分的秽貊族都是檀君的后代。可是《三国遗事》、《帝王韵纪》与檀君时代之间有3000年的差距。

我们不能相信所有的记录，但也不能在没有反证的情况下否定一切。认识过去时，仅凭文字记录很难得到全面充足的证据。当然，以资利用重构过去的不光是文献资料，还有考古学的遗物。但只有遗物也不能完整地说明过去。檀君所建立的古朝鲜的实体是什么？檀君朝鲜的位置与范围究竟如何？这是我们要解决的檀君神话的首要问题。可是诸多学者的立场差距太大。

在韩国学界，对古朝鲜的疆域进行论证的情况与中国学界疑古、释古、信古的论证情况相近似。疑古者认为古文献记录中只有很少一部分是值得相信的。但是信古派反对疑古派的看法，他们相信古书的记录。释古派则采取中间立场，既不相信所有，也不怀疑一切，而是主张通过

① 高凯军：《通古斯族系统的兴起》，北京：中华书局，2006年版，第4页。

解释接近真实的历史。当然1925年王国维在《古史信证》中提出了二重证据法，即文献资料的不足可以通过挖掘的遗物补充。王国维以来，中国学界出现了不仅通过文献资料和考古学的遗物，而且通过多样的证据解释过去的研究趋势。叶舒宪先生主张的四重证据法引起了广泛反响，他强调将文化研究的多重叙事概念与国学研究的所谓四重证据法联系起来：一重证据指传世文献；二重证据指出土文献与文字；三重证据指人类学的口传与非物质文化遗产方面，包括民俗学和民族学的大量参照材料；四重证据指图像与实物。[①]最近韩国也有这样的趋势。

可是檀君朝鲜的解释里分明存在时代的范式。韩国的檀君朝鲜研究大概分为三种：第一种是民族主义史学界的立场。民族主义学者依据《桓檀古记》认为檀君朝鲜当然是包括现在中国东北地区在内，最远抵达蒙古和西伯利亚的大帝国。可是韩国学界已经判明《桓檀古记》是后代的伪作。不过与民族主义结合的这种学说由于激起了爱国心和民族心而受到大众的欢迎。第二种趋势类似疑古的立场。有些史学者认为檀君神话是编造出来的故事，他们只相信与文献和考古学遗物相符合的古朝鲜。这样的态度类似于顾颉刚否定东周以前的历史。第三种趋势在信古和释古的中间。李学勤说：我们把文献研究和考古研究结合起来，这是“疑古”时代所不能做到的。充分运用这样的方法，将能开拓出古代历史、文化研究的新局面，对整个中国古代文明作出重新估价。[②]徐旭生说：“很古时代的传说有它历史方面的素质，核心，并不是向壁虚造的”。[③]摒除民族主义成见与意识形态功利性，现代神话研究者的视野与资源都是前人无可比拟的。

可是文献和遗物不一定是互补关系，有时只有文献没有遗物，有时只有遗物没有文献，有时虽然文献和遗物同时存在，但是两者没有必然关系。这时候，如果以当代的范式介入解释，很可能不能接近对象而只是倾向解释的本身。解释檀君神话时也存在这样的情况。因为在朝鲜半岛发现的考古遗物不足，以前韩国学界只依靠记录檀君神话的文献。可是发现辽东、辽西的遗物后，韩国学者试图

① 叶舒宪：《物的叙事：中华文明探源的四重证据法》，《社会科学报》，2010年6月17日。
② 李学勤：《走出疑古时代》，长春：长春出版社，2007年版，第10页。
③ 徐旭生：《中国古史的传说时代》，北京：文物出版社，1985年版，第21页。

解释檀君神话和遗物的联系。不过解释的谬误到处存在。

以前韩国报纸连载的一幅漫画可以给我们提供某种启示。公元79年8月维苏威（Vesuvio）火山爆发的时候，有人在庞贝（Pompeii）的体育馆进行摔跤练习。恰恰在他们练习parterre①姿势时，火山爆发了。来不及反应，他们parterre姿势原样变成了化石。发掘Pompeii的现代考古学者这样解释他们的样子："这儿是集体男同性恋的场所，显示Pompeii人的腐败的性生活。"这篇漫画恰好表现出谬误的解释怎么歪曲过去。

当然我们也会犯这样的误谬。所以主张疑古的学者虽然不说不明确的事实，可是谬误的存在是必然的。当然，有解释的努力然后才能克服谬误。孔子在《论语·学而》篇中也说"过则勿惮改"。如果谢里曼（Schliemann, Heinrich）不相信荷马（Homeros）记录的特洛伊战争，就不会发现特洛伊与迈锡尼文明。而且德国的生物学者恩斯特·海克尔（Ernst Haeckel）认为亚洲的类人猿更接近人。如果杜波伊斯（Marie Eugène François Thomas Dubois）不相信海克尔和达尔文的学说，可能不会发现爪哇人的化石。他20多年在印度尼西亚辛苦地进行发掘工作，终于根据上述学说发现了事实证据。寻找檀君朝鲜的过程也应该是这样。檀君朝鲜是必须阐明的对象，我们为了接近实体要努力提出质疑并证明。

（二）檀君朝鲜、箕子朝鲜、卫满朝鲜

古朝鲜的原来国号是朝鲜，不过为什么叫古朝鲜呢？朝鲜以前一般分为三个时期，第一是神话上说的檀君朝鲜，第二是箕子东来后的箕子朝鲜，第三是燕人卫满登宸的卫满朝鲜。本来为了区分卫满朝鲜把檀君朝鲜和箕子朝鲜称为古朝鲜，后来又要区分李成桂建立的朝鲜，檀君朝鲜、箕子朝鲜、卫满朝鲜统称为古朝鲜。

学界争论的地方是檀君朝鲜和箕子朝鲜的存在与否，如果存在，始于什么年代？为了证明古朝鲜的存在，先要查看文献资料。这是从有史记载的檀君朝鲜的实体和疆域向前追溯檀君时代的。学界对卫满朝鲜没有异议。《史记》、《汉书》等历史记录都类似。在韩国最早记录古朝

① 摔跤比赛中防守的选手在垫子中心趴下，对方选手向趴下的选手背上进攻。

鲜的文献是《三国遗事》和《帝王韵纪》，可是这些著作产生的时间与它们所记录的事件发生的时间相距太久。需要查看中国文献。那么中国文献中如何记录古朝鲜呢？

《史记》卷一百一十五　朝鲜列传　第五十五

朝鲜王满者，故燕人也。自始全燕时尝略属真、朝鲜，为置吏，筑鄣塞。秦卫燕，属辽东外徼。汉兴，为其远难守，复修辽东故塞，至浿水为界，属燕。燕王卢绾反，入匈奴，满亡命，聚党千余人，魋结蛮夷服而东走出塞，渡浿水，居秦故空地上下鄣，稍役属真番，朝鲜蛮夷及故燕，齐亡命者王之，都王险。

按照记录卫满朝鲜是公元前194年到公元87年存续的国家。不过看卫满的见解分为两种。第一种见解认为卫满是中国移居民。因为《史记》记录卫满是燕人。可是第二种见解认为卫满是朝鲜人系统。因为卫满从燕迁移至古朝鲜的时候，他挽髻穿朝鲜的衣服。而且不改朝鲜的国号，维持以前的统治制度，大部分统治势力是古朝鲜土著民。这样的现象展示卫满本来是古朝鲜的后代，所以有人不叫卫满朝鲜，叫卫满集权期的古朝鲜。不过没有议论卫满朝鲜的存在。那么卫满朝鲜以前的朝鲜是什么样的？

《盐铁论》伐功篇

济桓公越燕伐山戎，破孤竹，残令支，赵武宁王窬句注，过代谷，略灭林胡楼烦，燕袭走东湖，酸地千里，度辽东而攻朝鲜。

那时候是汉孝惠皇后的时代，公元前3—公元前2世纪。公元前5—公元前4世纪战国时代，朝鲜自己称王，古朝鲜跟燕角逐。

《战国策》卷二十九　燕一

苏秦将为　从北说燕文侯　燕东有朝鲜辽东　北有林胡楼烦。

《三国志》卷30　魏书30　乌丸鲜卑东夷传　第30　韩所引　魏略

朝鲜候见周衰，燕自尊为王，欲东略地，朝鲜侯亦自称为王，欲与兵逆击燕以尊周室，其大夫礼谏之，乃之。使礼西说燕，燕止之，不攻。

公元前8—公元前6世纪，登台朝鲜候，和济交易的记录。

《管子》　卷二十三　揆度篇　第七十八

桓公问管子曰："吾闻海内玉弊七策，可得而闻乎？"管子对曰："阴山之礝瑉，一策也；燕之紫山白金，一策也；发朝鲜之文皮，一策也；汝，汉水之右衢黄金，一策也；江阳之珠，一策也；秦明山之曾青，一策也；禺氏边山之玉，一策也。此谓以寡为多，以狭为广。天下之数尽于轻重矣。"

《管子》　卷二十三　轻重甲篇　第八十

桓公曰："四夷不服，恐其逆政游于天下而伤寡人，寡人之行为此有道乎？"管子对曰："吴越不朝，珠象而以为币乎！发、朝鲜不朝，请文皮、毤服而为币乎！禺氏不朝，请以白璧为币乎！昆仑之虚不朝，请以璆琳、琅玕为币乎！故夫握而不见于手，含而不见于口，而辟千金者，珠也；然后，八千里之吴、越可得而朝也。一豹之皮，容金而金也；然后，八千里之发、朝鲜可得而朝也。怀而不见于抱，挟而不见于掖，而辟千金者，白璧也；然后，八千里之禺氏可得而朝也。簪珥而辟千金者，璆琳、琅玕也；然后，八千里之昆仑之虚可得而朝也。故物无主，事无接，远近无以相因，则四夷不得而朝矣。"

《诗经·大雅》韩奕

溥彼韩城，燕师所完，以先祖受命，因时百蛮，王锡韩侯，其追其貊，奄受北国，因以其伯，实墉实壑，实亩实藉，献其貔皮，赤豹黄罴。

●图2-3-3　玉虎（商晚期）

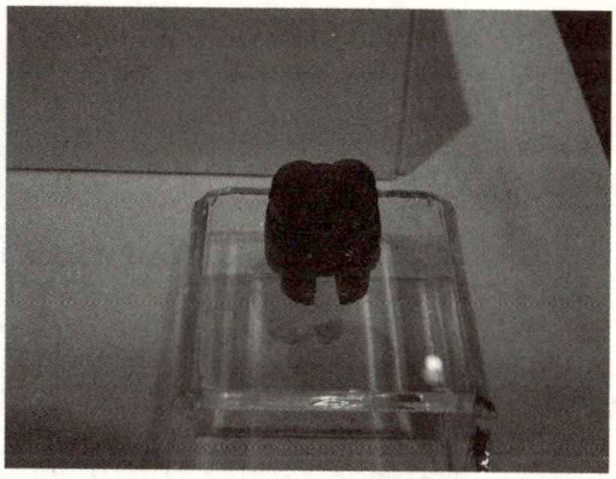

●图2-3-4　玉熊（商晚期）

周武王登宸的时期是公元前1122年前[1]，按照《尚书大典》、《史记》所载，那时候箕子东来成为古朝鲜王。

《尚书大典》卷四　周传

武王胜殷，继公子禄父，释箕子囚，箕子不忍周之释，走之朝鲜。武王闻之，因以朝鲜封之。箕子即受周封之。不得无臣礼，故于十三祀朝，武王因基朝而问洪范。

《史记》卷三十八　宋微子世家　第八

于是武王乃封箕子于朝鲜而不臣也。

可是现在韩国学界否定箕子东来成为古朝鲜王。韩国学界对箕子东来说的解释大概分为三种，第一是：不是箕子来，只是土著社会内发生势力交替现象，以朝鲜半岛西北地方为首建立韩氏朝鲜。第二是：否定箕子的东来，可能祭祀箕子的箕子族迁移到平壤。第三是：箕子朝鲜指称中国的小国箕子国，政治激变期动迁连接古朝鲜而卫满朝使灭亡。尤其是韩国学者李丙焘主张韩氏朝鲜说。

如果箕子东来成为古朝鲜王，王的姓应该是箕。但是他们的姓是韩。《潜夫论》卷九记载：昔周宣王有韩侯，其国也近燕。故诗云“普彼韩城，燕师所完”其后韩西亦姓韩，为卫满所伐，迁居海中。在这儿以卫满被逐出的王就是准王，而且他姓韩。卫满集权的时候在朝鲜半岛南边有部落联盟体辰国，然后出现马韩、辰韩、弁

① 柏杨：《中国历史年表》，海口：海南出版社，2006年版，第15页。

韩的“三韩”。以后三韩成为百济、新罗、伽倻的娘胎。不过“三韩”的“韩”象征古朝鲜。由卫满被篡夺王位的准王南下亡命辰国。那时古朝鲜的移民自己叫“韩”。这里的韩就是他们的姓氏。

而且箕子东来说里有伦理的矛盾。先要考虑箕子和周武王的关系，箕子、比干、微子是商末期的三仁，而且箕子拒绝成为周的臣子。这样的情况下，武王怎么可能把箕子分封到朝鲜？估计箕子要离开周的理由，那个理由就是去朝鲜教化，他离开周时，周武王考虑政治的关系形式上把箕子封到朝鲜。而且证明箕子朝鲜的考古学遗物不足。如果箕子东来成为王，辽东和朝鲜半岛北部应该大量出土商周系统的遗物。因为箕子不能一个人来成为王，他应该带领殷商的很多遗民。古朝鲜的青铜器文化以琵琶形铜剑文化衔接剑细形铜剑文化。这一青铜器文化系统和商周青铜器文化特征不同。虽然大凌河地区出土了商周的青铜器，可是那个地点很有限。所以只能认定商灭亡后一些遗民会东来。至于最东抵达的位置在哪儿，则还未有明确的证据。但是，那时候古朝鲜的存在是确定无疑的事实。箕子东来说估计是在李氏朝鲜时代的大国尊崇主义基础上产生的。

争论的焦点是更早的檀君朝鲜。记录檀君朝鲜的文献只有高丽时代的《三国遗事》、《帝王韵纪》和朝鲜时代的记录。因为通过文献很难证明檀君朝鲜，所以有些学者认为檀君神话只是虚构的。由于记录不足，我们要找相应檀君神话的其他根据。那会给我们阐明檀君朝鲜的线索，在这里，首要派生的问题是古朝鲜的位置。关于古朝鲜位置的文献记录很模糊。

> 《山海经》第二十　海内北经　“朝鲜在列阳东　海北山南”
>
> 《山海经》第十八　海内经　“东海之内北海之隅　有国名曰朝鲜”

古朝鲜的位置很难确定。《史记》记录了古朝鲜的灭亡和建立汉四郡的过程。四郡是真番、临屯、乐浪、玄菟。[1]

① 《史记》九 集解 ，北京：中华书局。

《史记》卷一百一十五　朝鲜列传　第五十五

元封三年夏，尼谿相参乃使人杀朝鲜王右渠来降。王险城未下，故右渠之大臣成巳又反，复攻吏。左将军使右渠子长降、相路人之子最告谕其民，诛成巳，以故遂定朝鲜，为四郡。

四郡今天估计的位置是滦河、大凌河、辽河、大清河、大同江等流域。东汉人应劭说辽东郡县是卫满朝鲜的京都王险城，后来薛瓒纠正王险城不是在辽东，而是在乐浪郡浿水东边。[1]然则乐浪县和浿水在哪儿？《水经》记载："浿水出乐浪郡镂方县，东南过临浿县，东入于海。"而且郦道元的《水经注》记录："其地今高句丽国治，余访蕃使，言，城在浿水之阳，其水西流径故乐浪朝鲜县。"按照《水经注》，五六世纪时，大同江叫浿水，当时高句丽的京城在大同江的北边。可是浿水的位置不能说明檀君朝鲜的位置，浿水只能确定卫满朝鲜的京都。古朝鲜的位置还是很难确定。

对古朝鲜位置的论证大概分为大同江中心说、辽东中心说、移动说几类。在《三国遗事》中一然和尚率先提出大同江中心说，认为从高丽时代到朝鲜时代是连绵的。可是有些人误以为大同江中心说是继承抗日时期的殖民史观。那是因为抗日时期日本学者主张大同江中心说。朝鲜的学界当初支持辽东中心说，但是20世纪60年代后转向了大同江中心说。

朝鲜时代的学者李瀷和安鼎福主张虽然古朝鲜的京都是平壤一带，可是疆域达到辽东。到20世纪20年代民族主义史学者继承了辽东中心说。移动说受考古学发掘的影响，其主要根据是琵琶形铜剑、细形铜剑、多纽纹境、美松里型陶器、支石墓等。主张移动说的学者通过对考古学的遗物和文献史料的全面检索，提出古朝鲜初期中心地在辽东，然后公元前3世纪移动到大同江流域。这学说从20世纪80年代以来成为韩国代表的学说。

① [韩]吴江原：《古朝鲜什么时在那儿》，《古朝鲜、檀君、夫余》，首尔：东北历史财团，2004年版，第33页。

●图2-3-5　古朝鲜的势力范围

（三）古朝鲜的领域

语言、宗教及思想、服装、习俗等是设定一个文化或民族的要素。但是这些材料不足时，只有依靠考古学的遗物。如果充足形态的类似性和遗物的数量的条件，两个以上的地域之间可以设定传播或共通起源的关系。公元前2333年，檀君创立古朝鲜国。那时是新石器末期青铜器初期。因为这时的文献记录不分明，古朝鲜尤其是估计檀君朝鲜的领域，我们要依靠考古学的遗物分布，而且要考虑新石器时代的遗物。

石器和土器是区分旧石器和新石器的主要标准。用打制石器的人类到新石器时代开始使用磨制石器。用磨制石器是人类生活中的一种革命，同样土器的发明也改变了人类的生活。有了土器，人类可以盛水、饮食、炊煮。新石器时代的代表土器是没有纹样的无土土器、围箍的隆起纹土器、有纹土器。中国东北和朝鲜半岛的代表土器是有纹土器，尤其是栉纹土器，所以韩国新石器文化又叫栉纹土器文化。

新石器时代中期栉纹土器扩散到今天韩国整个地区。这样的现象估计和涉及东北亚整个地区的文化变动有关系。至今还是没有对栉纹土器的扩散路径形成较为一致的见解。不过扩散的原因可能是同引进农耕人口的增加相联系。[①]在这里重要的是扩散。扩散的前提是接触，接触意味着交流。交流不是只意味着物质的交流，还有技术和文化的交流。由于技术和技师一起迁移到另外的地方，在新的居住地大量制造以前当地

① [韩]韩国考古学会：《韩国考古学讲义》，首尔：社会评论出版社，2007年版，第64页。

●图2-3-6　栉纹土器（新石器时代，首尔出土，国立中央博物馆）

●图2-3-7　兴隆洼文化的土器

所没有的东西。器物的风格与纹饰也就反映出文化的迁移路径。类似具有发达文明的桓雄部落三千人众的迁移，即新石器时代的人带着制造栉纹土器的技术迁移了。所以东北地区的栉纹土器之间存在类似性。

中国东北地区和朝鲜半岛发现的土器纹样大部分是连续雕刻“之”字或者“人”字的。其中“之”字纹样是只发现在渤海沿岸新石器初期遗迹的独特的土器纹样，在朝鲜半岛发现这种土器的地域是鸭绿江下流义州郡美松里洞窟遗迹、南海岸统营市上老大岛、金海市水佳里遗迹。[①]“人”字形陶器分布在渤海沿岸和整个朝鲜半岛。

在朝鲜半岛盛行的栉纹陶器被发现于以辽东半岛为首的辽宁省、河北省、山东半岛等环渤海地区。中国的磁山与裴李岗文化出土了“之”字形和“人”字形栉纹土器，渤海沿岸北部大凌河流域的兴隆洼文化和红山文化也盛行栉纹土器。而且辽河下游沈阳新乐文化和渤海岛屿的小珠山也发现有栉纹土器。栉纹土器的意义在差别性。东北地区的栉纹土器和黄河文明的土器、西伯利亚的土器不同。可是朝鲜半岛和中国东北地区的栉纹陶器显示出同一样式。辽东半岛和朝鲜半岛两个地域不仅地理环境相似，胎土的成分也相似。[②]

① [朝]金庸杆：《美松里洞窟遗迹发觉报告》，《各地遗迹定理报告》，平壤：金日成综合大学出版社，1963年版。[韩]孙宝基：《上老大岛的先史时代生活》，首尔：修书院，1982年版。

② [韩]李亨求：《渤海沿岸栉纹陶器文化研究》，《韩国史学·10》，城南：韩国精神文化研究院，1989年版。

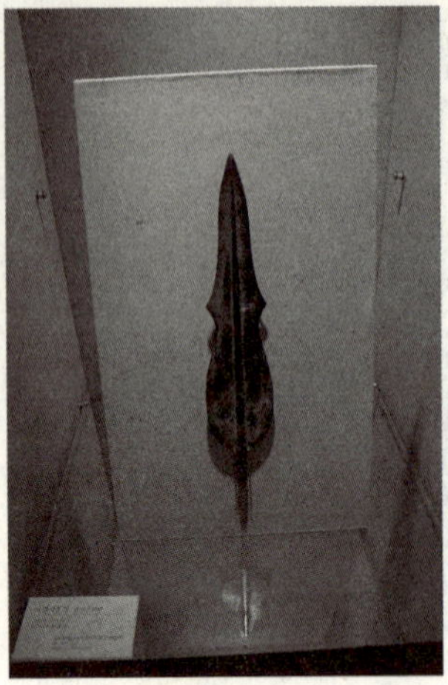

●图2-3-8　辽宁式铜剑（又叫琵琶形铜剑、公元前8—公元前7世纪，庆州博物馆）

公元前6000—公元前1500年左右在中国东北地区和朝鲜半岛盛行栉纹土器。这样的现象意味着这些地域起码有文化的交流，甚至可以进一步设想为具有相同或相近的文化领域。而且在韩国挖掘了和兴隆洼文化一模一样的玉玦。中国考古工作者在兴隆洼文化遗址挖掘出玉玦等100多件玉器。这表明世界上迄今所知最早的玉石材料是辽东地方的岫岩玉。韩国学者认为这样的事实显示8000年前辽东、辽西、朝鲜半岛是单一文化圈。1997年在韩国江原道古城挖掘出8000年前的玉玦。[①]而且2007年在全罗南道安岛贝冢也挖掘出6000年前的玉玦。

栉纹土器的分布展示中国东北地区和朝鲜半岛有密切的关系。而且在中国东北地区与朝鲜半岛出土同样的青铜器时代遗物。中国东北地域的琵琶形铜剑出土于石棺墓、积石墓、木棺墓。这些证实了琵琶形铜剑和美松里形陶器、T字形剑柄等这些青铜器遗物都在石冢出土的事实。

出生是分化的开端。分化的结束意味着回归的开始。回归的结局是死。为死者制造坟墓的行为意味着已经确立了死和死后，死者和生者关系的观念。为了永生和复活，埃及人制造木乃伊。为了像活着一样享受死后，人们把随葬品放在坟墓里。坟墓是死亡仪式的物质的表现。

坟墓样式、埋葬样式反映那个集团的世界观。相信轮回的佛教徒做火葬，儒家的坟墓和祠堂是礼的表现。集团的价值观折射的墓制和葬法是排他的、保守的。因为排他和保守，墓制和葬法也不容易变化。因而

① [韩]朴玧贞：《'02高城文岩里先史遗址发掘调查》，《韩国新石器研究》，首尔：韩国新石器学会，2003年版。

墓制和葬法会成为那个集团的表征。

东北地域的坟墓显示出石冢的特点。石冢一般分为积石冢、石棺墓、支石墓。其中代表的墓制是石棺墓。石棺墓又分为两种，第一种是用板石做棺材，把石棺放在掘好的地里的，第二种是用割石或者姜石做四墙后盖起的。

石棺墓是从新石器时代到青铜器时代在东北亚地区盛行的墓制。这样的墓制被发现于日本的九州岛和琉球地区，甚至在西伯利亚也有发现。众多韩国学者认为韩国石棺墓的起源是西伯利亚。①最近，类似认为栉纹土器起源于西伯利亚，朝鲜半岛上的石棺墓也被认为起源于西伯利亚。这样的学说被称为北方传来说。可是东北亚地域的遗物向北方传来的说法引起了疑问。在朝鲜半岛上发现的石棺墓的建筑样式和渤海沿岸的石棺墓的样式一致。而且建筑最早的石棺墓的时期是新石器中期。1983—1985年中国辽宁省建平县牛河梁积石冢遗迹群中发现了石棺墓。大凌河上游牛河梁的田地中有六个地点发现积石冢群，其中一个地点的积石冢里发现15个石棺墓。从这些石棺墓中出土了以栉纹土器为首的彩色土器，还有玉器等。大凌河流域的积石冢和石棺墓的建筑方式延续到青铜器时代，分布在中国河北省唐山、西辽河支流老哈河流域、辽东半岛、松花江和豆满江流域，朝鲜半岛上也有发现。②

另外的墓制是支石墓。拿支石支撑大盖石的墓制叫支石墓或者石棚。英语叫Dolmen的支石墓分布于欧洲的英国、法国、荷兰、斯堪的纳维亚半岛和中国的辽东半岛、浙江省、四川省等地。除了咸镜北道以外，在朝鲜半岛分布着20000个支石墓。

这些线索将提供一种坚实的实物基础：东北亚文明圈在史前时代或许是一个实际的存在，而无论圈内各文化成分是相通、相近，还是传播与影响都保持了一种延续性。这为本文从精神上探讨文明起源神话奠定了坚实的物质基础。

那么这些考古遗物与古朝鲜有什么关系？韩国学界认为美松里式土器、粗纹镜、琵琶形铜剑、支石墓是古朝鲜的特征遗物。因为

① [韩]金元龙：《韩国考古学概说》，首尔：一志社，1989年版。金贞培：《韩国民族的文化和起源》，高岱译，上海：上海文艺出版社，1993年版。

② [韩]李亨求：《东北亚石墓文化的分布和起源问题》，《韩国学的课题和展望》，城南：韩国精神文化研究院，1988年版，第395—432页。

1959年在朝鲜平安北道义州郡美松里遗址发现，所以叫美松里式土器。出土美松里式土器的地方是朝鲜半岛西北、吉林长春地区、辽宁东部、辽西、辽东半岛。最早的粗纹镜在辽宁省朝阳十二台营子与琵琶形铜剑一起出土了。韩国学界认为这些遗物一起出土的地方是古朝鲜的势力范围。通过这样的现象可以估计出古朝鲜的范围，可是这样的现象并不能说明那个地区的民族是谁。因为不同的民族也可以共有同样的文化。

在现实中，的确存在着这样的情况，比如：同一民族居于不同地区，不同民族却居于同一地区；不同民族，有共同的经济形态；有的民族已失去了民族语言，不同的民族却操着共同的语言等等。[①]所以古朝鲜的范围里可能居住着几个民族，但估计共享同一种文化。

① 田继周：《先秦民族史》，成都：四川民族出版社，1996年版，第67页。

第四节
神话的忘却与再构成：檀君神话的解释范式

一、各时代的檀君认识

檀君是古朝鲜的开国者，同时韩国人认为檀君是韩民族的祖先。韩国小学的音乐书里有一首歌。笔者上小学时，也唱过那首歌。这首歌的题目是“互相帮助”，歌词的主要内容是所有人互相帮助，像一家人一样生活，像兄弟姐妹一样生活。这首歌的特点是反复的歌词：“我们是同族，檀君的子孙。”

檀君神话产生了韩国的单一民族神话。1949年大韩民国政府宣布10月3日是开天节。10月3日是公元前2333年檀君建立古朝鲜国的日子。[①]檀君开国前桓雄下凡到太白山建立了神市，那时的建立理念是“弘益人间、在世理化”。当代“弘益人间”成为韩国教育理念。1949年前的抗日时期韩国临时政府已经把10月3日定为开天节。不过最初庆祝开天节的人是重新建大倧教的罗哲。大倧教是把檀君当作教祖信仰韩民族固有上帝的宗教。其实大倧教的创始是一种民族宗教运动，又是抗日运动。抗日时期强调檀君的重要性得以彰显。1931年民族史学家申采浩在《朝鲜日报》上连载《朝鲜上古史》，讲述从檀君时代到百济的历史。申采浩希望通过历史认识唤醒民族精神。

那么最早记录檀君神话的高丽时代是如何认识檀君的呢？高丽时代对檀君的认识前后并不一贯。各人的阶层、理念、出身决定对檀君的认识。高丽的儒学者金富轼在《三国史记》里说：“海东有国家久矣，自箕子受封于周室。”[②]而且文宗九年（1055年）给契丹的国书

① 制定开天节是按照《东国通鉴》的，《东国通鉴》是朝鲜初期受王命徐居正编纂的史书。《东国通鉴》上记载“东方出无君长 有神人降于檀木下 国人立为君 是为檀君 国号朝鲜 是唐尧戊辰岁也”。

② 金富轼：《三国史记》卷二十九 年表。

上称高丽是“箕子之国”。这样的檀君认识与政治势力有密切的关系。

高丽是朝鲜半岛上统一后三国以后建立的国家。所以高丽的政治势力继承自后三国，继承自哪国、出身哪儿决定了自己的立场。而且高丽初期不断地发生复三国的民乱。在混乱的局面下，檀君认识也不确定了。檀君的地位得到提升的动因就是蒙古的侵略。元的侵略引起了民族意识的抬头，檀君成为克服国难和统一国伦的中心。

高丽时代佛教占据统治地位，而朝鲜时代的统治势力是新进士大夫，所以以儒教为思想的基础。对朝鲜时代的统治阶层来说，檀君是一种令他们左右为难的存在。朝鲜时代支配势力的理念倾向决定对檀君的认识。《太祖实录》上记载的檀君是“东方始受命之主”。[①]朝鲜初期檀君是历史的起点，同时象征朝鲜的自主性。朝鲜这个国号也来自古朝鲜，朝鲜想继承古朝鲜。所以太宗十二年（1412年），与箕子祠合祀举办了檀君祭祀，世宗七年（1425年）建立了独立的檀君祠。《世宗实录·地理志》记录江华岛的堑城坛就是檀君的祭天坛。

朝鲜初期对檀君进行了进一步的历史化和国祖化，有些人把檀君和皇帝等同起来，朝鲜时代学者南孝温（1454—1492）在《游金刚山记》上说“生先檀帝戊辰世眼及箕王号马韩”。在这儿南孝温把檀君尊为檀帝，却贬低箕子系统，把箕子叫作箕王。[②]可是这样的现象不代表朝鲜时代普遍的檀君认识。历史上真实的檀君与朝鲜认识的檀君不同。朝鲜是儒教国家。

劝进（1352—1409）在《应制诗》里表现檀君时消除了檀君神话中神秘的部分。《应制诗》的主要内容是尧元年戊辰檀君建立朝鲜，然后他的后代继承王位1000年。消除神圣、神秘的原因是什么？孔子已经要求君子“不语怪力乱神”，朝鲜是儒教国家，劝进是个儒学者，遵循的是儒学理念。儒教思想、合理化的思考被投射到对檀君的认识上。可是还有一个问题，这就是檀君与箕子的关系。箕子是儒教的圣人，儒教国家朝鲜不能损坏箕子的形象。朝鲜初期檀君与箕子的关系是互补的，即同时不损坏檀君与箕子。所以朝鲜按照《帝王韵纪》的记录，不动摇檀君地位的自主性。15世纪小孩的课本《童蒙先习》也认定檀君是韩国历史的起点。但是执政层的变化引起对檀君认识的变化。

---

① 《朝鲜王朝实录》“太祖实录，卷一，太祖元年八月”。

② ［韩］徐永大：《传统时代的檀君认识》，芦泰敦编著：《檀君与古朝鲜史》，首尔：四季节出版社，2007年版，第174页。

16世纪士林上台执政。士林重视经学，他们的基本思想在性理学，强化了“尊华事大”的意识。对他们而言性理学和朱熹是一种信仰。他们认为朝鲜是小中华，檀君的存在破坏了朝鲜继承中华的正统性，必要的神祖不是檀君，而是箕子。士林上台后，虽然朝鲜认定古朝鲜的真实性，但是缩小了古朝鲜的势力范围并从箕子那里寻找正统性。如果朝鲜的政体、文化等继承自箕子，就会成为中华的一员。这种认识本身是自视为小中华的朝鲜轻视女真、蒙古等东北少数民族心态的体现，把东北少数民族叫做夷狄也是如此。到朝鲜中期檀君认识经过壬辰倭乱、丙子胡乱后又变化了。占支配地位的性理学观念显示出了局限性，满族统治了汉族中国这一事实使汉族优越、夷狄低级这种观念受到质疑。

除了政治势力以外，对檀君的认识还有另外的领域。这领域是普通民众对檀君的民间信仰，自然是除官方意识形态之外的另外一个领域。在高丽时代以前，檀君故事与对檀君的信仰已经存在。檀君作为山神的文化早在平壤建立檀君祠以前九月山已经建立了檀君的祠堂三圣祠。有人主张三圣祠在高丽时代以前即已经存在。三圣祠不光祭祀檀君，而且祭祀桓雄和桓因。并且朝鲜时代被拉到日本的陶匠在日本也建立了檀君神士。绘制于约19世纪的《巫党城主祈祷图》记录“巫党自檀君时，祈祷富多男子而已，故幻儿唐只以金字祝书，此后十二巨里所自出，遂增产耳”。朝鲜中期时人赵汝籍在仙家书《青鹤集》上说，檀君的祖父桓因是仙家的祖宗。

抗日时期与近代化时期又强调檀君的重要性。抗日时期檀君成为民族精神、民族历史的中心。而且经济发展的韩国近现代檀君成为合心团结的根据，甚至每个小学校里有檀君像。可是最近因为檀君像造成宗教的矛盾，很多小学校里的檀君像被拆除了。基督教人认为檀君不是民族的祖先，只不过偶像而已。虽然檀君神话的檀君不变化，可是各时代对檀君的认识变化了。这是因为时代的范式和自己的立场决定对檀君的认识。

二、认识的再构成

高丽时代的和尚一然把檀君神话放在《三国遗事》的开头，因为他希望通过檀君神话提升高丽人的民族意识。一然记述檀君神话以来，檀君神话的文本没变，但是对檀君神话的解释却不断地变化，有时檀君神话成为民族的向心点，有时象征民族的自主性，对有些人来说，檀君是仙家的祖宗，对有些人来说，檀君是不能相信的存在。

现在，有些韩国学者通过檀君神话证明韩民族和蒙古民族、满族等东北少数民族的亲缘性，否定韩民族的北方起源说，证明辽河文明论或者渤海沿岸文明论的正确性。在这儿有一个疑问：为什么对同一个檀君神话文本的解释和范式变化，现在和20世纪八九十年代、抗日时期、朝鲜时代、高丽时代各自对檀君神话的解释和范式都不同？因为檀君神话本身是一种能指，而且对其解释也是一种所指。檀君神话这个能指没变，可是随着时代的变化解释这个所指不断地变了。与时代的范式结合的檀君神话是表现时代范式的一种符号。这样的现象意味着对檀君神话的解释不接近对象本体，而和解释体结合。结果，在解释上重要的不是檀君神话指向的对象，而是通过解释得出的结论，在这样的过程中檀君神话一直重复“结构的忘却”和“集体记忆”这样的过程。

第一次使用“结构的忘却”这个术语的是英国的人类学者格列佛（Gulliver）。他在研究非洲杰（Jie）族的亲属结构中发现，他们家族的发展、融合、分裂通过有选择的记忆或忘却某些祖先的过程得以实现。他把这样的过程叫做“结构的忘却”。[①]人类学者埃文斯-普里查德（Evans-Pritchard）在他的著作《努尔人》（*The Nuer*）中说：东非洲的努尔人记忆某些祖先、忘却某些祖先，这是他们家族的发展和分化原则。[②]

檀君有时被记忆，有时候却被忘却了，可是各时代记忆和忘却的理由不同。有时记忆和忘却巩固现有秩序，有时记忆和忘却对抗现有秩序，树立新秩序。檀君被当代韩国人记忆，不过现在记忆的范围和以前的不同。现在对檀君的记忆是以现代社会文化的视角来看的。

如何记忆檀君意味着如何解释檀君。韩国人认为檀君是韩民族的最初祖先。最初的祖先是何人？他住在哪儿？他有什么业绩？这样的问题规定着当代的后裔的自我认识。如果檀君是伟大的人物，现在的韩民就是伟大的人物檀君的后代。对过去的重构会创造现在的光荣。遭受元侵

① P. H. Gulliver: *The family Herds: A Study of Two Pastoral Tribes in East Africa the Jie and Turkana*, London: Routledge & Kegan Paul LTD, 1955, pp.108—117.

② E. E. Evasn-Pritchard,: *The Nuer*, Oxford: Oxford University press, 1940, pp.199—200.

略的高丽时代和被日本占领的抗日时期通过追忆檀君鼓吹了民族意识，朝鲜时代通过忘却檀君、记忆箕子获得了小中华的正当性。近代时期韩国檀君神话制造单一民族神话，单一民族神话给韩国人团结、协同、自主的动因，这样的精神成为了韩国经济发展的基础。

现在的檀君神话联结东北亚文明。除了檀君神话以外，扶余的金蛙神话、高句丽的朱蒙神话、新罗的赫居世神话等也和东北亚文明有关系。当然当代的解释方法和以前的不同，以考古学、人类学、历史学、神话学为基础，综合了流传学、医学、美术、建筑等多方面的学术成果。这意味着当代的解释可能比以前更接近对象体，可是不能说当代的解释完整地说明对象体。我们仅仅是希望通过解释更接近对象体。此外，最近的解释里还有一种倾向，这就是心理的领土指向意识。

“离散（Diaspora）”这个词在《圣经》申命记第28章第25节关于驱逐的内容中第一次出现。用来形容被赶到海外的犹太人，一般是指“犹太人的离散”。而这个词在希腊语中意味着播种（διασπορά），离散在广义上是指特定民族离开以前定居的地方迁移到外界的现象。

神话学直接使用“离散”这个词有点无理，可是我们已经知道犹太人根据《圣经·旧约》建立了以色列国。《圣经·旧约》既是神话，又是历史，离散的犹太人回到故土的依据是《圣经·旧约》。“离散”这个词包含了回到故土的欲望，也可以扩展到重新拥有神话时代领土的渴望。这不是对领土单纯的欲求，而是对失去的神话空间的渴望。

心理离散的核心隐藏着现在的范式。社会集团都有相应的集团记忆，这个记忆让集团凝聚和连续。规定现在的是过去，所以过去的伟大成为现在伟大的根源。这一逻辑就是，如果韩民族的祖先是最古的新石器文明的主人公，那么韩民族成为伟大祖先的子孙，才会得到做伟大的事的可能性和正当性。神话提供心理的离散的根据，不过在这儿存在一个危险。即有可能为了现在的心理需要，人为地忘却过去或重新建构过去。檀君时代、辽河文明时期和现在的民族、领土观念绝对不同。

使用考古学的知识联结民族的、国民的传统时，关于集团本体性的现在的概念，和考古学上区分过去的民族集团的概念之间经常存在深刻的差别。[①]可是我们常常以现在的范式重构过去，很容易造成过去被近代产生的民族主义限定的结果。这样的现象在解释考古学的资料中尤其容易发生。

欧洲民族主义是考古学成为一门学问的背景，考古学的资料给集团的起源神话提供形态和内容、物质化的主要根据。我们已经知道民族主义考古学的弊害。民族主义考古学的典型事例是纳粹德国政府对过去的建构。在德国考古学界，古斯塔夫·科辛纳（Gustaf Kossinna）主导的民族主义的解释成为纳粹德国宣扬法西斯主义和民族主义的工具。[②]古斯塔夫·科辛纳主张日耳曼族与雅利安族的优越性，他的主张包括民族主义与人种主义，并且他的主张成为德国的殖民主义与帝国主义的根据，进一步成为虐杀犹太人的逻辑。这样的事例体现出学问与政治的意图结合会造成的后果。

我们的目标是接近对象体，而不是任意地解释表现对象体的符号。在这里重要的是对待过去资料的态度，态度和想法决定了解释的结果。对过去的记录是有限的，而且过去的象征系统和现在的象征系统不同。所以神话研究是一种复原过去的象征系统的过程。神话是文化的整体，而且表现神话的内容不仅仅是文字的记录，所以通过神话复原过去时要使用多种学科的综合。考察古代的遗物、岩刻画、建筑、壁画、坟墓、口传等多样的文化形态的时候，才能得到文字没说内容的补充。

① ［英］西安琼斯（Sian Jones）：《民族主义与考古学》，李俊贞等译，首尔：社会评论出版社，2008年版，第198页。

② ［英］西安琼斯（Sian Jones）：《民族主义与考古学》，李俊贞等译，首尔：社会评论出版社，2008年版，第13—14页。

第三章

神话与政治：建国神话的理论

神话和历史的变形基于继承集团的范式。历史的神话化和神话的历史化发生的时候，需要可以投映范式的规范样本。按照范本的基准神话一直重复，檀君神话在朱蒙神话中重复，金首露神话在金阏智神话中重复，昔脱解重复朴赫居世，朴赫居世又重复檀君。可是重复不是单调的抄写，而是绝妙的变奏。

第一节
天命与正统性

我姓林。按照家谱，林氏的始祖是林八及，唐朝文宗时任翰林学士，由于遭到奸臣陷害，移居高丽彭城。彭城以后变成平泽，平泽成为林氏原籍。不过我的先祖后来分为几支，我们这一支在祭祀中供奉的始祖是朝鲜时代的武官平城君林得义，所以又叫平城君派。我是林八及的24代子孙，同时也是林得义的14代子孙。当然林八及也有自己的父母、祖父母、祖先，可是林氏家门不追溯林八及的祖先，只把在彭城定居，开林氏家门的林八及作为始祖。而且我们这一支比起远祖林八及来更重视直系先祖林得义。最早是从祖先分化而来的林八及，后来是祭祀始祖林八及的平泽林氏家门，以及从林得义重新分化后出现了我的家门。

林氏有共同祖先的记忆。中兴家门或者有成就的人物成为各派的中始祖，中始祖是区分各派的基准。虽然有共同祖先的记忆，但林氏的各派分别强化对中始祖的记忆。编制家谱的原则同神话的原则类似，这样的现象尤其显示在建国神话中。建国神话反映或继承建国以前的范式、信仰、思想等。可是建国神话的目的不是强调以前的祖先，而是建国的开国者。按照家族系谱的逻辑原则，始祖的祖先是被忘却的历史，始祖这一点被放大为或选择性记忆为正统性的开头，建国者就是继承天命或正统性、有业绩的中始祖。所以始祖、中始祖、子孙的关系类似于天命或者第一次受天命的神圣祖先、建国者、该国的百姓这样的关系。历史地看，从亲属关系、家族制度的分化、扩展随之产生了国家观念，这也是一种内在的延续性。檀君神话与三国神话展示了这样的现象。

因此，重修族谱的工作，由某种角度看来，就像是重新整理家庭照片的工作。有些支系必须排在重要位置，还有一些被寻回或被发现，目的都在解释当前各房支的盛衰关系。在此我们可以很清楚地看出，人们如何利用“过去”来解释当前的集团关系。[①]

在建国神话中，建国者成为太祖，同时也成为国家的中始祖。韩民族认为本族最初国家的创立者和始祖是檀君，当然檀君有祖父桓因、父亲桓雄、母亲熊女，但他依然被追认为这个民族的始祖。从父系考察，韩民族应该是桓雄的子孙，追寻母系，韩民族应该是熊女的子孙，可是韩民族却认为檀君是不容否认的始祖，因为檀君是桓雄和熊女的结合体。虽然桓雄开了神市，可是这个神市不完全。后来的势力和先前的势力结合后才产生有意义的存在，进而被追忆下来。有意义的存在成为桓雄和熊女结合的产物，他就是檀君——也是联系二者的媒介。这类似于林氏家门不再向上追忆林八及的祖先为始祖，而把林八及当作始祖的原因。神话中与现实中的家谱一样，始祖的含义往往不是最早、最先。檀君也好，林八及也好，对于后来者他们都是最有意义的存在，随着岁月的流逝，如果没有特殊的意义，对原初始祖的记忆就越来越淡漠了。

据载，周朝的周公确立了分封制度。这种制度是以天子为中心分封其兄弟、叔父、侄子等血族为诸侯，管理国土，诸侯又以自己为中心任命具有血缘关系的贵族，继续分管土地。周公以家长的血缘共同体为基础实现了“天下一家”的理想。可是随着岁月的流逝，血缘关系淡了，凝聚力也随之而降低。到了春秋战国时代，诸侯虽不否认共同的祖先、周王室的正统性，可是开始不服从天子的权威。诸侯已经具有凌驾天子的力量，这些有力量的新兴势力希望制造自己本身的神话。

天子的权威崩摧、新势力梦想建立新国家时，多线进化的逻辑取代了单线进化。世袭天子的权威意味着正统性流动唯一的方向，这时希望取而代之建立新国家的人手里还不具有正统性。为了建新国家，必须证明受到天命，获得正统性，所以正统性和天命要转移到新建国者那里。转移的第一个方法就是从共同的祖先开始，新建国者努力阐明自己同原天子具有同样血统的事实。在这儿的血统分为实际的血统和象征的血统。虽然韩国历史上没有类似西周的分封制度，可是韩国建国神话分明地显示继承正统性与受天命的观念。实际的血统基于血缘关系，如果新天子或王已具有神圣血统，那么王

① 王明珂：《华夏边缘：历史记忆与族群认同》，北京：社会科学文献出版社，2006年版，第30页。

获得政权时就不需要制造祖先的神话，而是直接复兴、接续就可以了。建立东汉的光武帝刘秀即是此例。具有实际的血统时，一般的方法不是开国，而是篡夺本姓或者重新从外姓手中夺回自己姓氏的政权。这种情况下，王权仍然得到继承，并且通过象征性的宣传表达出血统继承的观念。实际上开国者与后来的天子或者神话里的人物可能没有血缘关系。刘秀推翻王莽新朝成为开国者后所阐明的是继承以前国家的精神、传统，宣布新国的目标是重建以前国家的光荣。韩国历史上，4世纪至7世纪中叶是高句丽、百济、新罗同时存在的三国时代。以后900年甄萱建立后百济国，906年弓裔建立后高句丽国。后百济、后高句丽、新罗并存的时代就是后三国时代。不过虽然甄萱和弓裔建立后百济和后高句丽，可是他们同百济与高句丽的王统没关系。甄萱是出身于农民的将军阿兹盖的儿子，弓裔是没落的新罗贵族的后代。他们建立后百济和后高句丽的根据是象征的血统。他们主张百济和高句丽的复兴。其实象征的血统观念和天命的多线流动是一脉相通的。

第二个方法是证明天命并非单线流动。如果天命只能是从天受到的，想建新国家的人否定现存的天命，证明自己受天命的事实是很难的。所以开国者把天命观念加以转换。比如说：以前范式中天命只是天授的，新范式里天命就被转变为天人合一。开国者制造民心等于天命的公式，他就成为民心的代表者。然后是开国者家谱的神圣化。想建新国家的人开始试图制造自己拥有神圣家世的神话。如果真的如此，开国者也要是受天命的存在，观念就要转变：天命不是单线世袭的，而是多线流动的。

从始祖分化出中始祖，有时候后代更重视中始祖。对始祖的记忆淡忘之时，对后代更重要、更有意义的存在变成了中始祖。假定天或者神话人物是共同祖先，继承天命建新国家的人是中始祖。共同祖先的记忆模糊时，现实社会里更有意义的存在是建立新国家的人。诸神观念也经过了这样的过程。

当然基督教的唯一神是上帝，基督教徒每次吃饭、礼拜、出什么事都向上帝祈祷。可是除了唯一神教义外，人不把所有的事向至高的天神祈祷。佛教里有观世音菩萨、药王菩萨等很多菩萨。韩国巫里也有很多神。如果举行仪式的目的不同，祭的主神也不同。病人向主管治病的神祈祷，渔民则重视风神、龙王……第五章会仔细说明韩国巫仪式的内容，韩国巫仪式中出现很多神，而且各神具有自己的功能。

至高的天神是诸神的共同祖先，神分化后，神的功能也分化。现实中有意义的神不是至高神，而是具有具体功能的神。制造新建国者的神话都以此为原理。建国神话标举共同的祖先，有时候共同祖先是具体人物，有时候是共同记忆，有时候是类似山等的自然物或自然现象，有时候是类似天命的抽象观念等等。不管如何表现祖先，建国神话先说建国者是共同祖先的后代，然后展示建国者的业绩。这也是一种分化与回归的过程，通过回归共同的祖先获得正统性，然后经过重新分化的过程实现建国。

第二节
天与水的结合，朱蒙神话

一、英雄史诗《东明王篇》的形成

朱蒙神话是高句丽的建国神话。可是朱蒙神话不限于朱蒙的故事。朱蒙神话的前后关联着“解慕漱神话”、“解夫娄神话”、“金蛙神话”、“琉璃神话”。这些神话故事的中心人物都是建立高句丽的朱蒙。这些神话内容上有差别，每个神话中人物所占的比重和形迹都不同，和朱蒙神话有关的神话记录很丰富。原因在于看一个事件的视角有差别，传承者或记录者的观念、立场、位置的不同导致了神话内容的差异。而且差异反映了那时代的社会文化观和范式。

与朱蒙有关系的文献记录很多。不过为了把握朱蒙神话，应先知道朱蒙神话的内容。因为不了解朱蒙神话的核心内容去看不同的记录会加重混乱。首先看韩国文献《三国遗事》记录的朱蒙神话。

> 《国史·高丽本记》记载：始祖东明圣帝的姓是高，名字是朱蒙。先前北扶余王解夫娄避去东扶余，夫娄去世后王子金蛙继承了王位。这时候金蛙王在太白山南边优渤水遇到了一个女子。金蛙问：“你是谁？”那个女子说：“我是河伯的女儿柳花。和妹妹们一起玩的时候，突然出现一个男子。他告诉我们他是天帝的儿子解慕漱。他勾引我去到熊神山下鸭绿江边的家，私通后走了。因为不通过媒人结婚，我的父母惩罚我流配这儿。”（《坛君记》说“檀君和西河河伯的女儿生了夫娄”。不过现在看《国史》的记录，解慕漱和河伯的女儿同情生朱蒙。《坛君记》记载“生儿子叫夫娄”。这样看夫娄和朱蒙是异父兄弟。）

金蛙觉得奇怪，他把柳花圈在房间里。不过日光照房间，柳花躲开日光，可是日光跟着柳花照在她的身上。从此柳花怀孕了，生下一个五升大的卵。金蛙王认为人生卵是不祥之兆，就让手下人把卵扔给猪狗，可是它们都不吃；又把卵扔在路上，牛马都躲避卵；又把卵弃在田野，却飞禽走兽就围拢来，守护着卵。因此王便叫手下人剖开卵，可是不能剖开。终于把卵还给母亲。柳花将卵裹好，放在热炕头上，一个英俊特出的男孩破壳而出。只七岁便自作弓矢，百发百中，当时扶余话称神弓手为"朱蒙"，于是就叫这孩子为"朱蒙"。

金蛙有七个儿子，他们总是和朱蒙一起玩，可是没有一个王子能比得上朱蒙的本事。据此长子带素对父王说："朱蒙不是人的儿子，如果不早消除朱蒙，恐成后患。"可是王不听带素的话，让朱蒙养马。朱蒙在马房一下子看出骏马，故意地给骏马不好的马粮使骏马瘦，给劣马好的马粮使肥。王自己骑肥马，给朱蒙瘦马。

王和臣子想杀朱蒙。柳花认出了这样症候，告诉朱蒙："这个国家的人想杀死你。你有才智，去哪儿都能活下去。你快离开这儿。"因此朱蒙和乌伊等三个朋友跑了。他们到达淹水，可是没有船。那时朱蒙对水说："我是天帝的儿子、河伯的外孙。今天逃跑，追兵马上到，奈何？"那时鱼鳖浮出水面，它们自己当桥让朱蒙过江后散开了。于是追的骑兵不能过江，朱蒙平安地到达卒本州。他定都卒本州。不过没有盖宫室的空闲，所以就在沸流水上盖的房子，国号定为高句丽。他自己起姓高。（本来姓是解，不过因为他是天帝的儿子，照日光后出生，自己起高姓。）那时，朱蒙的年龄是十二岁，汉朝孝元帝建昭二年甲申即位自称王。高句丽最兴盛的时候人口是二十一万五百八户。[①]

《三国遗事》的作者一然引用《国史·高丽本纪》，《高丽本纪》是现在失传的《高句丽本纪》。而且他又引用《坛君记》。本

① 原本参考资料篇的《三国遗事》卷第一高句丽。

文中，括号部分是《坛君记》的内容和作者一然的见解。不过《高丽本纪》的内容和《坛君记》的内容不同。最大的不同点是朱蒙的谱系。《高丽本纪》提示的父亲是解慕漱，可是《坛君记》提示的父亲是檀君。在这儿我们知道朱蒙的谱系里隐藏着秘密。

为了探知朱蒙的谱系，要看另外的神话记录。除《三国遗事》外，记录朱蒙神话的韩国文献是《三国史记》。《三国史记》记录解夫娄和金蛙的故事比《三国遗事》更丰富。可是两者的记录没有大的差别。《三国史记》的内容大概如下：

> 扶余王解夫娄被解慕漱赶到东夫余，迁都东夫余的解夫娄以金蛙为太子，在熊心山，河伯之女柳花和解慕漱私通，后被河伯赶出去，住在优渤水中，她在这儿见到了金蛙王，在金蛙王的宫中因日光而受孕生朱蒙。其次朱蒙和乌伊、摩离、陕父离开东夫余，过淹淲水，定都卒本川，国号高句丽，朱蒙即位的年龄是22岁。那时那里有沸流国松让王，朱蒙降服他后封他为多勿都主。然后朱蒙征伐太白山东南部的荇人国。

《三国遗事》和《三国史记》的记录都显示朱蒙的上代有解慕漱、解夫娄、金蛙、河伯、柳花。整理他们之间的关系，解慕漱是北扶余的王，也是朱蒙的父亲；解夫娄是东扶余的王；金蛙是解夫娄的儿子；河伯是柳花的父亲，朱蒙的外祖父；柳花是朱蒙的母亲。而且他们都有自己的神话。虽然两者的记录表现出共同点，但还是有不太清楚的地方。

朱蒙神话可能是由几部神话结合构成的。不过神话不是一经成形就固定不变的，产生、传承、记录的时候，神话经过了变形、消长、综合等过程。希腊神话也是经过先住民族与另外民族神话的综合、消长、变迁的过程形成的。这样的情况中国神话中也出现过，中国神话中神本来就来自不同民族。田继周认为黄帝、炎帝、颛顼、喾、尧、舜、鲧、共工、禹属于华夏民族集团；太皞、小皞、蚩尤属于东夷民族集团；祝融也是华夏民族集团，但他与南蛮民族集团有密切的关系，以至他们的后裔的某些族支成了南蛮民族集团的一部分。[1]可能朱蒙神话的流变也经过了类似这样的过程。

① 田继周：《先秦民族史》，成都：四川民族出版社，1996年版，第132页。

高丽时代的文臣李奎报引用《旧三国史·东明王本纪》作出统一的一部神话。他在《东国李相国集·东明王篇》中记录了具有丰富色彩的东明王朱蒙神话。《东国李相国集》是1241年李奎报写的全53卷13册的诗文集。《东明王篇》由他的诗和《旧三国史》构成。朱蒙神话的定本《东明王篇》的内容如下：

海东的解慕漱是真正上帝的儿子。《本纪》记载：老的夫余王解夫娄没有儿子。他祭山川祈祷得儿子。他骑的马到鲲渊看到大石头后突然流泪了。王觉得奇怪，使手下把石头滚去，有像金色蛙一样的小孩。王说："这是天给我的儿子。"他叫小孩金蛙，封太子。有一天，丞相阿兰弗告诉王："日前天帝下来告诉我'我将使我的后代在这儿建国，你避开'。在东海有迦叶原地方，那儿五谷生长得好，能定都。"阿兰弗劝王迁移定都到东夫余。天帝的儿子解慕漱下来定都以前解夫娄的京都。

汉朝神爵三年壬戌年天帝遣太子游在夫余王的旧都，天帝的儿子就是解慕漱。从天上下来的时候，他坐五龙车，跟从的一百个人都乘白鹄。那时候彩云浮上，云中响风乐。居在熊心山十天后下来的解慕漱头上戴乌羽冠，腰上带龙光剑。早上办政事，晚上上天去，人们叫他天王郎。

城北边有青河，青河是现在的鸭绿江。河伯有三个女儿，长女是柳花，次女是萱花，老女儿是苇花。三个女孩出青河游在熊心渊。她们很漂亮，佩玉锒铛，她们的样子像汉皋一样。打猎的王解慕漱看到她们后，迷上了。王对左右人说："娶来当王后，能得到后嗣。"看到王的三个女孩为躲避王进水去了。左右人对王说："为什么大王不盖宫殿，等她们进去，拦住她们？"于是王用马鞭勾地上，突然有了辉煌的铜室，房间里准备了三个座位和酒桌。女孩们喝醉的时候王出来拦住女孩们，女孩们大吃一惊，逃跑中长女柳花被抓住了。

大怒的河伯派使者问王："你是什么人？为什么抓住我的女儿？"王回答："我是天帝的儿子，现在求婚。"河伯又派使者说："如果你是天帝的儿子，有求婚的意思，你应该通过媒人结婚。你现在抓住我女儿的行动太失礼的。”王觉得不好意思，想见河伯，可是又不能进河伯的宫。王想放柳花，不过柳花对王有了感情不想走。柳花告诉王：“如果有龙车可以到达河伯的国家。”王告诉天，过一会儿五龙车下来了。王和柳花一起坐上五龙车，借忽然掀起的风云到达河伯的宫。

河伯以礼法迎接解慕漱后，坐着说：“婚姻的礼法是天下共同的规则。你怎么能做不礼貌的事侮辱我家门？”然后再说：“如果你是天帝的儿子，有什么本事？”王说：“你可以试验我。”于是河伯变身鲤鱼，王变身水獭抓住它；河伯又变身鹿跑走，王变身豺狼追逐；河伯变身雉鸡，王变身老鹰。河伯才承认王是天帝的儿子，举行婚事。不过河伯怕王不带女儿走，所以他设宴让王喝醉。河伯先把女儿和喝醉的王放进小革舆，然后把小革舆放在龙车里了。这是让他们两个一起上天去的理由。可是车还没出水前，王醒酒了。王用柳花的黄金簪子在革舆上穿一个空洞，他一个人通过空洞上天去了。

大怒的河伯对柳花说：“你不听我的话，终于使我的家门蒙受耻辱了。”河伯让左右人把柳花的嘴唇拉长了三尺。然后河伯给柳花两个奴才，赶她到优渤水。优渤是水泽的名字，位于太白山南边。

渔师强力扶邹告知金蛙王：“近来有东西偷鱼梁的鱼，不过不知道它是什么动物。”金蛙使渔师拉网，可是网子裂开了。再做铁网，拉铁网后发现一个女孩。因为她的嘴唇太长不能说话，三次拉下嘴唇后她才说话。

金蛙知道她是天帝儿子的王妃，让她住在别宫。日光照柳花后，她怀孕了。神爵四年癸亥年夏四月从柳花的左胳肢窝出来五升的卵。王觉得奇怪，他说：“人生鸟蛋，这是不祥的事。”金蛙王让手下把卵放在马房，可是马不踩卵；把卵弃在深山，可是所有的禽兽保护卵。而且有云，阴天的日子卵上也有日光。王把卵还给母亲，最终一个男孩破壳而出。他的哭声特别大，骨相也英俊特别。过一个月后他会说话。他对母亲说：“因为苍蝇打扰不能睡觉，请妈妈给我做弓矢。”母亲用竹子给他做弓矢，他射苍蝇，百发百中。当时扶余话称神弓手为“朱蒙”，于是就叫这孩子为“朱蒙”。

长大的朱蒙能力非凡。金蛙王有七个儿子。他们经常和朱蒙一起玩、打猎。王的儿子和从者四十个人只捕猎一只鹿，不过朱蒙一个人捕猎很多鹿。发脾气的王子们把朱蒙绑缚在树上然后抢走鹿。可是朱蒙自己挣断了绳子。太子带素告诉王：“朱蒙是又有神通又有勇力的壮士，如果不早点除掉他，肯定有后患。”

王让朱蒙养马。朱蒙对母亲说：“我是天帝的孙子，可是现在给人家养马，生不如死。我想去南边开国，可是有母亲不能去呀。”母亲说：“这也是我日夜苦恼的事。听说壮士去远行的时候，必须要骏马。我自己挑选骏马吧。”然后她去马房鞭打，所有的马都惊走，有一匹赤马跳过两人高的栅栏。朱蒙发现这匹马就是骏马，他把针插在马的舌上。舌痛的马不能吃东西，越来越瘦。巡视牧马场的王发现马都肥，高兴的王给了朱蒙瘦马。朱蒙拿出针后养好骏马。

朱蒙和乌伊、摩离、陕父三个朋友从扶余逃走，他们到淹淲水（或者叫盖斯水，在鸭绿江东北边），不过没有船不能渡过江。追兵快到了，朱蒙把鞭指向天说：“我是天帝的孙子，河伯的外孙。现在避乱到这儿了，皇天和后土可怜我孤子，请给我船和桥。”然后拿弓打水，突然鱼鳖出现化作桥了。朱蒙一行渡过江后追兵到了。追兵试图渡江追他们，可是鱼鳖组成的桥马上崩散了，追兵无法追到朱蒙。

朱蒙和母亲离别时，不忍心离开。母亲说：“你不要担心我。”然后给朱蒙五谷的种子。痛苦的朱蒙忘带了大麦种子。朱蒙在大树下休息的时候，一双鸽子飞过来了。朱蒙觉得这是神母来送大麦种子的。他一箭射下一双鸽子，鸽子的脖子里果然有种子。朱蒙对鸽子喷水，鸽子又复活，飞走了。

朱蒙选形势好的地方定王都定君臣的地位。沸流王松让打猎中遇到了朱蒙，觉得朱蒙的容貌非凡，问朱蒙：“因为沸流国偏在海边，未尝见到君子。今天幸亏遇到了君子。你是从哪儿来的什么人？”朱蒙说：“寡人是天帝的孙子、西边国家的王。你竟敢问我，你是谁的后代？”松让说：“我是仙人的后代，已经即位了几代，因为这儿的地域狭小，不能分两个。你刚建的国要当作我的附属国。”朱蒙再说：“寡人继承天帝，你不是神的后代，敢自称王。如果你不服从我，天肯定会杀你呀。”松让不信朱蒙是天帝的孙子，想考朱蒙。他提出比射箭。把鹿画放在一百步开外射箭，松让射不到鹿画。朱蒙让人把玉指环放在一百步前射箭，玉指环破碎了。松让吃惊地回去了。

朱蒙说：“因为刚建国，没有鼓角的威仪，所以沸流的使者往来的时候我不能作王的礼。”臣子扶芬奴说：“为了大王我拿过来沸流的鼓。”王说：“你怎么去要隐藏的鼓？”他回答王：“这个是天给的东西，怎么不能拿过来呢？大王在扶余困难的时候，谁都没想到大王的现在。大王的即位也是天帝的意思。什么事都可以达成的。”于是扶芬奴等三个人去沸流拿鼓。沸流王派使者来找鼓，可是朱蒙把鼓漆成黑色假装古鼓。松让不敢说那是自己的鼓。

松让又想以定都的先后来决定谁是附属国。于是朱蒙建筑宫室时，用腐木竖柱假装古老。松让看后不能究问。

朱蒙巡行中见到一只雪白的鹿。他把鹿倒悬说起了咒语：“如果在沸流下大雨不发洪水，我不放你。你想避开这个困难，就向天陈诉。”鹿仰天悲号，阴雨连绵八天，沸流变成水海。朱蒙以鞭勾水，水就消失了。六月松让投降。

七月黑云包山，人们看不见山中发生什么事，只听到数千名土木工干活的声音。朱蒙说：“这是天为了我筑城的。”过七天后，云雾散开了，果然有城郭、宫室、楼台。王对皇天感恩拜谢后，住了进去。

秋天九月王升天后没回来，那时王四十岁。太子以王留的玉鞭在龙山发丧。

类利从小时有奇节。小时候，他经常射麻雀，有一天射中一个妇人头上顶的水缸。生气的妇女骂类利：“没有父亲的小子破坏我的水缸.”羞惭的类利射泥土弹丸填水缸的空洞。回家后类利问母亲：“我的父亲是谁？”母亲觉得类利还是小，开玩笑说："你没有确定的父亲。"类利哭着说："如果人没有确定的父亲，有什么面目见别人呢？"他想刺自己的脖子。母亲吃惊地说："刚才说的话是开玩笑呀。你的父亲是天地的孙子，河伯的外孙。他不想当扶余的臣子，跑去南边建国了。你想找父亲吗？"类利回答："父亲成为王，可是儿子却当了别人的臣子。虽然我没有本事，可是真羞惭。"母亲再说："你父亲留言'七个坎七个谷石头上松树隐藏了东西，如果找到东西的人就是我的儿子'。"

类利去山谷找东西，可是找不到回家的路了。好不容易回到家后，类利听到从柱上传来的悲声。柱子是石头上的松树，柱子是七角。类利解读父亲的留言，七个坎七个谷是七角，石头上的松树是柱子。类利察看柱子，终于发现柱子里有空，空里有一片折的剑。

前汉鸿嘉四年夏四月类利去高句里。类利给王一片折的剑，王拿出另外的剑片把两个剑片合起来，两个剑片出血结合变成一把剑了。王对类利说："如果你真是我的儿子，有什么本事？"类利立刻飞起身子挡住从窗户照进的日光。王看到类利的神奇后，把他当做太子了。

《东明王篇》是关于东明王朱蒙的长篇叙事诗，同时是神话。可是《东明王篇》不是朱蒙一个人的神话。《三国遗事》与《三国史记》的记录有点模糊，《东明王篇》的内容明显分为三个部分，第一部分是解慕漱神话，第二部分是朱蒙神话，第三部分是琉璃[①]王神话。而且李奎报在《东明王篇》的开头引用《本纪》提到了解夫娄。按照李奎报的记录，解夫娄被解慕漱赶走，解慕漱占领了解夫娄的都城。然后解慕漱见到了柳花。朱蒙神话包括柳花神话，虽然神话中柳花的功能是辅助性的，可是柳花本身出身并不平庸。笔者以神话的主要母题作结构分析如下：

① 《东明王篇》里记录有"类利"，他又叫"累利"、"儒留"，而且《魏书·高句丽》记录的名字是"闾达"、"闾谐"。

解夫娄和金蛙神话

重要结构	重要母题
①扶余王解夫娄得儿子金蛙。	金蛙
②天帝命令阿兰弗迁移。	天帝
③解夫娄迁移到东扶余，解慕漱占有扶余。	东扶余

解慕漱神话

重要结构	重要母题
①天帝的儿子解慕漱降下熊心山，办政事。	熊心山、五龙车、五羽冠
②河伯的三个女儿在熊心渊玩。	熊心渊
③解慕漱想娶河伯之女得儿子，柳花被抓住。	马鞭、铜室
④发怒的河伯派使者补行礼仪。	做媒
⑤解慕漱与河伯的对决，解慕漱的胜利。	变身动物
⑥结婚，解慕漱的被关押和逃脱。	革车、空洞
⑦柳花的流放和她嘴唇的变化。	类似的鸟嘴标志

朱蒙神话

重要结构	重要母题
①金蛙发现柳花，他把柳花的标志除掉了。	嘴唇
②柳花感日、朱蒙从卵出生。	卵
③卵生的朱蒙受考验，得到动物的保护。	日光
④从卵壳出来的朱蒙是非凡的射手。	神弓
⑤金蛙的太子带素嫉妒朱蒙。	打猎
⑥为了让朱蒙从扶余逃脱，柳花选骏马，在马的舌头上别针假装不好的马。	马
⑦得到骏马的朱蒙和乌伊、摩离、陕父逃离夫余。	
⑧到盖斯水，可没有船，追兵赶到，朱蒙用马鞭指向天，说他是天地的孙子、河伯的外孙，突然出现鱼和甲鱼，成桥使朱蒙渡水。	马鞭、鱼鳖
⑨柳花给朱蒙五谷的种子，遗漏的麦种子让鸽子运给朱蒙。	五谷
⑩和松让王竞争第1。	射箭
⑪和松让王竞争第2。	鼓角
⑫和松让王竞争第3。	定都
⑬朱蒙对抓的白鹿发咒，在沸流国发了洪水。朱蒙解决水灾问题。	白鹿　皇天
⑭云消雾散，筑城郭和宫殿。	
⑮朱蒙升天后，以玉鞭在龙山发丧。	玉鞭

琉璃神话

重要结构	重要母题
①琉璃射水缸，被骂作没父亲的小子。	神弓
②母亲告诉琉璃："你是天帝的孙子、河伯的外孙。"	天帝和河伯
③七角松木，七角的石头下边有父亲的信物。	谜语
④找信物流落山中，回家才发现柱子和基石是七角，在基石的下面发现折的刀。	剑片
⑤去高句丽，刀片结合。	剑、血
⑥琉璃表现出神力，成为太子。	神通

英国学者拉格莱（Lord Raglan）曾归纳出英雄神话惯用的母题22项，对于理解英雄史诗的母题结构构成很有帮助：

①英雄的母亲是一位王族血统的处女，②他的父亲是国王，并且③通常是英雄的母亲的近亲，但是④英雄之母的受孕是不寻常的，而且⑤他也被认为是某一位神的儿子。⑥当他降生之际，父或外祖父企图杀掉他，不过⑦他被神秘地带走了。⑧在一个遥远的异国为义父义母收养，⑨我们对这个孩子的童年一无所知。⑩成年后他回到或来到他未来的王国，⑪在战胜了某一些王或者一个巨人，一条龙，或一只野兽以后⑫他同一位公主结了婚，这位公主常常就是前任国王之女。然后⑬他成为国王，⑭他平安无事地统治了一段时间，并⑮制定了法律。但⑯后来他失去了众臣和他的臣民的支持，⑰他被从王位上和王城中赶了出来。以后⑱他神秘死去，⑲通常在某一山顶上。⑳他的孩子（如果有的话），未能继承他的王位。㉑他的尸体没有被埋葬，但是㉒他却有一座或多座圣墓。[①]

对应上说的英雄神话母题与《东明王篇》所述可以得出如下的排列表：

① 叶舒宪编：《结构主义神话学》，西安：陕西人民出版社，1988年版，第179—180页。

英雄神话的母题	《东明王篇》的母题
(1)英雄的母亲是一位王族血统的处女。	朱蒙的母亲柳花是水神河伯的女儿。
(2)他的父亲是国王。	朱蒙的父亲解慕漱是天帝的儿子。
(3)通常是英雄的母亲的近亲。	
(4)英雄的母亲受孕是不寻常的。	柳花感日生卵。
(5)他也被认为是某一位神的儿子。	朱蒙是太阳神的儿子。
(6)当他降生之际,父或外祖父企图杀掉他。	卵生的朱蒙受考验,金蛙想杀朱蒙。
(7)他被神秘地带走了。	在鱼和甲鱼的帮助下,朱蒙逃走。
(8)在一个遥云的异国为义父义母收养。	
(9)我们对这个孩子的童年一无所知。	出生一个月后朱蒙会说话。
(10)成年后他回到或来到他未来的王国。	
(11)战胜了某一些王或者一个巨人,一条龙,或一只野兽。	朱蒙打败松让王。
(12)他同一位公主结了婚,这位公主常常就是前任国王之女。	
(13)他成为国王。	朱蒙建立高句丽国。
(14)他平安无事地统治了一段时间。	
(15)制定了法律。	朱蒙定君臣的关系。
(16)后来他失去了众臣和他的臣民的支持。	
(17)他被从王位上和王城中赶了出来。	
(18)他神秘死去。	朱蒙升天。
(19)通常在某一山顶上。	
(20)他的孩子(如果有的话),未能继承他的王位。	
(21)他的尸体没有被埋葬。	以玉鞭在龙山发丧。
(22)他却有一座或多座圣墓。	

《东明王篇》的叙事结构遵循英雄神话的母题结构。《东明王篇》先设定解慕漱和解夫娄的关系,然后叙述解慕漱神话。尤其细致地表现了解慕漱的面目,描写他与河伯的对决过程。解慕漱神话是关于解慕漱

本身的神话，同时相当于朱蒙的前代和系谱的神话。而且通过《东明王篇》表现的解慕漱和河伯的面目，可以揣度他们两个集团具有不同的习俗、生活、宗教、文化。解慕漱离开柳花后，河伯追究责任惩罚柳花，他把柳花的嘴唇拉长变得类似鸟嘴。这是一种和河伯集团相区别的标志，同时也是象征解慕漱的标志。然后才展开朱蒙神话。

《东明王篇》体现了英雄神话的典型结构，《东明王篇》和《三国遗事》、《三国史记》之间有不同的地方。比如说《东明王篇》表现的柳花是很主动，她给朱蒙挑选骏马，而且给他五谷的种子。其他记录中的朱蒙面目大同小异。

到《东明王篇》朱蒙神话中出现的人物的面目、人物之间的关系、事件的发生和结果才清楚。如果只看《东明王篇》，朱蒙神话具有完整的结构，而且朱蒙的谱系没有值得怀疑的地方。在神话的情节上，会令人以为《东明王篇》是朱蒙神话的终极版本。可是分明存在和《东明王篇》不同的记录。另外的记录中，朱蒙的世系很复杂。为什么发生这样的现象？发生的原因是什么？打开秘密之门的钥匙在这儿：朱蒙神话里隐藏着高度的政治理论。

二、正统性的继承与记忆的强化

高句丽建国的记录大概分为三类：第一种是“广开土大王（好太王）碑”、“牟头娄墓志”、“泉献诚墓志”等高句丽的碑文。第二种是高丽时代以后的记录《三国遗事》、《三国史记》、《帝王韵纪》、《应制诗注》和《东国李相国集·东明王篇》引用的《旧三国史》等。第三种是中国的文献资料如《魏书》、《梁书》、《周书》、《隋书》、《北史》、《通典》、《论衡》、《三国志》等。

从记录产生的时间来看，《论衡》最早，其次是《三国志》、碑文资料、《魏书》。可是《论衡》、《三国志·东夷传》和“朱蒙神话”虽然结构及情节上类似，却把东明认作扶余的开国者。《三国遗事》、《三国史记》、《东国李相国集》的记录时间较晚。

王充写的《论衡》卷二《吉验篇》记录的扶余神话中出现了东明

王，《论衡》的记录如下：

北夷橐离国王侍婢有娠，王欲杀之，婢对曰“有气大如鸡子，从天而下，我故有娠，后产子。”捐于猪溷中，猪以口气嘘之不死，复徙置马栏中，欲使马借杀之，马复以口气嘘之不死，令其母收取奴畜之，名东明，令牧牛马，东明善射，王恐夺其国也，欲杀之，东明走，南至掩水，以弓击水，鱼鳖浮为桥，东明得渡，鱼鳖解散，追兵不得渡，因都王夫余，故北夷有夫余国焉。

这样的内容和《三国志》的《魏略》与《后汉书》中的记载大同小异。这些记录的特点是东明的父亲是从天上下来的气，母亲是橐离国的侍婢，东明不是卵生，而是胎生。不过《论衡》中记录的东明是夫余的建国者。《魏书》的记载却不一样。

在《魏书》中朱蒙的母亲是河伯的女儿，河伯女受阳光后怀孕，生卵。卵生的朱蒙面临种种考验，可是凭借动物的帮助克服了艰险与迫害。而且朱蒙的射箭能力出众，他以此成功脱离了危险。冲出扶余的朱蒙在河边宣布自己本身是太阳之子、河伯外孙，在鱼和甲鱼的帮助下渡过江去，甩掉了追兵，最后建立了高句丽。《魏书》的记录显示了朱蒙的诞生、考验、克服危机、建国的过程。

中国史书上记录的朱蒙神话，内容大致如下：①

书名	背景国家	母	始祖名	创建国家
《后汉书》	索离国	侍儿	东明	夫余
《三国志》	藁离国	侍婢	东明	夫余
《梁书》	橐离国	侍儿	东明	夫余（高句丽）
《魏书》	扶余	河伯女	朱蒙	高句丽
《周书》	扶余	河伯女	朱蒙	高句丽
《隋书》	扶余	河伯女	朱蒙	高句丽
《北史》	扶余	河伯女	朱蒙	高句丽
《通典》	扶余	河伯女	朱蒙	高句丽

看中国文献的记录时，第一次产生的疑问是东明和朱蒙是不是一个

① [韩]徐大锡：《韩国神话的研究》，首尔：集文堂，2002年版，第178页。

人。中国文献记录明确地区分，建立扶余的是东明，建立高句丽的是朱蒙。虽然《梁书》记录东明是夫余和高句丽的始祖，可是它先提到东明成为扶余的始祖，然后记录“其后支别为句丽种也”。[1]按照中国文献，东明和朱蒙是两个人。不过为什么韩国文献记录东明王就是朱蒙呢？

发生这样的现象，有两种可能性。第一是误解。《三国遗事》记录的后边一然引用《珠琳传》。《珠琳传》二十一卷这样记录：

> 以前宁禀离王的侍婢怀孕了。算命人说将要降生的孩子是“贵人，他会成为王。”王说“因为他不是我的儿子，应该杀死他。”侍婢说“我是由于奇怪的气从天降下来而怀孕的。”王认为那个小孩的出生是不祥的事，把小孩扔在猪圈，可是猪给小孩吹气；扔在马房，可是马给喂奶。那个小孩长大后，成为扶余王。

然后一然添加自己的见解，他说：“这是东明帝成为扶余王的故事。卒本扶余是北扶余的另外的京都，所以叫扶余王。宁禀离是夫娄的异名。”这样看，模糊了扶余和高句丽，东明和朱蒙就成为一个人了。可是只认为是误解的见解有点无理。背景国家是索离国、藁离国、櫜离国，母亲是侍儿、侍婢、侍儿，始祖是东明，创建国家是扶余的一连串的过程显示了结构的统一性。这样的现象提示要考虑其他可能性。

第二个可能性是扶余神话和高句丽神话的结合。不能断定地说朱蒙神话基于扶余神话，但可以说朱蒙神话被扶余神话所影响。朱蒙出身于扶余，而且扶余人也加入高句丽的建国事业。神话是讲述根本的故事，即来历的故事。对祖先的认识、对根本的记忆留下痕迹。虽然朱蒙想断绝和扶余的关系，扶余的神话还是影响了高句丽神话。一然说：“本来朱蒙的姓是解，不过因为他是天帝的儿子，照日光后出生，自己起高姓。”朱蒙改姓意味着试图断绝和扶余的关系。可是政治的断绝不意味着心理、精神、文化的断绝。《三国史记》记录东明王14年，柳花的事迹为“王母柳花薨于东扶余，其

① 《梁书》，卷第五十四 列传《诸夷》。

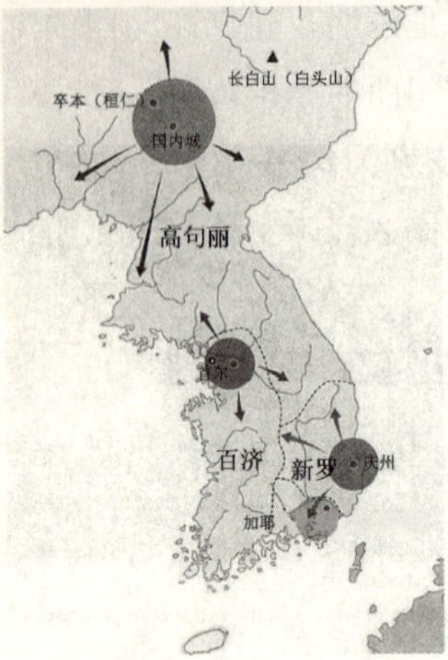

●图3-2-1　三国的成长

王金蛙以太后礼葬之。遂立神庙。冬十月，遣使扶余馈方物，以报其德”。其实朱蒙不可能实现和扶余的彻底断绝。不过高句丽的构成成分不是一两个。

到公元前37年（西汉建昭二年）朱蒙建国后，部分发人、沃沮、东濊、扶余人陆续被兼并，成为高句丽族的组成成分。与此同时，也有不少古代朝鲜人和辽东汉人融合其中，至5世纪初，高句丽族已发展为中国辽东地区和朝鲜半岛的一个庞大的民族。[①]

看来影响朱蒙神话的神话不止扶余一个。这样的原因估计是朱蒙神话受当时流传的几部神话影响。朱蒙神话里有扶余神话、高句丽地域的土著神话，构成高句丽的民族神话的因素。这样的现象在高句丽人自己的神话认识中也发生过。其实在这里隐藏着政治的意图。

碑文记录的是当时人关于建国神话的认识。这些碑文表现了他们对自己正统性的认识以及自己的信仰体系。碑文资料接近真实情况，但不完全是真实的，这是因为碑文可涵盖的内容有限，而且制造碑文的时候是高句丽势力最强的时期，与建国初期的神话认识已不完全相同。高句丽建国后400年制造的碑文较明确地反映了与建国时期不同的社会范式。首先来看碑文的建国神话部分。

“广开土大王碑”又称“好太王碑”。广开土大王的儿子长寿王为了纪念其父的业绩于公元414年制造此碑。此碑立于高句丽都城国内城东，禹山下的东岗上。今吉林省集安市太王开发区大碑村，西距市区4公里。原有文字共1775字，现存文字1600字左右，内容大体上可分三

① 王钟翰主编：《中国民族史概要》，太原：山西教育出版社，2004年版，第29—30页。

段：第一段，第一面的1—6行，记叙高句丽建国的神话传说，前三王继承关系。第二段，第一面第7行至第三面第8行，主要记载好太王一生的重要军事活动及赫赫战功。第三段，第三面第8行至第四面结束，铭刻为好太王守墓烟户的来源与数量以及相关制度。[①]其中与朱蒙神话有关系的部分如下：

惟昔始祖邹牟王之创基也，出自北夫余，天帝之子，母河伯女郎。剖卵降世生 而有有圣□□□□□。□命驾巡幸南下，路由夫余奄利大水。王临津言曰，我是皇天之子，母河伯女郎，邹牟王，为我连浮龟。应声即为连浮龟。然后造渡，于沸流谷，忽本西，城山上而建都焉。不乐世位，因遣黄龙来下迎王。王于忽本东冈，黄龙负升天。

“牟头娄墓志”又叫“冉牟墓志”。这块墓碑是1935年10月在吉林省集安县发现的，800字中只有250字能解读。碑文记录了主人公冉牟的事迹和冉牟的祖先随东明王一起从北夫余南下的事实。

河伯之孙日月之子邹牟，圣王元出北夫余天下四方知此国郡最圣。

“广开土大王碑”和“牟头娄墓志”的内容有很多省略的地方。立碑不是为了记录神话，而是为了纪念碑的主人。可是为了说明自己的事迹，先要说明自己的根本，即世系的历史。人们第一次见面时，问对方姓的同时也是在问对方的根本和历史，说自己的名字的同时也在说自己的本体性。所以“广开土大王碑”和“牟头娄墓志”的神话部分是说明他们的起源和历史，他们的根本和历史就是朱蒙。

碑文的内容和另外的记录中存在明显的差别。首先“广开土大王碑”记载朱蒙是天帝与河伯女的儿子，“牟头娄墓志”则记载他是河伯的孙子、日月之子。而且两个碑文都省略了对朱蒙的父系和母

① 马大正、李大龙、耿铁华、权赫秀：《古代中国高句丽历史续论》，北京：中国社会科学出版社，2003年版，第200—201页。

系的说明、怀孕的过程、经受考验、成长为英雄的过程，以及建国过程。所以我们还要参看另外的记录。

朱蒙的母系是河伯女、河伯的女儿、河伯之女柳花等，这一点在所有的记录中保持了一致，可是父系的记录却相反。有没有什么必然的原因导致朱蒙的父系呈现复杂样貌呢？先整理朱蒙的世系如下表。

记录	父系	母系	备考
广开土大王碑	天帝之子	河伯女	
牟头娄墓志	日月之子	河伯之孙	
《三国史记》	日	河伯之女柳花	解慕漱出现
《三国遗事》	日	河伯之女柳花	解慕漱出现
《旧三国史》	日	柳花	解慕漱出现
《魏书》	日	河伯女	

在这里我们发现上述记录的一致之处也显现出了微妙的差异。朱蒙的父系都是和天有关系的存在。“广开土大王碑”上说是天帝，“牟头娄墓志”上说是日月，天帝意味着天或太阳的人格体，日月也是表现天的。如此朱蒙成为天孙，可是在这里最大的问题是解慕漱的存在。柳花和解慕漱私通或者结婚，后来解慕漱离开了柳花。若考虑柳花和解慕漱的关系，朱蒙当然是解慕漱的儿子，可是所有的记录都表述为柳花受阳光而怀孕。那么解慕漱、柳花和朱蒙之间到底是什么关系呢？

首先要阐释的是解慕漱的神格。解慕漱是天帝之子，他戴着乌羽冠，坐着五龙车下来，而且早上办政事，晚上回天上去。在解慕漱的形象中都是太阳的象征。乌又展示解慕淑的太阳神的因素。

乌鸦为原始时代人们所崇拜的一种灵鸟，也是在古代民族神话传说中出现频率较高的飞禽形象。当时它可不是现代有些民族神话中的乌鸦那样专吃腐肉、传递凶兆的不祥之鸟。中国汉族古代文献记载的太阳神话说，三足乌载着太阳在天空中运行，为世界万物送去温暖。还有的神话说，乌鸦是孝的化身。根据《格物论》的记载，乌鸦是一种“长而反哺其母者，为孝鸟”：布依族神话中的乌鸦是医药之神，居住在九层天上，瘟疫发生它就喳喳叫，向人们报信，并来到人间治病。还有的民族神话中乌鸦是个智者，是很有学问的鸟，它创造了文字。中国南方有的少数民族洪水神话说，乌鸦不仅把发洪水的消息告诉人类，而且还教给人类避水的方法，洪水退了之后，它又帮助人类繁衍再生。中国很多民族神话的乌鸦更多的是天神的使臣，人们崇信的对象。乌鸦作为人类崇

●图3-2-2　金铜凤凰装饰（5—6世纪高句丽，国立中央博物馆）

拜对象和神话形象，很早进入阿尔泰诸民族宗教信仰领域，登上他们的神话殿堂。[①]

乌，特别是三足乌为太阳的象征。解慕漱戴乌羽冠显示着他是崇拜太阳的太阳神部族的首领。而且乌的象征不限于太阳。比解慕漱更早的商神话、埃及神话中也发现有以鸟象征太阳的。

商人以鸟为图腾且崇拜太阳，其王祖皆以日为名便是太阳崇拜的明证。那么，在其图腾玄鸟与太阳之间有没有关系呢？从比较神话学的角度看，这种关系是自然而然的，也是十分普遍的。太阳每天从天空经过，在神话思维中很容易被设想为有翅膀的鸟类动物。古埃及人用神鹰的形象来标志太阳神；古赫梯人的太阳神也是生有翅膀和尾翼的形象。可见玄鸟也好，燕子也好，凤凰也好，这些能够飞翔于天，并且具有定时的出没循环规律的所谓“候鸟”，在神话思维中是可以和具有类似定时隐现规律的太阳类比认同的。[②]而且乌羽冠和印第安酋长戴的鸟羽帽子一脉相通，酋长以鸟为媒介与天沟通，他的帽子意味着他是受天命的人。

进一步分析，龙也是和太阳有关系的象征。因为太阳白昼运行在天上，夜间则进入海底或地下，所以在神话思维中的太阳神只具有飞鸟的特征还不够，还须具备“潜渊”或“入地”的本领，这便是龙蛇之类爬行动物的专长了。回过头来再看“夔”的形象，这个鸟头龙身一足的奇妙生物不是正好符合了太阳升天入地的水陆空三栖本领吗？后代神话之所以异口同声地说太阳中有“三足鸟”，原来是把龙的一足和玄鸟的二足加在一起了。[③]而且1978年在新乐遗址出土了一个权杖。在长度38.5厘米、宽度4.8厘米的权杖上雕刻着鸟的

---

① 那木吉拉：《中国阿尔泰语系诸民族神话比较研究》，北京：学习出版社，2000年版，第436—437页。

② 叶舒宪：《英雄与太阳》，西安：陕西人民出版社，2005年版，第236页。

③ 叶舒宪：《英雄与太阳》，西安：陕西人民出版社，2005年版，第238页。

形象。不过仔细看的话，会发现有龙的因素。这个权杖上混杂着鸟和龙的因素，估计是象征太阳的神物。

解慕漱的行为显现为太阳运行的人格化，正好也表现出他是太阳崇拜集团的首领。太阳早上出来，晚上落山。这样的现象和解慕漱的行为是一样的。解慕漱逃脱的场面也显示他和太阳有密切关系，被关在革舆中的解慕漱用金簪刺革舆，光线从革舆的微小孔洞中射进来，他通过光线逃离了革舆。解慕漱、天帝、太阳是同一的存在。而且解慕漱的行为和前面所说的桓雄有相似的地方。

桓雄是渡来者，他从天上带三个天符印、风伯、雨师、云师、三千队降临太白山。解慕漱也是渡来者，而且桓雄的神格和太阳、光明有密切的关系。解慕漱是天帝的儿子，即上天的儿子。桓雄和解慕漱在不同神话叙事的同一结构位置上。记录上没记载熊女生檀君后桓雄的行迹，桓雄突然消失了。解慕漱也一样，结婚后解慕漱离开柳花，就再也没有出现过，即便柳花被河伯惩罚的时候解慕漱也没有出现。离开的解慕漱不回来，他没留下任何的信物，不过朱蒙为儿子琉璃留下了信物。这是什么意思？解慕漱集团和河伯及金蛙集团到底有什么关系？这时还有一个另外的人物，他就是檀君。

按照《坛君记》的记载，檀君与西河河伯之女的儿子是夫娄，而且一然在《三国遗事·王历第一》“高句丽”中记录：“甲申立，理十八，姓高，名朱蒙，一作邹蒙，檀君之子。”一然认为朱蒙是檀君的儿子，这样，朱蒙的父系中新出现了檀君。檀君和朱蒙不是同时代人。在这里，檀君这个名字不是专有名词，而是普通名词，意思是神主或者萨满王。然则夫娄的父亲檀君是谁？在这儿又出现了解慕漱、解夫娄、金蛙、河伯是什么关系的问题。

解夫娄迁移至东扶余的理由是阿兰弗梦中受到天帝的谕命。解夫娄听从天帝的命令意味着他们也是崇拜天的集团。在神话上，解慕漱是天帝之子，即天帝的直系，而且解慕漱占领了解夫娄的扶余。看来，解慕漱集团比解夫娄的集团占了上风。虽然两个集团都崇拜天，可是两个集团的生活方式不同。因为解慕漱集团是不断迁居的部族，但是解夫娄是定居的。这意味着解慕漱集团具有游牧的特点，解夫娄集团具有农耕的特点。

在这儿我们会涉及两类四个集团，第一类是天神崇拜集团，他们分为游牧的解慕漱集团和农耕的解夫娄集团；第二类是水神崇拜集团，他们分为西河河伯集团和河伯集团。那么问题是檀君是谁？檀君既是称呼桓雄之子、建国始祖檀君的专有名词，同时也用来泛称天神崇拜集团的神主。

神话背后都有现实的文化意义。按神话的结构，解夫娄集团和河伯集团之间曾经有过交流，因为解夫娄集团的神主檀君和西河河伯之女结合生夫娄。虽然解慕漱集团和解夫娄集团出于同一根，可是他们走了不同的路，而且解慕漱集团和河伯集团的交流很少，所以才有河伯对解慕漱追究婚礼的礼仪的情节。河伯集团的婚俗是媒人婚，可是解慕漱集团的却是抢婚。而且河伯由于解慕漱离开柳花，让她一个人留下的理由，就是惩罚之。按照河伯集团的婚俗，出嫁的女性应该住在夫家。留下的柳花其实犯了辱没河伯集团习俗的错误。受罚长出三尺嘴唇的柳花不能说话，不能和河伯集团在一起。不过后来金蛙三次切柳花的嘴唇，使她会说话。金蛙显然具有免除惩罚的能力。柳花被金蛙集团解救的事也反证他们之间的交流。不过解慕漱集团确实具有正统性，因为解慕漱是天帝之子，天帝是神，可是夫娄的父亲是檀君，神主檀君是人。在这儿，需要谨慎地假定解慕漱可能是桓雄的后代。那么为什么神话不叙述朱蒙的父亲是解慕漱呢？恐怕是由于神圣的正统性和现实的正统性不同之缘故吧。

虽然桓雄具有神圣性，可是建立古朝鲜开创新世界的是檀君。和现实靠近、统治现实世界、和人间有直接关系的不是桓雄，而是檀君。对神的观念变化也经过逆转现象。随着人文的秩序成为世界的范式，社会越来越分化，对神的观念也变化了。高高在上的天神的功能分给下位神。可是桓雄和桓因的神格不能以“退休的懒神”的概念把握。伊利亚德和沙利文（L.E. Sullivan）提出的“退休的懒神”的特点是：生活在天界，不再主管人间事务，也不再享有祭拜仪式，因此是消极的，只是作为崇高性和超越性的象征，起到说明世界的起源的作用。可是桓因给桓雄三个天符印让桓雄统治人间世界。而且解慕漱的父亲天帝在阿兰弗的梦中出现命令扶余迁移，解慕漱下到熊心山办政事，不过在神话中他们的任务到此为止。虽然解慕漱不管以后柳花和朱蒙身上发生的事，可是他的神圣性是一直存在的，朱蒙被追到江边的时候，他表明自己是天帝之孙，鱼和甲鱼就来帮他了。

但是天神观念的变化是必然的。这样的变化被称之为神话和现实、现实和神话的逆转现象。虽然概念上桓雄比檀君具有更大的神圣性，可是现实中更重要的存在是檀君。而且檀君是因为天和地的结合而出现的存在，是天和人之间的唯一中介者。同样解慕漱比解夫娄和金蛙具有更大的神圣性，可是解夫娄和金蛙却不能像檀君那样作为天和人的中介者，充当这一角色的是朱蒙。

其实朱蒙的父亲明显是解慕漱。可是神话为什么记录朱蒙的父亲是太阳呢？原因就在于组成高句丽的成员。高句丽是多个集团合起来构成的国家，高句丽的主要成分是五部族。中国史书、韩国史书所载五部名称不同，中国史书中的消奴部、绝奴部、顺奴部、灌奴部、桂娄部，分别是《三国史记》所载的多勿部、椽那部、桓那部、贯那部、沸流部。《三国志》卷三十《高句丽传》载“绝奴部世与王婚”，又称“伊夷模无子，淫灌奴部，生子名位宫”，《三国史记·高句丽本纪》载琉璃明王“纳多勿部侯松让之女为妃”，就是说，史书中可以找到消奴部、绝奴部、灌奴部与桂娄部通婚的记载。五族之间不是血缘关系，而是姻亲关系。这五个血亲集团通过彼此通婚而结成的姻亲集团，是高句丽早期国家的核心。①

高句丽的幕本王出自解氏的消奴部，而从第六代起，桂娄部的高氏继承了王位。绝奴部通过和王室的婚姻成为王后族，而且前王族消奴部的嫡统大人、王族桂娄部的大加、准王族绝奴部的大加（大族长）以“古雏加”这一称呼来认定他们的地位。解氏消奴部和高氏桂娄部的问题联结起高句丽的第二代王琉璃。

按照《三国史记》和《东明王篇》的记录，琉璃是朱蒙的儿子。可是《三国史记》和《三国遗事》又记录，从第二代琉璃王到第五代慕本王的姓是解。而且第六代太祖王以后的高氏王祭祀朱蒙。这样的现象暗示朱蒙和琉璃的血统不同。进一步，可以假定登王位的高氏为了加强王室的权威把朱蒙放在琉璃前边的可能性。如果是这样，朱蒙神话就是为了占有政治霸权而产生的政治神话，同时是当时神话的结合物。虽然这样的假定仅仅存在于可能性的领域，朱蒙神话和朱蒙神话的流通、消费

① 杨军：《高句丽民族与国家的形成和演变》，北京：中国社会科学出版社，2006年版，第246页。

中却明显存在政治的意图。

联系神话本身的逻辑和历史情况看，虽然朱蒙是开国之君，却不拥有强大的王权。太祖王之前继承王位的是解氏。这样复杂的情况反映在朱蒙神话中。如果高句丽神话认定构成高句丽的各集团中某个集团的优势，就会造成分裂。如果认定只有一个集团具有正统性，就会消除其他集团的正统性。而如果各集团共同拥有一个神话，却留下依据各集团的立场解释神话的余地，就能减少各集团之间的正统性争论。朱蒙神话的父系关系的差异反映了各集团的关系和立场。假定崇拜天神的解慕漱和解夫娄集团都参与了高句丽的建国，把特定的人物当作朱蒙的父亲比抽象的日引起冲突的可能性更大。这样的情况下，各集团为了在神话上强化自己的正统性，倾向于强调神话的不同侧面，重视神话中与自己有关的部分并进行有利于自己的解释。神话上的微妙的差异反映了这样的现象。构成朱蒙母系的河伯集团估计也参与了高句丽的建国，所以河伯集团的后代应该强调母系。“牟头娄墓志”中“河伯之孙日月之子”的记录是强调母系的，它先记述朱蒙的母系，然后说父系。泉献诚[①]墓志记录“夫其长澜广派，则河之孙，烛后光前，乃日之子”，也强调的是母系。

《三国遗事》和《三国史记》的记录上，解夫娄和金蛙的表现比解慕漱好。书中正面表现了解夫娄和金蛙，而《东国李相国集》记录解慕漱是天帝之子，也是使河伯屈服的人物，他被塑造为一个光辉的形象。多样记录的存在意味着各集团传承的神话有差异，同时各集团传承的神话强化了自己集团的正统性。

许多学者将历史文献与考古文物当作是“过去发生的事”的记录与遗存。他们相信，考据史料、史事真伪，以及对文物的比较、分类，可重建过去发生的事实。然而，我们可以从另一种角度来看古史记载，来思考考古文物，探讨它们所反映的社会情景及相关的族群现象。由这种角度来看，古代文献记载与文物遗存可当作是人群集体记忆的遗存，它们是在某种个人或社会的主观“意图”下被创作以及被保存的。在这种研究中，我们主要探索的并非是过去的事实（但并非否定研究史实的重要性），而是古人为何要以文献与文

① 泉献诚是高句丽末的将军渊盖苏文的孙子。

物来组织、保存某种记忆，也就是探索古人的“意图”及其社会背景。在我们当代现实生活中，族群认同的产生与族群边界的维持，结构性失忆与族群认同变迁，以及与此有关的历史记忆的选择、强化、重整与遗忘（反映在媒体舆论、历史研究、历史教育或学术精英的言论等之中），随时都发生在我们左右。因此观察体会一个族群或民族的本质，以及历史记忆如何凝聚或改变一个族群，社会人群如何借各种媒介来保存与强化各种记忆，必将有助于我们理解历史文献与考古文物所蕴含的“过去”本质，以及许多“民族史”著作的社会意义。在此，历史学与人类学可能产生一个交集。①

三、朱蒙神话的结构分析

美国的神话学者坎贝尔认为在英雄神话中，英雄走过的轨迹是“启程”、“历险”、“归返”的过程。而且英雄的历险并不止于个人的层次，它同时也是宇宙的事件：就此意义而言，整个宇宙发生的循环过程，不仅是英雄历险效法的模范，也是古今所有英雄终极归宿之处。因此，英雄在完成身心转化后的离世，乃是大小宇宙最终必然消解的注脚。②

英雄经过的过程是一种“通过仪式”的发展。启程是分离的过程，英雄先同日常世界分离，进入超自然的敌意世界，在那儿遭遇强大的敌人或对手，获得胜利和力量后回到现实中来。在其自己的世界上，他是凡人，他要从日常世界分离出来，所以他要进入非凡的世界，这个世界是超自然的世界，“历险”包括和敌人斗争、经过考验、获得能够作用于现实世界的力量。最后，英雄归返现实世界，通过在冒险中获得的力量改变世界。这是英雄神话的一般结构。朱蒙神话不是完整的英雄神话，可是朱蒙神话的结构类似于英雄神话。

朱蒙的妊娠和出生就是一种“分离”，朱蒙的父系是太阳神、母系是水神，而且柳花卵生得朱蒙。扶余王金蛙把卵丢弃在马房、深山，可是马不踩，百兽则保护着卵的安全。从卵中出生的朱蒙又显示出非凡的面目，他不到一个月就会说话，长大后成为出众的射手。一般的英雄进入超自然的世界，在冒险中获得力量，而朱蒙一出生就已经具有力

① 王明珂：《华夏边缘：历史记忆与族群认同》，北京：社会科学文献出版社，2006年版，第33页。
② [美]约瑟夫·坎贝尔：《千面英雄》，张承漠译，上海：上海文艺出版社，2000年版。

量。朱蒙是从神圣的世界、超自然的世界进入到现实世界的，朱蒙的“分离”其实是“逆分离”。

神话的母题显示出朱蒙的神圣性和力量。第一次表现朱蒙的神圣象征物是卵。那么在神话、文化上，卵的意义是什么呢？为什么朱蒙从卵中出生？神话不是客观地记录事件，而是以隐喻和象征的方式表现。卵就是一种隐喻或象征。本来卵象征混沌、宇宙、天地万物的根源。盘古也是从卵中出来的，他的身体变成天地万物。按古代希腊的宗教俄尔普斯教的教义，从银灰色的神卵中生出具有两性的光明神。按腓尼基（Phoenicia）的创始神话，在大气和空间出现风和欲望之神，这些神生卵，然后从碎裂的卵中出现太阳、月亮、天体，印度的最高神婆罗门也是从浮在水面上的黄金卵中出现的，而且基督教复活节的象征也是卵。卵是生命的母体，也关系到宇宙的创造。

蒙古民族开天辟地神话中有一种说法是神鸟以它筑巢为基础，在汪洋大海上创造了大地世界。如在蒙古族民间流传的一则名为《嘎勒宾嘎创世》的神话说：

> 太古时期，宇宙间只有大水，一片汪洋大海，无垠无边。霍尔母斯塔·腾格里（Hormusta tengri）派名为嘎勒宾嘎（Galbingga，旧译“迦陵频迦”）的巨鸟下凡。嘎勒宾嘎的寿命达3万年，每万年产一颗巨卵。这只神鸟从天而降后在汪洋大水之上盘旋，却找不到筑巢的地方。嘎勒宾嘎神鸟只好拔下一根羽毛在水面上筑巢，然后在它上面下蛋。后来在鸟巢上堆积灰尘，渐成大地。神鸟的那只蛋卵破裂，从中生出人类和动植物。①

按照伊利亚德的观点：蛋确保了对原初行为也就是创世行为的重复，因此，在一定程度上，我们可以说仪式就是创世神话的变体。因为我们必须习惯把“神话”的观念与“话”和“童话”区分开来，并且将它和“神圣的行为”、“有意义的姿态”和“原初的事件”联系

① 转引[蒙古]д.策仁苏德那木编：《蒙古神话》（基利尔蒙古文），乌兰巴托，1989年版，第10页。那木吉拉：《中国阿尔泰语系诸民族神话比较研究》，北京：学习出版社，2000年版，第27—28页。

起来。不仅一切所讲述的在从前发生的各种事件以及生活在从前的人是神话，而且与这些原初的事件和人物直接或间接相关联的每一件事物也是神话。由于和新年到来或者春回大地相关联，蛋代表着创世的显现，——不在经验和理性的框架里而是在神显经验的框架里——还是一种宇宙起源的概括。[①]在朱蒙神话中，卵生象征朱蒙是从宇宙的根源出来的存在，即朱蒙的出生是宇宙的事件、也是以后建高句丽的最初的事件。

其次问题是那个卵是什么卵。卵生的动物是鸟类、爬虫类、昆虫类等，不过《东明王篇》引用的《旧三国史》记载“人生鸟卵”，按《旧三国史》柳花生的是鸟蛋，而且朱蒙的出生过程类似于鸟的孵化过程。为了阐释这个问题需要联系到传承朱蒙神话初民集团的思想。高句丽人的意识中分明存在天孙观念、对太阳和水的崇拜信仰。所以大部分的记录都记载朱蒙的世系。鸟蛋同时也象征来源于鸟，鸟象征什么？鸡、凤凰、乌象征着太阳，这也反映了因为朱蒙是太阳的子孙，所以他是出生于鸟蛋的观念。

如列维—布留尔所言，“我们看待神话，与那些在神话中反映了自己的思维的人们不是一样的。”[②]有时候卵本身就象征太阳。商代始祖诞生的神话是众所周知的：有娀氏女简狄吞了玄鸟卵而生了商人之祖契。原来，吞卵而生的观念是从感日而生的观念中派生出来的。由于在神话思维中，死亡总是同黑暗、阴间地狱相联系，生命又总是同光明，阳精即太阳之火相联系，所以各民族始祖或非凡人物的降生往往被神话说成是因太阳光而怀孕。[③]

不过韩国考古学者金秉模主张：卵生神话是南方系神话的母题，南方系文化的象征卵和北方系的象征天孙观念结合时，神话就必须寻找两者文化之间的结合点，所以天孙朱蒙从卵中出生的。朱蒙神话的天孙观念代表北方系文化，卵代表南方系的文化。而且在神话叙事中出不出现卵的元素取决于北方系的力量。如果持有天孙思想的北方系一下子打退南方的土著势力，神话中也许不会出现卵，可是土著势力具有一定强度时，神话里就可能出现卵。[④]按金秉模的主张，卵生是南方文化的象

①［美］米尔恰·伊利亚德：《神圣的存在—比较宗教的范型》，晏可佳、姚蓓琴译，南宁：广西师范大学出版社，2008年版，第389—390页。

②［法］列维-布留尔：《原始思维》，丁由译，北京：商务印书馆，1981年版，第435页。

③ 叶舒宪：《英雄与太阳》，西安：陕西人民出版社，2005年版，第242页。

④［韩］金秉模：《金秉模的考古学旅游》，首尔：海豚线，2006年版。

征。在南方更多发现有卵生神话，可是不能断定朱蒙神话中出现的卵是受到南方文化的影响。而且这样的想法过于绝对。

抗日时期研究韩国神话的日本学者三品彰英把韩国民族第一次分为两种，一种是北方的濊貊族，另一种是南方的韩族。[①]可是高句丽以前的记录，诸如《管子》、《诗经》上已经出现了韩民族，而且卵生神话不仅是南方发现的。西伯利亚堪察加半岛附近生活的古亚洲族（Paleo-Asiatics）系统的科利亚克族（Koryak）也传承卵生神话。[②]

古亚洲族中，本来居住在满洲东北地区的吉利亚克族（Gilyak）和科利亚克族（Koryak）被蒙古系种族同化了，其他的退居亚洲东端。[③]Koryak族的神话里存在卵生神话。[④]如此就不能轻易断定卵生是专属南方神话系的母题，即不能断定现在的韩民族仅由南韩族、北濊貊族构成。

从宇宙根源处分离的朱蒙要进入现实世界，在入门的过程中他要面临考验。第一次考验是被金蛙抛弃到荒野中。这里的考验是一种神圣和人文的对决。在人文的秩序上，卵生的人意味着非理性的、摆脱现存秩序的存在。现有的秩序想消除朱蒙，可是神圣的力量保护了他。朱蒙不是靠自己克服了考验，克服考验的原动力就是本然之神圣。英雄神话的结构中，英雄通过入门的过程中获得力量，然而朱蒙在入门过程中发挥的是天生的神圣力量。即朱蒙是自开始就从超自然的世界带力量分离，进入现实，变化成现实的存在。

虽然他具有神圣出身，可是在现实中的他要适应现实的秩序。在这里出现了助力者，在柳花的帮助下，朱蒙适应了现实。柳花给朱蒙做弓矢，挑选骏马使朱蒙逃脱，还给朱蒙谷种。其实朱蒙所拥有天赐的非凡的能力只是射箭。逃出夫余的朱蒙到盖斯水的时候，面临生死危机，可是他并没有表现出凭一己之力克服危机的能力。朱蒙的选择是阐明自己的神圣世系，靠神圣的力量解救自己脱离危机。

朱蒙在和沸流国王松让对决时才显示决定性的英雄面目。朱蒙和

---

① [日]三品彰英：《神話と文化史》，首尔：平凡社，1971年版。

② [韩]金华庆：《韩国神话的源流》，首尔：知识产业社，2005年版，第235页。

③ [中]孙进已：《东北民族源流》，林东锡译，首尔：东文选出版社，1992年版，第424页。

④ J.Michael: *Myth of the World*, London. Kyle Cathie Ltd,1995, pp.8—9.

松让的对决由三个阶段构成。第一是射箭对决，这是一种个人能力的对决。第二是智慧的对决，朱蒙希望得到沸流国的鼓，随之“扶芬奴”窃鼓回来，朱蒙把鼓色伪装变暗假装是自己的旧鼓。接下来的对决是比宫室的古老，朱蒙故意使用腐朽的木材建宫室。第三是神圣的对决，朱蒙给被抓住的鹿发咒术使松让的京都发洪水，最后松让终于被朱蒙折服。

显然，朱蒙具有三个能力，第一是天生的神圣性，第二是射箭、骑马等身体的能力，第三是智慧。射箭尤其是朱蒙象征性的能力。因为射箭能力卓越，他才有了朱蒙这个名字。其实射箭是神话中常出现的母题，善射箭的其他神话人物包括羿和逢蒙。关于羿和逢蒙的记录很多：《管子·形势解》载“羿，古之善射者也，调和其弓矢而坚守之，其操弓也，审其高下，有必中之道，故能多发而多中”。《墨子·非儒下》载“古者羿作弓”。《吕氏春秋·勿躬》载“夷羿作弓”。《荀子·王霸》载“羿，蜂门者，善服射者也”。《世本·作篇》载“逢蒙作射”。

有些学者试图以善射和东夷族的特性来比较朱蒙和羿的异同。萧兵说：“后羿的‘同格’英雄、高句丽的天王朗也是天帝派遣的‘为民除害’的射手英雄。”[①]韩国学者姜承哲进一步主张：“羿和朱蒙都是东夷殷族各小集团的代表名称，也可以推定包括他们在内的东夷殷族的最为重要的生活手段或战争武器就是弓矢。”[②]他们主张的根据是商族和朱蒙族是同族。商时代的东夷和高句丽时代的东夷的概念不同，这一假说的前提是商族和朱蒙都源自濊貊族，一般认为构成高句丽的民族是濊貊族，但是商族未必是濊貊族。按这样的逻辑濊貊成为商族的后代，可是这个部分还没有定说，族群来源的问题还要继续深入研究，不过他们两者之间存在善射和太阳崇拜的共同点。

第二次对决是朱蒙显出骗子或者耍诡计者（trickter）的面目。“骗子英雄”出现于世界各地的神话中，他有些贪心，而且狡黠，靠不那么光明正大的欺骗和蒙蔽手段达到目的。可是他有时是给人类带去有用的东西的文化英雄，有时作为神和人间的使者。总之，骗子处在对立项的中间，起到了媒介的作用。朱蒙本来具有天和水的两种因素，他就是中介者。朱蒙欺骗松让，占有了沸流国。这里产生一个问题：如何理

① 萧兵：《中国文化的精英——太阳英雄神话比较研究》，上海：上海文艺出版社，1989年版，第722—723页。

② 姜承哲：《中韩太阳神话比较研究》，哈尔滨：黑龙江人民出版社，2006年版，第73页。

解记录下来的以不正当的方法建立高句丽的过程？第一个答案是当时人觉得这样的方法不是不正当的。比如春秋战国时代的政治家们使用了数不胜数的策略和计谋，当时人们在意的不是这些策略的正当性，而是其中的政治智慧和眼光。如果是这样，策略家的面目是为了显示朱蒙的智慧、眼光、能力。以这样的道德评判为标准就可以原样记录。对此不同的理解不过是后来人价值观念转变，才有了不同的认识。第二个答案是这样的策略是当时流行的故事，所记录下来的朱蒙的手段就是其他故事情节的移植。不过这要考虑故事产生的先后问题。比如，口传的巫神话“创世歌”、新罗的“脱解神话”中也发现了这样的人物及事迹。

英雄谋略与智慧是英雄的特征。从现代高度审视维柯的三时代说，英雄时代正值人类文明的开端期，这一时代的突出特点在于，由于社会更变、民族冲突所导致的战争成为时代生活中的主要事件，战争中的领袖或英雄自然地取代了以往神话时代的天界诸神，成为文学表现的前台主角，征战所需要的尚武精神、谋略智慧和英勇都成为英雄主人公们必备的特征。[①]

在这儿还要讨论一下鼓的问题。神话中，鼓是国家的象征，也是萨满的重要巫具。《三国史记·第十四·高句丽本纪第二·大武神王》载“乐浪有鼓角，若有敌兵，则自鸣”。“自鸣鼓”显示出鼓的咒术的因素。鄂温克族有一个世代相传的萨满故事《萨满鼓的来历》：

> 人类出现以前，原来世上有个地球，后来又造出一个地球。头一个地球，是腾格勒（天）造的，起初，它挺小挺小的，山也矮，河也又窄又细，水也稀稀拉拉。后来，第二个地球造出来了，河也宽，水也滚滚长流。事后，又不知过了多少年份，世上开始有了这样那样的教门，萨满也能坐在一面大鼓上，腾云驾雾地降除邪魔，给人类造福。原来萨满乘坐的神鼓，两面都包着皮子，是整个的大皮鼓。世上自从出现了喇嘛教，更跟萨满两下里打起仗来。先是，萨满占上风，把喇嘛教战败退下去。隔不多时候，喇嘛又缓过劲来，

① 叶舒宪：《英雄与太阳》，西安：陕西人民出版社，2005年版，第6页。

把萨满打败，夺了上风，连着鏖战，萨满使尽神威，怎么也不肯服输认败。有一回，又鏖战到一起去了。喇嘛祭起敖叟拉（一种法器）投过去，正好打在萨满坐着的皮鼓上，把原来本是整个的神鼓，一下给打成两半，从那以后，萨满就有了单面包皮的萨满鼓。这个皮鼓，比雷还响，敲起来惊天动地，神威也更大了。从此，便制服了喇嘛。①

按这部神话，萨满的神威是从鼓来的，到现在鼓依然是萨满的重要法器。抬鼓，满语称“通肯”，是萨满的主要乐器，鼓鞭为萨满驰行宇宙的坐骑，鼓声的缓急代表神灵飞天步履的快慢。达斡尔族的萨满神鼓，达斡尔语为“浑图日”，它是震慑和驱逐魔鬼的法器，凡是恶魔夕鬼，闻听其声，便会惧遁而去。当萨满处于类似昏迷状态，其魂魄同神灵世界打交道的时候，在平地，神鼓就变成了马和鹿，鼓槌就成了鞭子；在江河，鼓就是舟，鼓槌便是桨。②王兼神主的时代，鼓是国家的象征，同时是神主的神物。自鸣鼓是乐浪的象征，又是守护物，松让的鼓也是同样的。朱蒙获得鼓后，才完全成为国王、神主。

除了鼓以外，朱蒙神话中出现的重要母体是鞭。在朱蒙神话中，鞭出现三次。第一次是柳花挑选骏马时，在马房她用鞭打马。第二次是被追击的朱蒙到盖斯水时，他指鞭向天阐明世系。第三次是发葬朱蒙时，因为最后朱蒙离开人间去了天上，他却没回来，所以太子以他留下的玉鞭治丧。三次中有意义的是第二次、第三次出现的鞭。朱蒙神话中的鞭具有两种含义。鞭不象征农耕文化，而是象征游牧文化。鞭展示朱蒙的游牧民族因素。不过朱蒙神话中的鞭不是只展示游牧文化的。鞭的第二个意味在上升的意象。在盖斯水，朱蒙把鞭指向天、拿弓打水。他以鞭告天，以弓告水。即鞭是和天打通的象征物，而且鞭的功能是让马跑。高句丽的古墓壁画中有飞天的马即天马。天马图被发现于新罗的古墓里。这样的图画反证他们的心中有骑马登天的观念。升天的朱蒙没回来，他升天的行迹类似解慕漱。朱蒙只留下玉鞭。因为玉鞭是和天沟通的象征物，所以太子以玉鞭发葬。

在第三次对决中，朱蒙才显出神主的面目，治雨和水是神主的重

① 富育光：《萨满教与神话》，沈阳：辽宁大学出版社，1990年版，第287—288页。
② 王宏刚、于晓飞：《北方萨满文化》，成都：四川文艺出版社，1990年版，第43页。

要任务。其实这样的能力在夫余社会是君王的权能同时也是责任。《三国志·魏书·夫余传》载："旧夫余俗，水旱不调，五谷不熟，辄归咎于王，或言当易，或言当杀。"松让王被朱蒙制服的决定性理由也是朱蒙的治洪水的能力。在第三次对决中，朱蒙自己证明他具有君王的能力，能够给现实世界带来利益。

朱蒙具有天和水的两种神格，同时也融合了游牧民族和农耕民族的因素。骏马是游牧民族的象征，而太阳是农耕民族的象征。原始神话中的神人关系在游牧民族的史诗作品中置换为马与主人公的关系，而在农耕文明的史诗中置换为太阳与主人公的关系。[①]朱蒙神话中两个因素都出现，但太阳的因素比马的强。朱蒙神话估计展示的是从游牧到定居生活的过渡期。

朱蒙神话不是朱蒙个人的神话。朱蒙神话里共存着对立的存在。也许朱蒙神话是高句丽人的祖先观念的合一。这神话类似以五部族联盟构成为高句丽，在现实中矛盾的存在也共存。神话又表现这样的统合。按伊利亚德的见解，在这个意义上，确实可以说神话比任何理性的经验都能够更加深刻地提示神圣性的现实结构，这种神圣性超越一切属性并且将一切对立面统一起来。[②]

四、柳花与佛库仑、朱蒙与布库里雍顺

在朱蒙神话中，最具戏剧性的部分是他在盖斯水亮明"我是天帝的孙子，河伯的外孙"时。他阐明身份后，鱼鳖出现，化桥使朱蒙渡过江。但是为什么朱蒙不说父亲和母亲而以祖父和外祖父表明自己的神圣性呢？考虑继承高句丽的正当性和解慕漱的行迹，我们可以理解他不说解慕漱的理由，那么母亲柳花呢？天帝或太阳保护了卵生的朱蒙，可是河伯一直没给朱蒙任何帮助，还把柳花赶出去作为惩罚，除了血缘以外，河伯没做什么，反而是柳花把朱蒙培养为英雄。柳花给朱蒙做弓矢、挑选骏马、给五谷的种子。朱蒙的出生成长过程中，最重要的存在就是柳花。可是柳花已经丧失了神圣性。因为奇迹出现于神圣性，所以朱蒙不能以柳花来表明自己的神圣性。

---

① 叶舒宪：《英雄与太阳》，西安：陕西人民出版社，2005年版，第34页。

② ［美］米尔恰·伊利亚德：《神圣的存在——比较宗教的范型》，晏可佳、姚蓓琴译，桂林：广西师范大学出版社，2008年版，第392页。

河伯之女柳花起初具有水神的因素。河伯即江神，也就是水神。所以解慕漱见柳花的场所也是熊心渊。可是和解慕漱私通的柳花不能被编入解慕漱集团，河伯惩罚留下的柳花，把她的嘴唇拉长后放逐到优渤水，被驱逐的柳花不能编入任何集团，免除柳花的惩罚的是金蛙。

韩国学者徐大锡把柳花的故事和天鹅天女说话的故事联系起来。在一般天鹅天女说话的故事中，天上的天女变成天鹅，男性是猎人或渔夫等地上的存在。可是高句丽神话里，把男性设定为天上的存在，女性设定成住在水中的地上的存在。按徐大锡的主张：在高句丽神话中，男性和女性的作用和功能转变了。而且因为柳花孕生了别的族类的后裔，所以被拉长嘴唇作为惩罚，并被要求不得返回本来的集团。如前所述，考虑到解慕漱族是太阳崇拜集团，被拉长的嘴唇是比照太阳鸟的，就是鸟嘴。①

柳花的嘴唇变成鸟嘴的解释还是比较有说服力的。《三国遗事》记录新罗的第一代王朴赫居世和王后阏英的神话。按《三国遗事》阏英的嘴也是类似鸟嘴的。

> “沙梁里”“阏英井”（一作“娥利英井”）边，有鸡龙现而左胁诞生童女（一云龙现死，而剖其腹得之），姿容殊丽，然而唇似鸡嘴，将浴于“月城”北川，其嘴拨落，因名其川曰“拨川”。

“阏英”的问题将会在下面的章节进行解释，总之，“阏英”也具有复合的因素。阏英以井龙的样子出现，龙和井都具有水神的因素。可是阏英的嘴唇是鸟嘴，飞上天的鸟含有天神的因素或象征太阳。在阏英身上，水和天两种因素是并存的。

柳花也同样如此。柳花的水神因素和解慕漱私通之后消失了。柳花的鸟嘴显示她不是水神族，而是天神族。不过他不能编入天神族，原因在朱蒙的血统问题，以神话的主人公朱蒙为中心看高句丽神话时，需要的天神血统只有一个，柳花不是纯天神系，虽然她被驱逐，可她毕竟是水神系。虽然她是水神系，可是她已经丧失了神圣性。丧失神圣性的柳花只能被当作人，成为培养朱蒙助力者。这是一种神话的策略，柳花本来是伟大的女神，可是伟大女神的地位进入父系社会后，经历了降格的

① [韩]徐大锡：《韩国神话的研究》，首尔：集文堂，2002年版，第82—83页。

过程。柳花的地位也经过同样的过程，但是不能完全消除伟大女神的神话，柳花去世后，她同朱蒙成为守护高句丽的神。

在东北亚和柳花类似的神是日本的天照大神和满族的佛朵妈妈、佛库仑等。女神的问题将在第四章解释，在这儿先分析和朱蒙神话类似的神话及和柳花有关的神话。满族神话中有降到地上孕育建国始祖的人物。佛库仑是满族神灵之一，为清皇室爱新觉罗氏的始母神。《满族源流考》、《东华录》、《满文老挡》等史籍都记载了其神话。其中，最完整最权威的记录属《清太祖武皇帝实录》：

> 高皇帝姓爱新觉罗氏讳努尔哈赤，先世发祥于长白山。是山，高二百余里，绵亘前千余里，树峻极之雄观，萃扶舆之灵气。山之上，有谭曰闼门，周十八里，源深流广，鸭绿、混同、爱滹三江之水出焉。鸭绿江东流入东海，三江孕奇毓异，所产珠玑珍贝为世宝重。其山风劲气寒，奇木灵药应候诞生，每夏日环山之兽牺息其中，山之东有布库里山，山下有池曰布库湖里，传说有天女三，曰恩古伦、次正古伦、次佛库仑，浴于池，浴毕，有神鹊衔朱果置季女衣，季女爱之不忍置诸地，含口中，甫被衣，忽已入腹，遂有身，告二姊曰："吾身重不能飞升，奈何？"二姊曰："吾等列山籍无他虞也。此天授尔娠。俟免身来未晚。"言已，别去。佛库仑生产一男，生而能言，体貌奇异，及长，母告以吞朱果有身之故。因命之曰："汝以爱新觉罗为姓，命布库里雍顺。天生汝以定乱国，其往治之。如顺流而往，即其他也。"与小船乘之，母逐凌空去。子承船顺流下，至河步登岸，折柳枝及蒿为坐具，端坐其上。是时，其他有三姓争为雄长。日构兵相仇杀，乱靡而定。有取水河步者，见而异之，归吾众曰："汝等而争，吾取水河步，见一男子，察其貌非常人也。天必不虚生此人。"众往视之，皆以为异。因结所有来，答曰："我天女佛库仑所生，姓爱新觉罗氏，名布库里雍顺。天生我以定汝等之乱者。"众惊曰："此天生圣人也，不可使之徒行。"遂交乡为舁，迎至家。三姓都议曰："我等盍息争，推此人为国主。以女百里妻之，逐定

议。妻以百里，奉为贝勒，其乱乃定。”于是，布库里雍顺，居长白山东，俄漠惠之野，俄朵里城，国号满族，是为满族开基之始也。①

佛库仑和柳花、布库里雍顺和朱蒙之间有密切的关系，两者的结构相似，而且两者之间存在共同的母题。两者神话的重要母题分析如下：

满族建国神话	高句丽建国神话
① 在布库湖天女恩古伦、正古伦、佛库仑洗澡	① 在熊心渊河伯的三个女儿洗澡
② 佛库仑吞朱果后怀孕	② 被抓住的柳花和解慕漱私通
③ 佛库仑不能回天上去	③ 柳花不能归还河伯族
④ 佛库仑命布库里雍顺治乱国	④ 柳花命朱蒙脱逃夫余
⑤ 布库里雍顺建立满族	⑤ 朱蒙建立高句丽

佛库仑是柳花的变形，同时布库里雍顺是朱蒙的变形，布库湖对应熊心渊，朱果对应解慕漱和日光，朱果是太阳的一种变形。佛库仑吞朱果后孕生布库里雍顺的过程类似于柳花和解慕漱私通或者柳花受日光后怀孕朱蒙的过程。而且殷商神话中也发现有类似的结构。《史记·殷本纪》载：“殷契母曰简狄，有娀氏之女，为帝喾次妃。三人行浴，见玄鸟堕其卵，简狄取吞之，因孕生契。”虽然内容简单，可是简狄生契的过程与柳花和佛库仑相似。

为什么两个神话结构、母题相似？这个问题的答案在于满族的民族意识系统。满族认为他们和高丽、韩族是同类。《钦定满族源流考·卷首·凡例》记载如下：

创业始基，地灵效瑞，其古今沿革自应详胪本末，用以昭传信，而正群讹。谨拟首立部族一门，凡在古为肃慎，在汉为三韩，在魏晋为挹娄，在元魏为勿吉，在隋唐为靺鞨、新罗、渤海、百济诸国，在金初为完颜部，及明代所设建州诸卫，并为考据异同，订析讹误，博稽史传，参证群书，分目提纲，各加按语俾源。

① 《中国原始宗教百科全书》编纂委员会：《中国原始宗教百科全书》，成都：四川辞书出版社，2002年版，第197页。

创世神话的原则中有一种方法是依据以前存在的神话模本。不过每一神话要反映自己的变化和范式。满族神话里始终存在满族的宗教意识、古代神观念、社会的变化。虽然高句丽建国神话和满族神话相似，但两者之间也存在不同的地方。

柳花分明是水神系，可是佛库仑是天神系。这就出现一个问题：天神系的佛库仑为什么吞朱果后怀孕？朱果是象征太阳、天神系的。一般神话显示的是两个相互矛盾的存在的结合，可是满族神话却显示了一致的存在的结合。在神话的结构上，佛库仑应该是地上的存在或像柳花一样的水神系。为何会发生这样的情况呢？因为佛库仑的身上混合了古代和当时的观念。那么佛库仑的真面目到底是什么？线索在满族神之一佛朵妈妈那里。

“佛朵妈妈”原意是“始母神”，后指“育婴女神”，是满族神灵之一。佛朵，即满语“佛特赫”的转音，意为“柳枝”。柳叶是女阴的象征，女阴在满族创世神话中是生育出生灵万物的母体，佛朵妈妈最初的意义即为始母神，有的满族姓氏的萨满神谕中直呼其为本姓始母。东海库亚拉人称其为“东海肃慎女主”。至清代，佛朵妈妈逐渐演变成育婴女神。清宫堂子祭中称其为“佛立佛多鄂谟锡妈妈”。①

不过满族认为佛朵妈妈是佛库仑的同一体。②也是“柳枝娘娘”。③而且“富察”氏族也认为她是他们的始母神。牡丹江《富察哈拉神谕》记载：“在古老又古老的年月，我们富察哈拉祖先居住的虎尔罕毕拉（毕拉，小河）突然变成虎尔海，白亮亮的大水淹没了万物生灵。天神用身上搓落的泥做成的人只剩下一个，他在大水中随波漂流，眼看就要被淹没。后来，柳枝载着他漂进了一个半淹在水里的石洞。柳枝化成了一个美丽的女人，和他结合，生下了后代。”④

满族的萨满祭礼多供奉佛朵妈妈，其原始形象就是柳，其身份就

① 《中国原始宗教百科全书》编纂委员会：《原始宗教集成》，成都：四川辞书出版社，2002年版，第197页。

② 赵志辉：《三仙女传说与玄鸟生商比较研究》，《民间文学论坛》第4期，1986年版，第28页。

③ 塔娜：《满族始祖女神“佛托妈妈”新探》，《内蒙古社会科学》第2期，1994年版，第37页。

④ 《中国原始宗教百科全书》编纂委员会：《原始宗教集成》，成都：四川辞书出版社，2002年版，第415页。

是柳始母。[1]据满族佟佳氏萨满教神本记载：该姓先民住在长白山区域的佟佳江（即现在的浑江），其居地佟佳霍通附近有大柳树丛，是他们举行柳祭的圣地，其主祀对象佟佳女神的具体形象就是江畔的柳枝，即带有浓郁图腾崇拜意味的柳神佛朵妈妈。[2]崇拜柳的信仰还可以联系到满族神话天宫大战的最高神阿布卡赫赫和人类万物的起源。

这样的现象显示出佛库仑、佛朵妈妈、柳花之间存在密切的关系。佛朵妈妈的本身就是柳枝，柳枝自然与柳花有关，柳花一边是反映崇拜水神的文化，同时也反映始母神神话。而且有些韩国学者推定朱蒙渡过的盖斯水就是佟佳江（浑江）。如果佛库仑是佛朵妈妈，佛库仑应该是像柳花一样属于水神系。可是满族神话中佛库仑是天神系，为了解读佛库仑的秘密，还要看其他神话，那个神话就是“白云格格”。白云格格是卡布恩都里的小女儿，阿布卡恩都里是男性天穹主神，一般认为由天母阿布卡赫赫演变而来：

> 白云公主是天神“阿布卡恩都里”的小女儿，美丽、善良。有一天，喜鹊女神向她传信，人类正在遭受洪灾，遍地汪洋，浪涛连天。白云格格背着父亲，从宝云船上扔下了木枝，变成了千万根巨树。人类用树干凿成了“威呼”（小船）逃生；鸟叼细枝，在树上絮窝；虫、兽爬到树干上，漂到远处藏身；剩下的树枝变成了兴安岭上的密林。此后，白云公主冒死从天神的寝宫中盗出开天的钥匙，从聚宝宫里盗出两个宝匣，倒出了由沙土和黄金，为人类消除了洪灾，带来了沃土和金子。天神震怒，要抓回白云公主。她向大祖太阳神求救，大祖却用烈火烧她；二祖月亮神催她逃走，天父让雷神妈妈打炸雷，风神妈妈刮飓风，雹神妈妈抛冰坨，雨神妈妈淋洪水，一齐追撵白云公主。白云公主躲到了铃铛花丛中，天神就派雪神妈妈降下大雪，让女儿认错。白云公主傲立冰雪，拒不认错。她把自己的银光衫裹了一层又一层，终于变成了挺拔的白桦树。[3]

① 王宏刚、于晓飞：《北方萨满文化》，成都：四川文艺出版社，1990年版，第73页。
② 王宏刚、于晓飞：《北方萨满文化》，成都：四川文艺出版社，1990年版，第74—75页。
③《中国原始宗教百科全书》编纂委员会：《原始宗教集成》，成都：四川辞书出版社，2002年版，第37页。

白云格格本来是天神。虽然被惩罚的白云格格失去了天神的神圣性，但她完成了拯救地上的生命的任务。她是一位文化英雄。在洪水中救人的白云格格类似柳枝，即是佛朵妈妈。柳花被赶出去后抚养朱蒙，佛库仑留在地上拉扯布库里雍顺，白云格格因为救人，被惩罚。她们三个的故事显出同样的结构，她们是为了大地上的生灵牺牲自己的文化英雄。本来神话中的最高神是女神。而且最高神阿布卡赫赫本身与柳有关系。

古代满—通古斯语族主要崇拜柳树、柳叶，对它的繁殖能力坚信不移。满族神话观念中，天穹、宇宙的主神——天神最初是没有形体的。阿布卡赫赫（满语Abka keke的音译，意即“天母”）的早期形象即为一个巨大的孕生万物的女阴，而柳叶就是女阴的象征，由此派生出柳生人类和宇宙万物的神话。珲春满族喜塔拉氏萨满神谕记载了这样的神话：满族为什么敬柳？原来，当阿布卡赫赫与恶魔耶鲁里鏖战时，善神们死得太多了，阿布卡赫赫只好往天上飞去，耶鲁里紧追不放，一爪子把她的下胯抓住，抓下来的是一把披身柳叶，柳叶飘落在人间，这才生育出人类万物。[①]

阿布卡赫赫象征女阴，女阴又象征子宫，子宫的羊水育人。阿布卡赫赫是水，《天宫大战》贰腓凌说：“世上最先有的是什么？最古最古的时候是什么样？世上最古最古的时候，是不分天、不分地的水泡泡，天像水，水像天，天水相连，像水一样流溢不定。水泡渐渐长，水泡渐渐多，水泡里生出阿布卡赫赫。她像水泡那么小，可她越长越大。有水的地方，有水泡的地方，都有阿布卡赫赫。”[②]

按照《天宫大战》，天就是水，水是天神的起源。那么天神就是水神是不奇怪的。可是随着父系社会的影响，女神的地位下降了。天神系的很多女神丧失了自己的神圣性，然后变成另外的存在。柳花、佛库仑、佛朵妈妈、白云格格也可能经过这样的过程，佛库仑的天神因素估计是天女神的痕迹。韩国学者李钟周把满族神话与柳花神话比较研究后主张《天宫大战》是满洲与朝鲜半岛创世神话的原形，同时是始祖神话与建国神话的娘胎，而且他把柳花叫东北亚

① 富育光：《萨满教与神话》，沈阳：辽宁大学出版社，1990年版，第115页。

② 谷长春主编：《天宫大战 西林安班玛发》，富育光讲述、荆文礼整理，长春：吉林人民出版社，2009年，第9页。

的圣母。[1]

为了把握柳花的神格，要考虑时间的纵线与当时的横线。柳花的身上存在伟大女神的痕迹，而具有复合的因素。给朱蒙弓矢和挑选骏马是游牧民族的因素，同时她又给了朱蒙五谷的种子，这是农耕民族的因素，并且她具有水神、天神、地神的因素，最后柳花成为被扶余和高句丽祭祀的神。柳花身上为何被赋予那么多的因素？可能是因为从远古到当时变化的神圣观念、当时的政治势力关系、继承观念等因素影响了柳花的面目。

① [韩]李钟周：《东北亚的圣母柳花》，《社会科学战线》，2000年第1期。

第三节 表现文化融合的赫居世神话

一、六村长神话

国家构成的三大因素是国土、国民、主权。在建国神话中，这三大因素必然要被提到，一般被着重强调的是主权因素。主权归属于国王。可是国王若要得到主权，他要证明资格。一般王的资格由血统证明，王必然要具有纯正血统或者成为国主的资格。但是开国的太祖证明资格的方法有点不同。他不单要证明自己理应为国王，而且要努力证明自己具有传播王权的资格，为之寻找根据。建国神话讲说开国者的正当性和血统的神圣性，这是主权的另一个方面。

新罗是公元前57年在朝鲜半岛东南部即现在的庆州地方建立起来的国家。新罗和高句丽、百济并立的时代被称为三国时代。新罗和唐朝的罗唐联合军于公元660年灭了百济，接着668年灭了高句丽。可是新罗不占有高句丽的领域。新罗又叫新卢、斯罗、徐那、徐那伐、徐耶、徐耶伐、徐伐等。935年新罗灭亡，新罗存续了近1000年，其起点是第一代王朴赫居世，赫居世的神话就是新罗的建国神话。

赫居世神话大概分为赫居世出现前的六村长神话、赫居世神话、王后阏英神话三个部分。赫居世神话的第一部分六村长神话的内容相当于国土和国民的故事。六村长神话说明了国民从哪里来，如何在这片国土上定居。赫居世出现前新罗的情况如下：

> 在辰韩地方，有六个村子。第一是阏川杨山村。其村南边是昙严寺。杨山村的村长是谒平，起初他从天降到瓢岩峰，他成为了及梁部李氏的祖先。（弩礼王九年设及梁部。高丽太祖天福五年庚子改名中兴部。波潜、东山、彼上的东村属于中兴部。） 第二是突山高墟村。村长是苏伐都利，

起初从天降到兄山，他成为了沙梁部郑氏的祖先。现在高墟村叫南山部，仇良伐、麻等乌、道北、回德等南村属于南山部。（现在是高丽太祖时期，下同） 第三是茂山大树村。村长是俱礼马，起初降到伊山（又叫皆比山），他成为了渐梁部、又牟梁部孙氏的祖先。现在叫长福部，朴谷村等的西村属于长福部。第四是觜山珍支村。（又叫宾之、宾子、冰之） 村长是智伯虎，起初降到花山，他成为了本彼部崔氏的祖先。现在叫通仙部，柴巴等的东南村属于通仙部。九世纪新罗学者崔致远是本彼部人。第五是金山加里村。（现在金刚山栢栗寺的北边） 村长是祇沱（又叫只他），起初降到明活山，他成为了汉岐部裵氏的祖先。现在叫加德部，上西知、下西知、乃儿等的东村属于加德部。第六是明活山高耶村。村长是虎珍，起初降到金刚山，他成为了习比部薛氏的祖先。现在叫临川部，勿伊村、仍仇弥村、阙谷等东北村属于临川部。

按照上边的故事，六部的祖先都是从天下来的。弩礼王九年才改名，给他们姓氏。现在习俗上，中兴部称为母，长福部称为父，临川部称为儿子，加德部称为女儿。不过不知道这样的理由。

六村长所部不是住在那个地方的土著居民，而是赫居世出现以前迁移到那儿的人。那么他们是从哪儿来的人呢？《三国史记·新罗本纪》记录了他们的来历：

始祖姓朴氏，讳赫居世，前汉孝宣帝五凤元年甲子四月丙辰[一曰正月十五日]即位，号居西干，时年十三，国号徐那伐，先是朝鲜遗民，分居山谷之间，为六村。

《三国史记》记录六村长是朝鲜的遗民，这里的朝鲜就是檀君建的古朝鲜。他们是从朝鲜半岛北部迁移到此的天神崇拜集团。判断他们是天神崇拜集团的根据是《三国遗事》的记录，《三国遗事》载“似皆从天而降”即他们都从天下来，而且他们降临到的地方都是山上。山是和天神沟通的中心地，山是天神崇拜的迂回式表现。六村长神话的情况整理如下：

村名	村长	下降地	姓	改变的村名	家族关系
阏川杨山村	谒平	瓢岩峰	李	中兴部	母
突山高墟村	苏伐都利	兄山	郑	南山部	父
茂山大树村	俱礼马	伊山	孙	长福部	
觜山珍支村	智伯虎	花山	崔	通仙部	女
金山加里村	祇沱	明活山	裵	加德部	
明活山高耶村	虎珍	金刚山	薛	临川部	子

六村长神话使人想起一种模式，它的结构和桓雄神话、解慕漱神话类似。桓雄从天上降临到太白山开神市，生檀君，为古朝鲜的建立准备了条件。这样的结构在解慕漱神话中再一次出现，解慕漱从天上降临到熊心山办政事，生朱蒙，为高句丽的建立打下基础。六村长从天或山上下来也奠定了新罗建立的基础。三种神话之间存在反复、变形、交替的关系。解慕漱神话和六村长神话遵循桓雄神话的结构，因为他们是继承了檀君神话的集团，又和古朝鲜有关系。可是六村长并没有建国。

因为合并六村建国需要“决定性神力”。虽然六村长崇拜天神、继承桓雄神话，但他们没显示出决定性神力。在神话中，没记载他们是什么人的后代，只记载了他们降下来的故事。桓雄是桓因的儿子，解慕漱是天帝的儿子，可是六村长不具有神圣血统。所以他们要等待神圣血统的出现。具有神圣血统的存在就是赫居世。

如果孤立地看，六村长神话更接近氏族起源神话。他们是六个姓的祖先，而且他们显出了家族关系。按家谱的结构，六村长是可以被当作中始祖的。形成各支脉时，各支脉都主张自己的正当性，所以合并各派的存在必然要超越各派的祖先。所以六村长们需要超越他们的、具有神圣血统的嫡子来建国。

●图3-3-1　杨山齐（祭祀六村长的场所）

●图3-3-2　杨山村

二、赫居世神话

赫居世神话大概由赫居世的诞生、仙桃圣母、阏英、死后怪事构成。记录赫居世神话的文献是《三国遗事》和《三国史记》。这里引用内容更详细的《三国遗事》：

> 前汉地节元年壬子三月初一，六部的祖先带着子弟聚集在阏川丘。他们商议说："我们因为没有君主，不能治民。所以老百姓又放肆又任意。我们要找有德的人，拥立君主，建国定都。"
>
> 于是他们登到高的地方看南边，那时在萝井边旁边类似电光的气从天垂地，那儿有一匹白马仿佛跪拜的样子跪坐着。人们走近那儿察看，那里有一紫卵（或者青大卵）。看见人的马长嘶后升天了。剖其卵得到端正漂亮的男孩子。惊讶的人们把男孩子带走，在东泉给他洗澡，男孩子的身上发出光彩，禽兽跳舞。不一会儿天地震动，日月变清明了。照此叫他"赫居世王"。（赫居世估计是乡言，又叫"弗矩内王"，意思是光明理世。解释的人说："这是西述圣母诞生时的事。所以中国人赞扬赞仙桃圣母说生贤人建国。"而且鸡龙显现祥瑞后生"阏英"的故事也说到仙桃圣母的出现。） 以及以居瑟邯定位号。（或者说居西干，这是因为赫居世第一次开口的时候，他说"'阏智'居西干一次起来"的原因。因此叫他居西干。）
>
> 于是当时人们争说："天子降临了，应该找有德的女孩，把她当作配偶。"那天在沙梁里阏英井（又叫娥利英井）边，鸡龙出现从左胁生了女孩子。（或者说鸡龙死，剖它的腹部得到女孩子。）虽然女孩子漂亮，可是她的嘴唇类似鸡嘴。因此在月城北川给她洗澡，拨了嘴。所以其川叫拨川。
>
> 在南山西麓建筑宫室养了两个圣婴。男孩子以卵生，卵类似瓠，乡人叫瓠朴，所以以朴姓定男孩子姓氏。以女孩子出现的井名起女孩子的名字，就是阏英。
>
> 两个圣人到13岁的时候，男孩即位，女孩当了王后。国号"徐罗伐"，又叫徐伐（现在叫"京""徐伐"是这样的原

因）或者叫斯萝、斯庐。有一说，起初王出生于鸡井，因为鸡龙象征祥瑞，所以叫鸡林国。有一说脱解王时得到金阏智，那时因为鸡在林子里鸣，所以改国号鸡林。

治国家六十一年的有一天，王升天了，七天后尸体散开着落下了。人们想把散开的尸体合在一起发葬，可是突然出现大蛇阻碍发葬，人们不得不把五体各自发葬在五陵。那个陵又叫蛇陵。昙严寺北陵是五陵。太子南解王继承了王位。

因为老百姓放肆又任意胡为，六村长盼望一位有德的国王。德是人文思想的产物，有德者登宸和神圣血统者登宸不同。神圣是天生的，而德是培养的。赫居世神话里混合着人文学的思想和神话的思想。

井边像闪电光一样的气垂落地上，在白马跪下之处发现紫色的卵，被人发现的白马离开升到天上，人把卵弄碎就出现男孩，把男孩放在东泉洗澡后，身上发光，禽兽跳舞，日月变清明，人们叫他赫居世，把他推戴为国王。赫居世的诞生过程内蕴丰富的神话因素。像电光一样的气是表现日光的，类似于柳花感日光怀孕朱蒙，赫居世也是在强烈的电光出现后出生。可是与朱蒙不同的是，赫居世神话没出现出生卵的主体，即赫居世没有母亲（虽然有人说是西述圣母所生，但完全不属于这一神话系统）。而且以卵出生的赫居世并未面临考验。

没有母亲，不经历考验意味着什么？六村的人没扔掉卵，而且赫居世不是自己从卵壳孵出来的。朱蒙具有卓越的能力，他的神圣血统帮助他克服危机，而且使松让王屈服，建立高句丽。可是赫居世只是神圣诞生而已，没表现自己的能力，赫居世的成长都依赖六村人的帮助，弄碎卵、洗澡代表了赫居世成长和受到培养的过程。赫居世的成长过程似乎履行已经准备好的程序。洗澡后发生的现象意味着他具有了国王的能力。他似乎是受到百姓的拥戴而成为国王的。这样的过程目的是说明六村长如何提到成为国王的条件是德。德是后天被培养的，赫居世不是自己成长的，而是被培养的，并且培养赫居世的主体是六村长。这是赫居世神话不需要母亲的原因。母亲是神话的因素，而六村长的培养是人文的德的因素。

在朱蒙神话里，朱蒙在扶余社会不受欢迎，只有母亲柳花培养不受欢迎的朱蒙，总之，朱蒙要逃离扶余。可是赫居世和朱蒙的情况完全不同，六村人一直等赫居世，欢迎他。这样的情况下，他不能当作一个人的儿子，他是六村人培养的整个六村的儿子，同时是代表六村的国王，以此为目的宣扬德化，所以赫居世的世系必然模糊，只能显示赫居世是天孙。

其次的问题是井。井贮存水，可是井水和江水、河水不同。井是人工的，不是自然的，而且井是定居民的象征。在离水源较远的定居民的生活中，井是必需的因素。那时六村人的生产方式是农耕，对农耕民来说水是非常重要的因素，他们也是天神崇拜的集团。在生活方式上重要的是井所代表的水，观念上重要的是天神代表的天，他们要找结合点。赫居世诞生的地方不是井，而是井边，这说明赫居世还不完全适应土著文化。虽然神话中的井暗示赫居世接近土著文化，可他是天神子孙，所以赫居世是在井边从象征太阳的紫色的卵中出现的。这已经显示了不同时期思想观念因素在神话中的杂糅。

另外的问题是白马。白马是带来赫居世、告知赫居世的到来的使者。因此完成自己的任务之后，白马会回到天上。白马保证了赫居世的天孙身份，同时马是游牧文化的象征。游牧民族神话中马是重要的母题。

本世纪初，英国皇家地理学会副会长麦金德在其影响深远的论著《历史的地理枢纽》中首次指出，以阿尔泰山为中心的欧亚大陆草原地带，包括中国的新疆、蒙古一带地区，曾经是整个世界历史的枢纽区，那些活跃在这一地区尚武好勇的骑马民族以其高度机动性的战争生活方

●图3-3-3　萝井

●图3-3-4　萝井（新罗始祖朴赫居世诞生地）

●图3-3-5　马形腰钩（2世纪，庆州博物馆）

●图3-3-6　天马图章泥（天马冢出土，新罗时代，国立中央博物馆）

式，实际上沟通了东西方的定居农业文明和城市文明。[①]赫居世神话的白马象征赫居世的游牧因素，同时意味着赫居世是具有神圣血统的到来者。

虽然白马是重要母题，但赫居世神话中白马升天后不再出现。很可能赫居世本来是游牧民族血统，他来到定居的六村后失去了游牧的性格。但是新罗人没失去崇拜马、重视马的传统。在天马冢出土的天马图和骑马人陶器证明了这样的事实。

除了回到天上的白马、紫色的卵以外，显示赫居世和太阳具有关系的因素很多。因为卵的样子似瓠，赫居世得朴这个姓。朴是"瓠"的意译，同时意味着"明"的意思，"赫"的意思也是红、发红光，朴赫居世的身上都和太阳有关，可是要同土著集团发生联系，这就是六村长的培育。

桓雄和熊女的结婚暗示外来人和土著民的结合，不过，不屈服土著势力压迫的朱蒙要脱离扶余。和土著集团的结合是建国的关键因素。新罗的建国也取决于赫居世和土著集团的结合。赫居世神话中象征土著势力的是阏英。阏英是从沙梁里阏英井出现的鸡龙诞生的。阏英的特点是有类似于鸡喙的嘴唇，洗澡后她的鸡嘴会消失。

阏英的重要母题是井、鸡龙、鸡嘴、洗澡。如上所述，井是定居民的象征。从鸡龙肋下出生的阏英的嘴唇是鸡嘴。她不是卵生，而是胎生。在韩国传统文化中，井和龙信仰有密切的关系。676年创建的新罗寺庙浮石寺里有龙井。朝鲜时代的文献《新东国舆地胜览》有关于龙井的记载："寺名曰浮石，东有善妙井，西有食沙龙井，旱则祈雨有应"。这里的龙是治水的水神，而且井被认为是同海中

① [英]麦金德：《历史的地理枢纽》，林儿蔚、阵江译，北京：商务印书馆，1985年版，第46页。

●图3-3-7　阏英碑阁

龙宫相通的通道。韩国的海岸地方还有很多的龙神堂，在内陆地方有对大江和泉或井的祭祀。还有正月辰日妇人们等到鸡初叫，从井里打水的风俗，这起因于一种俗信，正月辰日前一天晚上龙下来在井里产蛋，如果先打到有龙蛋的水做饭，这家人就能全年无忧。

阏英由鸡龙生出的现象说明她的水神的因素。她的水神因素与柳花相比较既有关联又有差异。阏英也具有几种因素：井的定居因素和龙的水神的因素，以及代表鸡的太阳神的因素。为了阐释鸡的太阳神因素，先要考察鸡的象征。

鸡虽然是鸟，可是不能飞，是定居民养的家禽。公鸡报晓，母鸡下蛋，而且鸡是凤凰的模型。鸡的特点里含有很多神话的象征。作为不能飞的鸟，鸡是从天上下来定居地上的动物。属于从天上下来的天神崇拜族的神话意象。定居新罗的崇拜上天族渴望回到天上，可他们已经离散了，他们只能通过神话的象征与天沟通。鸡象征新罗人本身，以鸡龙所诞的形象出现的阏英象征天神崇拜族和原住民的结合，即阏英具有太阳或天神和农耕定居民两种特点。可是阏英诞生后不能继续具有太阳神的特点，因为只有一个存在可以象征太阳，他就是赫居世，所以阏英失去了鸟的标志。这通过给阏英洗澡来实现，意味着阏英也是养成的存在。

最后要分析的部分是赫居世的死后奇迹。赫居世到天上七天后，他的身体散开落在地下，本来人们想把散开的他的身体合在一起发丧，可是突然出现的一条蛇妨碍发丧，所以人们不得不各自发丧分离的五体。这样的现象在埃及的奥西里斯（Osiris）神话里也出现过。

按照埃及神话，奥西里斯是地神（Geb）和天神努特（Nut）的儿子，他的弟弟赛斯（Seth）为了篡夺哥哥奥西里斯的地位杀害了他。赛斯杀死奥西里斯后，把奥西里斯的身体分割14片后扔到不同的地方，后来奥西里斯的妻子伊西斯（Isis）和他的妹妹奈芙蒂斯（Nephthys）找到除了男根以外的身体，把这些碎片拼起来埋葬了。以后凭借男根奥西里斯又被赋予了新生命，他成为地下世界的统治者和判官。对埃及人来说，奥西里斯是死者的支配者，同时掌管从植物的成长到尼罗河的泛滥这样的自然事件，他具有从地下世界赋予生命的力量。因为绿色象征复生，一般表现他的颜色是绿色。

地下的统治者奥西里斯具有农耕神的因素，植物的成长、绿色、从地下被赋予生命都是农耕神的因素。赫居世先去天上，这是说明赫居世的天神的因素，可是他的身体七天后散开着落回地上。这样的现象意味着赫居世死后变成农耕神的情况。不过为什么赫居世的身体不能合在一起埋葬呢？要关注的是五体的数目，柳花给朱蒙五谷的种子，五体就象征五谷。新罗人想把赫居世的五体合在一起埋葬，因为有些人希望他维持本来的神格即天神的特点。可是蛇妨碍他们，在这里蛇是农耕文化集团的象征。

除了神话的象征以外，构成赫居世神话的是政治的因素。赫居世的位号是“居瑟邯”，在这里一然介绍位号的另外由来。按另外的由来，居瑟邯又叫“居西干”，而且《三国史记》只用居西干的用语。居西干是辰韩的语言，意思是王或贵人。而且用居西干的称呼的王只是赫居世一个人。还有解释说：这是因为赫居世第一次开口的时候，他说“‘阏智’居西干一次起来”的原因。赫居世的时代阏智不存在，金阏智出现的时期是第4代脱解王的时期，从第17代奈勿王开始金氏成为王开始继承王位。

虽然在第四章会分析金阏智神话，在这里要说明赫居世神话中阏智出现的理由。其实阏智出现的背后隐藏着政治的意图。第17代奈勿王前，新罗王的姓是朴或者昔。虽然金氏具有阏智的神话，但阏智神话不是成为王的故事。没有王之神话的金氏为了正统性和正当性的强化，估计要作神话的解释。这就是赫居世第一次开口说时说的话。赫居世的话是金氏王朝将到的预言。而且称呼阏智居西干，叫居西干阏智确保和赫居世同样的地位。

建国神话是神话和政治遭遇产生的结果物。建国神话里混杂着神话象征和政治的必要性。所以为了理解建国神话，要看神话的历史和政治的历史。

三、多样神话因素的结合

文化是通过交流和移动得以丰富的。各集团具有自己的文化，它们之间的交流和融合形成了新的文化样态，进而再影响另外的集团。交流、融合和创造新文化的过程是一种回馈过程。神话反映着文化的交流和移动。

多样的神话因素融合在赫居世神话里，其中使人感兴趣的部分是仙桃圣母的出现。关于仙桃圣母的内容记载于《三国遗事》第五卷《感通》第七“仙桃圣母随喜佛事条”：

> 神母本来是中国帝室的女儿，叫“娑苏”。早就学习神仙之术，来海东久而不还去了。因此父皇把信吊在鸢的足上发送给她了。信中写道：在鸢留的地方盖房子。娑苏看信后放鸢，鸢留在仙桃山，她住在那儿成为地仙。所以那座山又叫西鸢山。神母住在山上保护国家好久了。所以建国后他一直成为三祀中一个，而且她的祭祀排在前边。
>
> 第五十四代景明王喜欢鹰猎，他在仙桃山丢了鹰。他对神母祈祷着说：“如果追回鹰，给圣母封爵。”不一会儿鹰回来，王把圣母封为大王。她起初来辰韩生的圣子成为东国的王，毕竟她生了赫居世和阏英两个圣君。所以称为鸡龙、鸡林、白马，这是鸡属于西边的理由。圣母早就让诸天的仙女纺织丝绸，染红色做朝衣给丈夫。国人知道神秘的显灵。

按照《三国遗事》仙桃圣母的名字是娑苏，那么这部神话应该叫“娑苏神话”。中国帝室的女儿娑苏也是从大陆渡来人。《后汉书·东夷列传》记录如下：

> 辰韩耆老者言，秦之亡人，避苦役适韩国，马韩割东界地与之，其名国为邦，弓为孤，贼为寇，行酒为行觞，相互为徒，类似秦言，或名之为秦韩。

按照记录，从中国迁移到韩国的人们住在新罗的辰韩地域。赫居世神话里出现的娑苏反映渡来人的神话观念。而且娑苏成为地仙的记录显示娑苏神话里存在道家的观念。不过不能断定娑苏神话只是渡来人的神话。娑苏神话中重要的动物是老鹰（鸢），娑苏通过老鹰跟父皇联系，而且她住的地方就是老鹰停止的地方。老鹰的重要作用是打猎，用老鹰打猎是游牧民的重要传统。

娑苏神话里存在至少三个文化的因素。第一个因素是中国文化的因素，娑苏本身意味着渡来辰韩的移民。渡来辰韩的人带着他们的神话观念，他们融合了本民族的神话因素和另外的文化因素，这就是同游牧民的文化的融合。所以第二个因素是狩猎游牧民文化的因素。第三个是他们定居的辰韩或新罗文化的因素，按照《三国遗事》的“仙桃圣母随喜佛事条”，娑苏生赫居世和阏英。在阏英的出生故事中也会发现中国系神话因素的流入现象。

阏英是鸡龙所诞的。不过一然还说“一云龙现，死而剖其腹得之”。鲧的儿子禹也是剖开龙的肚子生出来的：

> 天神依命行事，到了羽山，果然就用了吴刀来开鲧的尸体。可是在这时候，更大的奇事发生了，从鲧被剖开的肚子里，忽然跳出一条虬龙，就是禹。[①]

阏英的出生过程和禹类似。多样文化的神话因素如何能够融入一个神话之中？因为神话反映文化的交流和共存，多样的文化集团结合成一个集团的时候，他们制造复合的神话模型。按照娑苏神话，赫居世和阏英是兄妹，二人结婚建立了新罗。伏羲女娲也是这样，发大洪水后，世上只剩下伏羲和女娲二人，两人为了人类的繁衍而结婚。兄妹间的结婚是神话上常出现的，可是按赫居世神话，赫居世和阏英不是兄妹，而且他们的出生过程和特点都不同。娑苏神话显示的是多样的神话因素的结合局面。

娑苏做红色朝服，红色象征太阳，在这儿娑苏显现了太阳神的面目。可是娑苏把自己做的朝服给了丈夫。象征太阳的娑苏变成丈夫的助理。本来女娲也是创造人类的伟大女神，可是在神话中她也是

① 袁珂：《中国古代神话》，北京：华夏出版社，2004年，第200页。

变成了伏羲的妹妹，次于伏羲。女神的地位变化将在第四章再说明，简言之，娑苏神话显示的是神话如何反映文化的交流、融合、排除的局面。

第四节
成为国王的渡来人

一、铁匠王脱解神话

南解是继承朴赫居世的新罗第二代王，南解的儿子弩礼继承南解，接下来继承王位的人是南解的女婿脱解。脱解本来不是新罗人，而是龙城国龙王的儿子，渡来新罗后成为新罗王。脱解神话由脱解的来历、迁移的路径、成为国王的过程构成。《三国遗事》记载的脱解神话如下：

新罗南解王时，驾洛国海中有个船来到了。看船的驾洛国王“首露”和臣民敲着鼓欢迎，希望船留在那儿。可是船却离开到鸡林东边下西知村的阿珍浦去了。

那儿恰恰有赫居世的渔夫奶奶“阿珍义先”。奶奶看了看船说“本来这海中没有岩石，怎么鹊聚集聒噪呢？”她拉过船来察看，鹊集合船上。船里有一个柜子，柜子的长度是二十尺、广度是十三尺。她先把船系在林子里，她不知道这件事是吉还是凶。过一会儿后，她打开柜子，柜子里有个相貌端正的男孩，而且柜子里装满了七宝和奴才。奶奶善待他们七天，这时男孩子才说话了。他说：“我本是龙城国人。（龙城国又叫正明国，或者叫琓夏国，琓夏又叫花厦国，龙城国在离日本东北一千里。）我国尝有二十八龙王，他们都胎生，五六岁时继承王位，教万民修正性命。而且我国有八品姓骨，他们没有选择都登王位了。那时我的父王‘含达婆’娶积女国王女，好久没有儿子。所以为了得儿子祈祷，祈祷七年之后她生了一个大卵。于是大王把所有的臣子集合说‘人生卵的是古今没有的事，这不是好事’，然后大王做个柜子把我放在柜子里，而且把七宝、奴才一起放在船里，扶着船说‘去有缘分的地方，建国成家吧’。那时出现赤龙护卫船到这儿的。”

说完后，孩子率两个奴才登吐含山上做石冢。他留下的七天中，在城内找住的地方。有个山峰的样子类似眉月，地势好。下山去那儿，那儿是“瓠公”的家。他偷偷地把炭和磨石埋在瓠公家的旁边。第二天他去瓠公家的门前说：“这家是我祖先的家。”瓠公不承认，他们打官司了。官厅向他要证明。他说：“我的祖先本来是铁匠。暂时去邻居村子的时候，人家抢夺走的。掘地看就知道的。”果然掘出了炭和磨石。他就抢夺了家住下了。

这时，南解王认出他是聪明的脱解，将他的长女嫁给脱解。她就是“阿尼夫人”。

有一天，吐解（脱解）从东岳下山，让白衣（随从）打水，白衣回来时想先喝水然后给脱解。可是水碗贴在嘴唇上不掉了。脱解教训他，他发誓“以后不管远近，不许先喝”，然后水碗才分开。从此白衣敬畏脱解甘心服从了。现在东岳有的叫遥乃井是那个井。

弩礼王去世后，光虎帝中元二年丁巳六月脱解登王位了。因为以前剥夺人家的家，所以他姓昔。或者说因为鹊打开柜子，所以把“鹊”字中去掉“鸟”字的“昔”字当姓氏。而且因为打开柜子、从卵孵出，所以起“脱解”的名字。

他在位二十三年后去世了。把他在疏川丘发葬了。不过后来神命令“小心地埋我的骨头”。他头骨的周长是三尺二寸，骨头都连在一起，好像天下力士的骨头。人们用骨头作塑像安置在宫里。不过神又说“把我的骨头安置在东岳”。依从神的话。（有人说“崩后二十七世文虎王代调露二年庚辰三月十五日辛酉太宗的梦中威猛的老人出现说“挖掘在疏川丘的我骨头，作塑像安置吐含山”。王依从老人的话。所以叫它东岳神，不断地祭祀。）

脱解神话详细地记录了脱解的出生过程及家世。龙城国出身和坐船渡来新罗的两个因素说明脱解是信仰龙的海洋国人。已经有二十八龙王的龙城国的历史很久。不过龙城国人的出生方式是胎生，可是脱解却是卵生的。这是脱解必须离开龙城国的原因，不过龙城国人不迫害卵生的脱解。

以卵出生的朱蒙一出生就被摧残。可是龙城国人把卵生的脱解放在柜子里，柜子里还装有七宝和奴婢，而且有赤龙保护。这意味着脱解的迁移不是一个人，而是一个集团离开龙城国迁移到新罗。尤其龙城国王送走脱解的时候说“任到有缘之地，立国成家”。龙城国王含达婆已经预见脱解在另外的地方建国。这是因为离开龙城国的脱解集团已经拥有可以建国的能力。

那么如何解释脱解的集团？韩国学者金和经主张：脱解集团估计从西伯利亚东北一带到韩国东海岸。离日本东北1000里的龙城国的位置相当于堪察加半岛的西伯利亚东北一带。而且生活在那个地域的科里亚克（Koryak）族留传精灵崇拜的卵生神话，那个神话中出现有鹊。按照这样的理解，脱解是从这个地方坐船南下到新罗的。[①]

反正脱解是迁移到新罗的人。而且脱解神话中重要母体是卵。胎生和卵生的差异意味着两个集团的思维系统不同。脱解分明地说龙城国人都以胎生出生，而且龙城国王说以卵出生是古今没有的事。不过生卵的人物是积女国的女性。这里发现朱蒙神话的另外的变形。解慕漱离开后柳花见金蛙及生卵。朱蒙集团和金蛙集团不同，所以朱蒙长大后离开扶余建立了高句丽。

G.Allport以偏见的阶段理论说明犹太人的虐杀过程。按照他的理论经过五个阶段达到虐杀。第一阶段是表现偏见的消极发言（antilocution）阶段，第二阶段是忌讳（avoidance）阶段，然后发展到排除差别（discrimination）的阶段，即武力的攻击（physical attack）阶段，最后达到对整个集团绝灭（extermination）的阶段。这样的阶段也会适用于别的人种、少数民族、外国人。[②]

这样的过程适合解释主体民族和少数民族的关系，少数民族融入多数民族的方法是被虐杀、融合、同化、自杀。有时候，多数民族杀掉少数民族，有时候，少数民族自己主动融入多数民族，有时

① [韩]金和经：《韩国神话的源流》，首尔：知识产业社，2005年版，第239页。

② Gorden.W.Allport, *The Nature of Prejudice*, Perseus Books Group, 1988.

候，少数民族顶不住多数民族的压迫融入多数民族，最后少数民族选择自杀。不想被融合、同化的少数民族试图分离。朱蒙受的摧残是一种虐杀和同化的过程，不过朱蒙已经融入金蛙集团，所以他试图分离。可是脱解面临的局面和朱蒙的不同，脱解集团已经拥有自己的力量。

他们分离前如何得到力量？积女国王妃祈祷七年后才生卵。七年之间在龙城国发生了什么事？是否卵生的集团迁移到胎生的集团支配的龙城国，因为他们的势力越来越大，所以龙城国王让他们出走到另外的地方？是否脱解集团和北方文化有特殊的关系？为了建国脱解集团是不是一直流浪？解答这些疑问的线索在《驾洛国记》中。《驾洛国记》是《三国遗事》中记载的驾洛国神话。按照脱解神话，脱解到驾洛国的时候，首露王迎接脱解，不过脱解的船走了。可是《驾洛国记》所记录的描写了和脱解神话完全不同的事实：

> 琓夏国含达王的夫人怀孕了，她生卵，卵变成人，他就是脱解。他随着海来驾洛国。他的身高三尺，头的周长是一尺。他进到宫殿说："我是为了抢夺王位来的。"王说："天命我登王位让报国安民。不敢违背天命，而且不能辜负我的百姓。"脱解说："那么我们比一比法术吧。"王答应了。脱解变身老鹰，王变身老雕；脱解又变身麻雀，王变身老鹰。他们的变身是瞬间的事。脱解恢复本来的样子，王也恢复本来的样子。照此脱解伏着降服了。脱解说："比法术时，变老鹰没被老雕抓、变麻雀没被老鹰抓的原因是因为圣人具有不喜欢杀生的仁心。我很难和王争夺王位。"脱解拜服王后告辞了。他用中国船利用的水路出去了。不过王担心留着他会作乱，使水军五百艘追踪。因为脱解去鸡林，所以水军回来了。这里的故事和新罗的不同。

两个记录不同的原因在于继承集团的差别。如果两个集团不同，同一件事的表现也不同。这是继承集团的差别使神话发生变形的好例子。脱解分明先到驾洛国，并宣称是为了王位而来。脱解和首露开始变身对决，脱解一变成老鹰首露就变成老雕，脱解变成麻雀的时候首露变成老鹰。总之，脱解不能达成目的，撤离了驾洛国。解慕漱和河伯也进行过变身对决。这样的对决局面是从朝鲜半岛北方到南部都流行的神话母题，是在同一结构上重复同样的神话母题。

《驾洛国记》里，脱解和首露进行激烈的对决，而且脱解的集团也很强大。所以首露在脱解离开后也不放心而让水军出动。可是在脱解神话中，描写的却是首露为了迎接脱解而敲鼓的。可见因为脱解集团不能接受自己的失败而把自己的溃逃行为进行了一番美化。如果从这个意义上，至少可以看清二者的关系，神话与历史各自从不同角度记录了事件的存在，就如对摩西带领犹太人出埃及所反映的情况一样。

脱解在新罗采取的步骤和在驾洛国的不同，他先爬上吐含山做石冢，在石冢留住七天，找到了适合自己居住的地方。脱解为什么要爬吐含山、做石冢、留住七天呢？这是脱解融入新罗社会的过程。新罗的六村长都是从山上下来的，山是新罗人的圣所空间，尤其是吐含山。吐含山在新罗的首都庆州，象征新罗。脱解先接受新罗的世界观，做石冢及留在那儿的意思也是同样的。

石冢是新罗人的传统墓制。在这儿有两个含义。第一是墓制的问题，墓制是很难改变的传统，脱解遵从新罗的墓制，他完全改变自己，然后才融入新罗社会。第二是特殊空间的意思，在墓里没有光线，类似熊女住在洞窟后变成人，脱解在石冢度过一段时间后转换了身份，成为一名铁匠，这是一种空间转化的象征。

在和瓠公的竞争中，脱解把砾石和炭偷偷地埋在瓠公的家旁，然后诡称自己的家门是世代铁匠。结果炭和砾石成为瓠公的家起初是脱解家的证据。熔铁的木头烧后变成炭，砾石则是研磨铁器的工具。自此脱解获得铁匠的神圣血统和萨满的权能。依据伊里亚德的研究，古代苏美尔人把铁叫做天上的金属或星的金属，而且铁匠被认为是火的支配者。[1]新罗文化和金属工艺技术之间有密切的关系。新罗的首都庆州当时名为金星，新罗的金属工艺水平也是当时世界领先的，当代挖掘出的新罗金冠、金属首饰证明新罗的金属冶炼技术达到很高的水平，所以在新罗社会中铁匠一定占有很高地位。

可是脱解没有完全获得铁匠的能力，铁匠的重要象征物是锤子、

① Mircea Eliade, *The Forge and the Crucible,* translated from the French by STEPHEN CORRIN, The University of Chicago Press, 1978.

●图3-4-1 铁匠铺

风箱、铁砧、高炉。脱解没得到铁匠的工具，这意味着他只能证明自己是铁匠的后代，而未必是铁匠。不过脱解的铁匠因素使他得到了铁匠们的支持。

瓠公和脱解的竞争是一种势力斗争。这样的势力斗争类似朱蒙和松让王的斗争。掌握权力的脱解和南解王的女儿阿尼结婚。萨满王南解的女婿脱解继承萨满王的地位，最后成了吐含山的山神。

二、表现仪式的《驾洛国记》

从公元前后到562年朝鲜半岛东南部洛东江下游是伽倻国。《驾洛国记》是高丽文宗三十年（1076年）金官州知事著述的关于伽倻的历史书，可是现传的是一然简要地记录在《三国遗事》中的《驾洛国记》。

伽倻是《三国志·东夷传》中出现的弁韩12国之一，弁韩12国包括弥离弥冻国、接涂国、古资弥冻国、古淳是国、半路国、乐奴国、军弥国、弥乌邪马国、甘路国、狗邪国、走漕国、安邪国、渎卢国等。《三国遗事》上出现的伽倻是阿罗伽倻、高宁伽倻、大伽倻、星山伽倻、小伽倻、金官伽倻、非火伽倻等。金首露是驾洛国即金官伽倻的始祖，同时是金海金始的始祖。

类似朴赫居世、昔脱解，金首露神话也表现出了文化交流的现象。而且金首露的妻子许黄玉是印度阿瑜陀国出身。所以驾洛国神话大概分为类金首露神话和许黄玉神话。《三国遗事》记载的驾洛国历史如下：

> 开天辟地后，这儿还没有国名，又没有君臣的称呼。这时只有“我刀干”、“汝刀干”、“彼刀干”、“五刀干”、“留水干”、“留天干”、“神天干”、“五天干”、“神鬼干”等九干。这些酋长统领老百姓，一共一百户七万五千名。

●图3-4-2　加耶金冠

人们大部分住在山野，挖井喝水，耕田吃饭。

后汉世祖光武帝建武十八年壬寅三月禊洛日，在北边龟旨（山峰的名字）出现类似呼叫什么的奇怪的声音。老百姓两三百个人集在那儿了，好像声音人的话，不过没有踪影只有话音。“这里有人吗？”九干等说，“有我们。”又说“我在的地方是哪儿？”回答：“是龟旨。”又说：“天命我‘在这儿建国成为王。’所以我下来的。你们挖着山峰的土，唱‘龟何龟何，首其现也，若不现也，燔灼而吃也’着跳舞。那就你们迎接大王。”于是九干高兴地唱歌跳舞了。

不一会儿人们仰视天空看，赤绳从天垂到地上。人们找绳子的末尾，有包着红布的金盒子。打开盒子，里面有类似太阳圆的六个黄金卵。惊讶且高兴的人们都拜倒了。一会儿后，再包上卵去我刀干家，把盒子放在塔上，人们散开了。过了十二小时后的第二天，集合众人打开盒子，六个卵变成六个小孩儿，他们的容貌很英俊。人们让他们坐在平板床上，拜着对他们施以礼法，真诚地恭敬他们。

小孩子一天天成长，过十天后变成身高九尺类似殷汤王，脸像龙类似汉高祖，八字形彩色眉毛类似唐尧王，双眸类似舜王。他在那个月的月半登上王位。因为他在世上第一次出现，所以叫他“首露”或者“首陵（首陵是去世后的谥号）”，并取国号“大驾洛”或者“伽倻国”，这是六伽倻中的一个。另外的五个人也当成了五伽倻的王。伽倻国的范围是东边黄山江、西南边沧海、西北边地理山、东北边伽倻山、南边为国尾。

他住在宫殿里，不过他很朴素，屋顶是不切瓦的苇箔，以土做的楼梯只是三尺。即位两年后癸卯年春正月，王说：

"我想定都。"去临时宫殿的南边新沓坪看四方。因此对左右人说："这地虽然狭小，地势秀丽奇异，十六罗汉也可以住。而且自一成为三，自三成为七，七个生人住的恰当。想在这儿开拓疆土。"命令建周长一千五百步的城和宫殿、殿堂及各官厅、武器库、谷库后就回临时宫殿了。集合国内的技工和壮丁，这个月二十日开始筑城，三月十日完工了。为了不妨碍农事，十月开始建筑宫殿甲辰二月完工了。择日搬到新宫，治政事，勤勉地多办事。

这时，琓夏国含达王的夫人怀孕了，她生卵，卵变成人，他就是脱解。他随着海来驾洛国。他的身高三尺，头的周长是一尺。他进到宫殿说："我是为了抢夺王位来的。"王说："天命我登王位让报国安民。不敢违背天命，而且不能辜负我的百姓。"脱解说："那么我们比一比法术吧。"王同意了。脱解变身老鹰，王变身老雕；脱解又变身麻雀，王变身老鹰。他们的变身很快。脱解恢复本来的样子，王也恢复本来的样子。照此脱解伏着降服了。脱解说："我比法术时，老鹰没被老雕抓、麻雀没被老鹰抓的原因是因为圣人具有不喜欢杀的仁心。我很难和王争夺王位。"脱解拜服王告辞了。他用中国船利用的水路出去了。不过王担心他留着作乱，使水军五百艘追踪。因为脱解去鸡林，所以水军回来了。这里的故事和新罗的不同。

建武二十四年戊申七月二十七日，九干等朝会时对王说："大王降临以后还找不到配偶，臣子们想找最漂亮的闺女当作大王的配偶。"王说："我降下这儿的是天命，我找王后的事也是天命。所以你们不用担心。"王终于使留天干带小船和骏马去望山岛等，使神鬼干去乘岵（望山岛是京都南边的岛。乘岵是京都附近的国家）。

忽然海西边挂红席的船飘扬着红旗向北方来。留天干等在望山岛先举起火把，人们走上陆地。神鬼干跑去宫殿告诉了王。王听后高兴了，就使九干等以木连舵、桂树楫的船迎接他们。九干等陪去宫殿的时候，王后说："我本来不认识你们。我怎么轻率地跟随你们呢？"留天干等转告王后的话，王觉得没错。他带有司巡行宫殿西南边的山麓，在那儿搭帐篷作临时宫殿等王后。

王后在山外别浦靠船，上去陆地在高丘休息了。王后脱丝绸裤子给山神灵献聘礼。陪王后的两个媵臣的名字是“申辅”和“赵匡”，他们妻子的名字是“慕贞”和“慕良”。王后一行包括陪奴二十个人。而且带来无数的锦绣绫罗、衣裳匹段、金银珠玉、琼玖服玩器。

王后走近王那里，王走上前迎接王后一起进到帐篷官殿里。媵臣等人在院子里谒见后立刻出去了。王使有司引导媵臣夫妻后说：“给一个人一个房间让他们舒服，给陪奴五六个人一个房间让他们舒服。”然后王赐给他们兰草做的饮料和蕙草做的酒，让他们在彩色位置上睡觉，使军人保护他们。

于是和王后进去寝宫，王后平静地说：“我是阿瑜陀国的公主，姓许，叫黄玉，年龄十六。我在本国的今年五月，父王和母后对我说：‘我们昨天梦中谒见上帝，上帝说：驾洛国的首露是天让他下去等王位的神灵神圣的人，而且他开了国，还没找到配偶，你们送公主去当配偶。你离开父母去那儿吧。’我坐船去远的地方求得蒸枣，去天上求得蟠桃然后再见龙颜。”王回答：“我从出生成圣，已经知道公主从远方来的事，所以不听臣子们找配偶的请求。不过贤淑的公主自己来，这是很幸运的事。”王终于和她结婚，过两夜，又过一昼使她的船回去，给十五个水手各人大米十石、布三十匹。八月一日，王回官殿，王夫妻坐一个车，媵臣夫妻坐一个车。而且中国产品也车载回来了。这时接近中午。王后住中宫，给媵臣夫妻和奴才住的地方。

有一天，王对臣子们说：“九干是官吏的长辈，不过九干的称呼像小人和农民一样，这样的称呼不能当成高官的称呼。如果外国人听了，肯定闹笑话。”把“我刀”的名称改换为“我躬”，把“汝刀”改换为“汝谐”，把“彼刀”改换为“彼藏”，把“五刀”改换为“五常”，把“留水”和“留天”改换为“留功”和“留德”，把“神天”改换为“神道”，把“五天”改换为“五能”，把“神鬼”改换为“臣贵”。而且接受鸡林的编制设立“角干”、“阿叱干”、“级干”的品系，以取周的法和汉的制度定它们下边的品系。这是改古定新、设官职的道理。于是理国齐家，爱民如子。政治不严苛，却能治理好。而且王和王后在一起的情况类似天地、日月、阴阳的配合。互相的功劳类似涂山帮夏、唐暖兴起娇。这年，王做得到熊的梦，生了太子“居登公”。

灵帝中平六年己巳三月一日王后死了，那时王后的年龄是一百五十七岁。全国人哀痛着在龟旨峰为其发葬。而且为了不遗忘王后的恩惠，把王后第一次下船的“缆渡头”叫做“主浦村”，脱丝绸裤子的高丘叫做“绫岘”，吊红旗的船过来的海边叫做“旗出边”。王后去世后，王一直哀痛，过了十年后献帝建安四年己卯一九九年三月二十三日王也驾崩了。那时王的年龄是一百五十八岁。在宫殿东边建筑殡官发葬了，叫“首陵王庙”。

按照《驾洛国记》，首露出现前那个地方没有国家和君臣。可是《驾洛国记》的记录和史实不同，那个地方是弁韩的地域，虽然弁韩地区的集团不具备完整的国家的形态，可是史书上已经出现了国家的名称。为了首露出现的戏剧性效果，著者把弁韩地区设定为没有国家和君臣的状态。九干是我刀干、汝刀干、彼刀干、五刀干、留水干、留天干、神天干、五天干、神鬼干。我、汝、彼、五是人称代名词，在这儿的五估计是意味我们的吾字，刀是门的意思。[①]他们简单地互相分别，农村人往往把其他的村子叫做后村子、前村子、上村子、下村子，所以估计他们是农民。那么留水、留天、神鬼是什么意思？留是住或居的意思，所以留水干是住在海边的或者崇拜海洋的集团，留天干是住在高的地方的或者崇拜天神的集团，神鬼干是担当祭祀的集团。九干构成农耕、渔猎、祭祀的集团。

九干统领的现象类似赫居世神话的六村长。不过首露的九干和赫居世的六村长的行为不同。赫居世神话的六村长主动地渴求王，爬到高处寻找神圣的气氛。可是首露神话中，找九干的是首露本身。九干被奇怪的声音引到龟旨，在龟旨，九干见到了首露。这是因为首露和赫居世的地位、状态不同。赫居世和六村属于同一个系统，而首露和九干是不同

① [韩]李丙焘：《韩国古代社会与其文化》，首尔：瑞文堂，1973年版。

的系统。九干呈现复合的性质。所以首露要显现自己的神圣性。

在首露神话上，他通过言语表现威严。开始的时候，首露不显现自己的面目。《旧约·创世纪》的上帝也不显现自己的面目，他只通过言语树立世上的秩序，他说有光就有了光。这是言语的神圣力量。通过对话首露和九干有了第一次接触。

“此有人否？”
“吾徒在。”
“吾所在为何？”
“龟旨也。”
“皇天所以命我者， 御是处。惟新家邦。为君后。为兹故降矣。”

首露问，九干回答，首露再问，九干再回答，最后首露发出了命令。这样的问答形式是韩国巫歌和巫仪式中经常出现的形式。而且在《天问》中，屈原不断地发问世上的事物、神、英雄等的根本。《天问》的形式是问答体。问答文学是在巫的世界中最普遍和原初性的文学形式。在古代的神政社会里，巫官企求神谕的时候，神的载体要用神的语言进行回答。这个就是问答文学的来源。在中国文献中，郭沫若的《占辞通辨》就提到了最初的问答形式。[①]

癸卯卜，近日雨？
其自西来雨？
其自东来雨？
其自北来雨？
其自南来雨？

占卜的功能是解释人们的疑惑，所以预卜之时先行质问，占卜的结果就是质问的回答。不过首露象征神圣和非凡的世界，九干象征世俗和平凡的世界。那么应当先是九干质问然后首露回答，可是先质问的不是九干，而是首露。这样的现象在韩国巫术仪式中也存在。

① [韩]金仁顥：《楚辞与巫俗》，首尔：新亚社，2001年版，第154页。

首露先问："有没有人？谁在那儿？" 巫仪式的开头是告诉神举行仪式的时间和地点。并且进入巫师身上的神先问人们举办巫仪式地点和举行仪式的理由。人们回答了地点和理由后，才问自己想知道的答案、希望的结果、达到目的的方法。有时候，神先问人想知道什么、希望什么。巫仪式的沟通不是单向的，而是双向的。首露神话的对话方式类似于巫仪式的沟通方式。

首露告诉人们应做的事是什么。首露让人们在山顶上一边挖地，一边唱歌。这样的行为是一种咒术的行为，人们唱的歌是一种巫歌。那么如何解释人们唱的歌词"龟何龟何，首其现。若不现也。燔灼而吃也"？在歌词中关键的是龟和首。徐大锡解释"首其现"的"首"是指首露。[①]歌词讲的是让龟使首露显现。如果龟不能使首露显现，人们就要把龟烤了吃掉。龟和首露有什么关系？出现奇怪的声音的地方是龟旨峰。因为九干的神圣动物是龟，所以他们那座山叫龟旨，龟也是龟旨山的山神。那么海洋动物龟如何成了山神？住在海里但是又能爬上陆地的龟被视为是龙王的使者。估计九干应该是海洋文化集团和农耕文化集团的结合体。而且龟的背壳是占卜的重要工具。神圣的动物并不一直被供养。日本埃努族的神圣动物是熊，可是他们举行杀熊的仪式。神圣的动物同时也是高贵的供品。

对神献上供品祈祷是古老的仪式。朱蒙和松让王最后对决时，他抓住白鹿发咒，这里的白鹿就是高贵的供品。九干把龟当作供品，进行占卜并举行了迎接王的仪式。九干去龟旨的日子是禊浴日，禊浴日是农历三月第一蛇的日子，那天的风俗是在水边一起洗澡辟邪的。举行仪式前洗澡辟邪，是仪式过程的一部分。九干举行仪式后，终于受神托。从天上下来紫色的绳子，绳子梢有用红包袱包上的金盒，盒里有六个黄金卵。六个卵变成六个孩子，他们成为六伽倻的王。从天上下来的紫色绳子象征太阳或者光线。首露集团是太阳崇拜集团。

首露神话里还有王后许黄玉的神话。她说她是阿瑜陀国的公主。她也是渡来人。那么阿瑜陀国是在哪儿？这个问题的线索在双鱼纹。首露王凌的正门上有双鱼纹。韩国学者金秉模发现了信仰双鱼神的文化。按照他的理论：大概公元前7世纪出现双鱼信仰，在亚述、巴比伦（Babylonia）、塞西亚（Scythian）、犍陀罗（Gandhara）、摩揭陀

① [韩]徐大锡：《韩国神话的研究》，首尔：集文堂，2002年版，第136页。

●图3-4-3　冠帽形伏钵胄（5—6世纪伽倻，国立中央博物馆）

（Magadha）、云南、四川、伽倻、古代日本的邪马台国，这些地方都发现双鱼纹。按照他的理论，许黄玉的祖先本来是印度博罗曼阶级，他们通过缅甸与云南到四川定居，许黄玉出生于四川安岳普州。她15岁离开出生地在武汉住一年然后渡过黄海到朝鲜半岛。[①]

伽倻神话展示文化的交流与民族的移动及政治的变动。神话包括历史的事实、宗教的信仰、生活习俗等等。所以从一个角度不能解读神话。与所有的神话相似，《驾洛国记》也是文化的结合体。

① [韩]金秉模：《许黄玉渠道：从印度到伽倻》，首尔：历史的早上出版社，2008年版。

第五节
政治与范式

一、神话的历史化，历史的神话化

朱蒙身上分明拥有神话的特质，他继承天和水的神圣血统，卵生，而且他是个神射手。尤其朱蒙在和松让王的对决中发挥了下雨和治洪水的能力。最后朱蒙的英雄行迹以高句丽建国结束。当然历史上存在很多闯过难关达成伟大业绩的英雄人物。可是他们不是神话的英雄，而是历史的英雄。神话的英雄和历史的英雄的差别是什么？关键就是神圣性。神圣性不是英雄本身赋予的，而是后代赋予的。这类似于韩国巫师把崔莹将军封为神，或者儒学者封圣人祭亨孔子，基督教徒相信耶稣是唯一的神。

对于不信仰巫的人来说，崔莹只不过是高丽末期出色的将军。同样，对于另外的诸子百家来说，孔子只是伟大的哲学家。而不信仰基督教的人觉得耶稣并不是神圣的存在。这样的现象表明决定神圣或者神话的关键因素取决于相信这些人事的人的范围。决定神圣或神话的原因和集团的生存策略有密切的关系。某个集团的范式和英雄的范式结合的时候，集团的凝聚力得到强化，通过英雄神话的扩散，集团获得新的活力。英雄的行迹被赋予神圣性，变成神话，然后英雄变成一种象征符号。当然每个时期的象征符号不同。举例来说，关羽本来是蜀国的将军，不过关羽被赋予神圣性后，韩国巫师们封其为神关圣帝君，而且中国人觉得他是保护家庭、带来富贵和幸福的神。关羽被赋予神圣性的同时，人们在史实的基础上为其添加超自然的现象和神圣的故事。

将历史赋予神圣性就是历史的神话化。相反把神话的事件转换为历史的事件是神话的历史化。历史的神话化和神话的历史化都是为了活用神话的力量。这样的现象和权力有必然的关系。如果把神变换为人，虽然他已经是个人，可是他还是神圣的人物。如果把人变换为神，他就获得了神的地位和权威。希望通过神的权威统治百姓的时候，常发生这样的变换。总之，历史的神话化和神话的历史化都是和权力有关系的。尤其在建国神话里多反映这样的过程。建国神话里存在继承建国神话的集团的范式。

神话的历史化和历史的神话化同时是分化和回归的过程。神话的历史化是给神话赋予另外的解释和意义的分化过程，相反历史的神话化是追溯神话的时空间的回归过程。两者是类似太极图相互缠绕的，因为分化既是回归的根据，同时回归又产生分化。

从政治的角度来看，建国神话是胜利者的故事。在韩国巫传统中被封神的崔莹、思掉世子、关羽固然是悲剧的英雄，但是他们不属于政治的领域，而属于宗教的领域。在社会的主流范式上神话的变形是政治性的。

民国时期汉族认为自己是黄帝的后代，当时中国面临分裂的危险，所以必须找到一个共同的祖先，并把历史推到面目模糊的上古以建立民族自尊心。可是当代中国追认的祖先不是黄帝一个人，当代中国人称自己是炎黄的后代。这样的现象反映了从汉族中心主义转变到多民族大家庭的政治逻辑。在这里我们要辨识清楚“子孙”或“后代”的具体含义。子孙、后代的意思暗示着家族关系，而且这个家族关系是家长制的家族关系。家长式的家族关系扩大为社会关系，社会的关系又扩大为统治理念。这是儒家的秩序，同时是周公想达成的家长式政治。

《孟子·尽心上十五》记载：“亲亲，仁也。敬长，义也。”家庭的家长是父亲，那么国家的家长是谁？就是皇帝。要亲国家的家长，敬国家的大人。规定如何对待皇帝的是政治的秩序，于是家庭的秩序转变为政治的秩序。建国神话试图把人物神格化，把政治观念伦理化。这意味着在人文的秩序成为社会的范式后，随着伦理和道德的政治化，神话被政治所支配。

神话和历史的变形基于继承集团的范式。历史的神话化和神话的历史化发生的时候，需要可以投映范式的规范样本。按照范本的基准神话一直重复，檀君神话在朱蒙神话中重复，金首露神话在金阏智神话中重复，昔脱解重复朴赫居世，朴赫居世又重复檀君。可是重复不是单调的抄写，而是绝妙的变奏。按照时间和空间、继承集团的本体性和范式神话被变形，即同样的神话因素在不同的神话中交替出现或隐没。需要再次强调的是：建国势力使用神话的理由是为了获得建国的正当性。

如果正常地继承王位，就不必大力借用神话。太祖已经以建国神话确保了政权的正当性和继承人的神圣血统。可是新的开国者仍然要通过神话确保自己的正当性。一般来说，获得正当性的方法有两种，第一种是给建国者本身赋予神圣性，第二种是将其世系神圣化。朱蒙和赫居世通过神话阐明他们本身是天神的后代，脱解是龙王的儿子，首露和阏智也在神话上暗示了其天孙的身份。可是社会分化后，不能主张国王本身是天孙，只能将其世系神圣化。世系神圣化的代表是高丽太祖王建和朝鲜太祖李成桂。

《帝王韵纪·先代纪》的开头记载“自古受命君孰不非常类惟我皇家系”。这既是为了表明王建是上天选中的王，又是为了神圣化王建的世系。尤其王这个姓是从祖父作帝建开始的。作帝建的行迹类似英雄神话的内容。《高丽史》大量地记录了王建的世系，大致内容如下：

> 虎景祭祀山神的时候，山神真的出现了。山神对虎景说：“我是寡妇，请跟我结婚，我能让你成为山的大王。”虽然虎景和山神结婚，可他不能忘记前妻，每夜都在梦中跟前妻交合。结果生出了康忠。
>
> 康忠生宝育。有一天宝育梦见他的尿淹没了山川。伊席建听说了宝育的梦后，让他的女儿嫁给宝育。宝育生了两个女儿。看了宝育做的木庵的术士预言：“如果住在这儿，他当做大唐天子的女婿”。
>
> 后来尚为太子的唐朝肃宗皇帝游览到木庵，和宝育的小女儿过夜了。太子离开前说“如果生儿子，就把这个弓矢给他”。太子的儿子就是作帝建。作帝建到五六岁的时候问母亲他的父亲是谁。母亲只回答他的父亲是唐人。作帝建能六礼，叫神箭手。作帝建为了能够见到父亲，制造了一艘船。可是船停在海里不能走。预卜的结果是要消除高丽人。作帝建拿弓矢主动到海中。在海中，作帝建见到了西海龙王，龙王正在被变成佛的模样的老狐狸欺负。作帝建射箭杀掉老狐狸，和龙王的

女儿结婚。

作帝建神话由几部神话组合而成。治神政是桓雄的行迹，可是因为虎景不是神，所以他必须跟山神寡妇结婚。神和人之间不能生儿子，所以他要跟前妻交合。这样的情况下，虎景通过和山神结婚获得半神的地位，他的后代继承神的属性。新罗29代王金春秋的结婚故事中曾经出现梦到尿淹没山川后，与贵人结婚的情节。唐朝的太子具有神圣血统，虽然虎景和山神结婚了，可还是存在血统上的问题。因为山神只不过是一座山的神，考虑高丽的领土范围，只有山神的血统是不够的。作帝建的神射本领是重复朱蒙和朱蒙的儿子琉璃的。而且作帝建救龙王的情节完全重复居陀知的故事。《三国遗事》二卷纪异、真圣女王条记载了居陀知的故事：

真圣女王时，阿餐“良贝”是王的季子。当使臣去唐国时，听说后百济的海贼在津岛挡住海路，所以选五十个名弓一起去。船到鹄岛时，风浪大作留住十天。良贝公使人占卜，他说：“岛里有神池，要在那儿祭祀。”于是在池上摆供品，突然大水冲上来。那天晚上的梦中，老人出现对良贝公说“如果留下一个名弓，可以遭遇顺风”。睡醒的良贝公问左右人“留下谁好？”众人说：“在五十个木片上写五十个人的名字，然后把木片放在水上，下沉的木片上的人留下吧。”写“居陀知”的木片下沉了。

留下的居陀知站在岛上，有老人从池出现说：“我是西海若（西海神）。有一个和尚从天上下来，他念着陀罗尼的咒语转池三次，我夫妻和子孙浮在池面上，那和尚吃我子孙的肝。于是现在只有我夫妻和一个女儿。明早那个和尚又来，那时你射他一下。” 居陀知说：“射箭是我的特技。我听你的话。”老人表示感谢后回去水里。第二天早上，藏着的居陀知发现有一个和尚念陀罗尼，和尚吃老龙的肝的刹那，居陀知射箭击中和尚。被击中的和尚变成老狐死了。于是老人感谢地说：“公救了我，请你娶我女儿。”居陀知承诺了。老人把女儿变成一只花放在居陀知的怀里，命令两个龙陪居陀知去使臣的船，而且让它们到唐国护卫船。唐人看到两个龙护卫的新罗船，他们觉得新罗使臣毕竟非凡人。皇帝善待使臣。回到本国的居陀知把花变成女子，一起生活了。

先前的神话影响了后来的神话。新的神话借用了以前神话的权威。为了神圣化王建的世系，开国的势力借用了以前的神话。作帝建神话是先前神话的改编。这样的现象朝鲜时代也同样出现。

二、范式的再构成

朝鲜时代的《龙飞御天歌》是依据政治范式利用神话的高潮。李成桂通过易姓革命建立朝鲜。李成桂的朝鲜在建国名分上有缺陷。朝鲜建国的关键事件是威化岛回军，即1388年5月受命征伐辽东的右军都统使李成桂在鸭绿江下游威化岛回军的事件。这是一种叛逆行为。回军的李成桂消除崔英一派后和新近士大夫联合建立了朝鲜。新近士大夫大力地建构和高丽时代不同的社会范式。儒学成为支配朝鲜的范式，尤其是性理学。

因为建国的理由不充分，朝鲜的为政者必须宣传易姓革命的正当性，他们从儒学传统中找到了朝鲜建国的正当性所在。《龙飞御天歌》是世宗二十九年（1447年）完成的乐章和叙事诗，共125章，各章一般由文歌词、汉诗对译、注解组成，主要内容是太祖李成桂的高

●图3-5-1　朝鲜太祖李成桂

祖穆祖、曾祖翼祖、祖父度祖、父亲桓祖、太祖李成桂、儿子太宗的事迹。《龙飞御天歌》表现六代祖宗的公德、化家为国的困难、高丽的失德、朝鲜的盛德。其实《龙飞御天歌》的关键思想是推翻高丽统治的行为绝非叛逆，建立朝鲜是天命所在。除了第一章、第一百二十五章等10余章以外各章都由两节构成，前一节表现中国历史上的史迹，后一节表现和中国史迹符合的朝鲜建国的史迹。《龙飞御天歌》的功能很明显，把太祖李成桂的祖先编入正史，确保了血统的正统性。与中国历史相对照，保证了行为的正确性和正当性。不妨随机抽检几章为例：

第一章
海东六龙飞　莫非天所扶　古圣同符

六龙是穆祖、翼祖、度祖、桓祖、太祖、太宗。古圣的意思是中国历代帝王。第一章的内容是说六龙和中国历代帝王的事迹和符节一致。

第三章
昔周大王，于豳斯依。于豳斯依，肇造丕基。
今我始祖，庆兴始宅。庆兴始宅，肇开鸿业。

虽然建立周朝的是武王，可是奠定帝业的是后稷的12代孙古公亶父。他住在豳谷继承祖先的业绩和建树大德。同样，住在全州的穆祖因归化元朝，接受官衔而迁移的时候，有170户百姓跟从。他在庆兴奠定了朝鲜王业。

第七章
赤爵啣书，止室之户。圣子革命，爰示帝祜。
大蛇衔鹊，置树之扬。圣孙将兴，爰先嘉祥。

周武王即位时，赤鸟飞过来把丹书放在文王的卧室门前。度祖野营的时候，营中的树上有两只鹊，他射中两只鹊，可是那时出现的大蛇却不吃反而把鹊搬到树枝上。

第七十章

天挺英奇，为安民斯。跻跻六骏，生应期兮。

天赐勇智，为靖国掎。跻跻八骏，生应时兮。

为了百姓的安宁，上天让英明奇才的唐太宗出世，那时出现了六匹骏马。为了国家的安宁，上天让有勇气和智慧的太祖李成桂出世，那时出现了八匹骏马。

《龙飞御天歌》不重复檀君、朱蒙、赫居世等神话，重复的是周武王、唐太宗等明君的故事。《龙飞御天歌》不说李成桂是天孙。这是因为朝鲜的模范的基准在于中国历代王朝，为政者需要的权威范式在中国王朝。而且在朝鲜的观念中，在世上只有一个皇帝，他就是中国的皇帝。所以《龙飞御天歌》的范本的事例也从中国历代事迹中寻找。对举中国和朝鲜的事例的理由是借用中国王朝的权威来确保朝鲜建国的正当性。其实中国的实际和朝鲜的现实之间不存在直接的关联，两者相似的地方只是故事的情节。分开来看两者是不相关的，但对举时却让人觉得有密切的关系。这造成了一种错觉，相似的情节变成相似的情况，中国历代王朝建国的必然性转变为朝鲜建国的必然性。可是这样的联结是一种错觉现象，同高丽神话一样，是对正当性的解释，只不过换用了另一套范式。李朝是一种新的起点，所以不能只对高丽的神话进行修改，有可以令人接受的新模式。

"神话剥夺历史。"这是罗兰·巴特的著名命题。巴特通过分析杂志《Paris-Match》的封面照片说明神话剥夺历史的过程。黑人士兵对法国的三色旗敬礼的照片强调："看啊，帝国主义怎么了？黑人也对法国国旗这样敬礼。我们已经达成了大同，超越了帝国主义的过去。"按照巴特的理解，这样的影像具有歪曲的作用。这里来总结一下影像产生的意味，意味创出新历史。对巴特来说，这就是神话。当然，巴特的神话概念和神话的一般概念不同。可是神话作为新意味、新动力的源泉，这就是神话的动力学原理，同时也是神话的力量，这样的力量是不随神话的内容变化而改变的。

神话重演根本性的事件，说的是从无到有的过程。这是分化的过程。从无到有、从混沌（Chaos）到罗各斯（Logos）、从无秩序到秩序的神话的叙事结构适用于政治范式。产生新意义、使之广泛传播，并将其范式化，神话具有使意味得到大众相信的历史的力量。这是一种政治的伦理。政治是名分的争斗。名分的大小取决于政治的成败。在政治上重要的不是真实，而是让人信以为真。无论真伪，产生新意味的是影像。在现代政治中，通过言论媒体和出版进行影像的造作和意味的发散。使用影像政治最多的方面是选举，这也可以称为现代神话的建构。

韩国通过选举产生总统、国会议员、道知事、市长、区长、市议员、区议员、教育监等。选举是一种争斗。为了争取胜利，竞选者要显示他的政策、能力、道德性比对方优越。如果不能凸显本身的优点，就要凸显对方的缺点。接下来的过程是信息的传播。通过传播有利于自己的信息，竞选者试图获得大众的好感。传播过程包括广告、流通、消费。在这儿广告和流通是让大众知道的过程，消费则是类似于商品的消费，指大众对竞选者主张的接受。实际上，这里重要的不是真实，而是影像，既是对神话根本范式的利用，也是不自觉地重演神话。

选举前，候补政治人先派发照片。这时重要的是决定烘托的部分，如果那时经济有问题，类似于董事长的形象是第一个影像。（Image-Making） 照片呈现能干、摆脱危机、创造利益的经营家的影像。其实候补政治人和董事长之间不存在直接的关系。政治人只利用董事长的影像而已。可是如果大众看照片后相信政治人的影像，政治人的影像就转变成了历史或者说书写了历史，而不是反映了真实。

《龙飞御天歌》也是同样。它是韩文诞生以后第一个用韩文创作的文学作品。创造韩文的意图之一就是让老百姓了解易姓革命的正当性。当时老百姓不懂汉字。通过汉文告知天下是不可能的，因为汉文的作品不能广泛流通。那么就要寻找老百姓能够接受的方法。韩文是传播朝鲜建国正当性的载体。朝鲜的建国势力试图通过《龙飞御天歌》完成太祖李成桂的影像造作和历史化、神话化。在李成桂身上既有历史化——将建国神话书写为历史；也有神话化——将建国历史神圣化为神话。这是一种无法分开的统一体，一体两面。

第四章

神话与物质：以物质表现的神话

通过物质文化我们会接近神话的世界。通过古代的天文图可以窥见他们的宇宙观，通过墓制能够了解当时的葬礼习俗和生死观，通过随葬品能把握他们重视的东西是什么，通过岩刻画和壁画还可以认识他们的生活。

第一节
女神与熊

一、从伟大的女神到从属的女神

精神和物质是否截然二分？经线和纬线中只用一种线可以编织织物吗？这就是二元的关系问题。朝鲜的性理学者李珥这样解释气和理的关系，他说："发之者，气也，所以发者理也，非气则不能发，非理则无能发。"如果物质表现为具体的事物，精神就是使物质得到表现的动力。在物质和精神的关系中，气是物质，理是精神。物质和精神不可分开，具体事物都被归结为物质，神话是一种精神，神话也通过具体事物得到表现，神话也带有失落的物质信息。

在没有传世的记录、仪式、口传材料的时候，古代人的遗物是推定他们的逻辑、习俗、想象力的重要线索。通过物质文化我们会接近神话的世界。神话表现从宇宙到个人、草和树等植物、从昆虫到大型野兽之类的各种动物、山和海、水和火等的整个世界。通过古代的天文图可以窥见他们的宇宙观，通过墓制能够了解当时的葬礼习俗和生死观，通过随葬品能把握他们重视的东西是什么，通过岩刻画和壁画还可以认识他们的生活。重要的是通过物质文化能够知道集团、民族之间的交流、影响等变化的关系。

众多遗物对我们诉说着当初人和动物、人和自然之间平等和谐的关系。虫子模样的玉器、熊的骨头、维纳斯像表现的是平衡的世界观。物质文化的变化反映时代的变化。伊利亚德说："出现冶金术后，植物采集和小规模狩猎阶段的天神们被男性神逐出了，她变成为男性神的妻子或者地母。在这个宗教阶段，最高天神创造世界的概念失去了，而且神圣结婚和血腥的牺牲代替了女神的创造概念。"[1]

---

① Mircea Eliade, *The Forge and the Crucible*, Translated from the French by STEPHEN CORRIN, The University of Chicago Press, 1978, p.31.

到父系社会后，女性和女神的地位越来越下降了。基督教的上帝把亚当的一根肋骨拿出来创造夏娃。根据《旧约·创世纪》，最初的女性夏娃只不过是亚当的一根肋骨。上帝禁止亚当和夏娃偷吃禁果。可是被蛇欺骗的夏娃说服亚当把禁果吃掉了。打那儿起，人类被赶出伊甸园，生活在劳苦的现实空间。不仅如此，希腊神话中出现的世界上第一个女性潘多拉违犯禁忌打开箱子。从箱子里出来的是痛苦和百病、贫困和战争、怨恨和猜忌等所有的不幸。

按照基督教的《旧约·创世纪》和希腊神话，女性是一切不幸和恶的起源。孔子在《论语·阳货》中说："唯女子与小人为难养也，近之则不孙，远之则怨"。孔子认同女子和小人相近。神话历史上，表现出的女子的意象一般都是相同的。当然还存在英雄的女性，可是这样的女性类型很少。那么父系社会以前的母系社会、史前女性的意象也是如此吗？不是，最初的上帝就是女性。

在人类的发展过程中，史前时代和历史时代初期广泛存在把女性作为受崇拜的最高创造主的宗教。从公元前7000年前的新石器时代初期到公元50年左右封闭最后的女神神殿，"伟大的女神、神圣女性祖先"作为礼拜的对象才慢慢消失。有的学者估计女神崇拜是从公元前25000年旧石器时代开始的。①

物质文化也证明伟大女神的存在。后期旧石器时代（25000—20000年前）刻制的女性雕像，即被人们命名为"维纳斯像"的雕像发现在从法国经贝加尔湖到欧亚大陆的广阔地域。虽然制造维纳斯像的目的和起源还是很模糊，不过确定的事实是当时女性的地位比男性高。

詹姆斯·弗雷泽与玛格丽特·米德等人类学者证明了在人类发展初期，即人类还没了解生殖的过程之前，还没了解性交和生育的关系之前，产生生命的女性是受崇拜的对象。这时，男性在这一过程之中的作用还没被意识到。②在社会权力从母系社会转移到父系社会前，女性是最高神。比较晚近发掘出的红山文化的女神像证明了这样的现象。

① [美]默林·斯通（Merlin Stone）：《上帝是女性的时候 （When God was a Woman）》，郑莹沐译，首尔：根与叶出版社，2005年版，第15页。

② [美]默林·斯通（Merlin Stone）：《上帝是女性的时候 （When God was a Woman）》，郑莹沐译，首尔：根与叶出版社，2005年版，第53页。

1979—1982年在辽宁喀左县东山嘴红山文化建筑群址中，考古工作者发现了20多块陶塑人像残片。有两件为小型裸体孕妇塑像，[①]1983年，在凌源与建平两县交界处的牛河梁红山文化女神庙遗址中，发现了大型的陶塑女神头像和众多的残破孕妇像。[②]

尤其是在牛河梁女神庙遗址出土的泥塑人物群像，为生育崇拜的研究提供了宝贵的资料。在庙址内，出土了具有艺术性很高的人物及动物造像，人物像皆为女性，从发现的残块来看，有头部、肩部、乳部、手部等。这些女神像全部出于主室，虽然是残块，但尚能看出低鼻梁、高颧骨、浅眼窝，眼上挑，面涂红彩，头枕部残缺处露出草秸骨架痕迹。这些神像一般与真人大小接近，是富有生命力而又被神化了的女神头像。[③]

韩国也发现有史前维纳斯像。1974年夏天在蔚山新岩里第二地区遗址发掘出了泥塑女人像。女人像的制造年代估计在新石器中期公元前4500年前。丢失了头部、腿部的女人像的高度是3.6厘米，如果复原全体估计8厘米。女人像的特点是细腰、比肩膀宽的屁股、凸出的乳房。韩国学界认为为了多产和丰饶而制造出此类女人像。而且在朝鲜的咸镜北道清津市农圃洞也发掘出了女人像。这些女人像显示朝鲜半岛的新石器人也是崇拜女神的。

在宗教艺术中，人体象征着性以外的多种功能，特别是繁殖、哺育和强化生命力。金芭塔丝认为在远古时期，笼罩着男性身体或女性的淫秽概念并不存在。对人体的艺术处理是在展示其他功能，尤其是女性身体的哺育、繁殖能力以及男性身体激发生命的能力。女性力量，如怀孕

●图4-1-1　土制女人像（新石器时代，庆南蔚山出土，国立中央博物馆）

① 郭大顺、张克举：《辽宁省喀左县东山嘴红山文化建筑群址发掘简报》，《文物》第11期，1983年版，第1—11页。

② 辽宁省文物考古研究所：《辽宁牛河梁红山文化“女神庙”与积石冢群发掘简报》，《文物》第11期，1986年版，第1—17页。

③ 于建设等：《红山文化概论》，呼和浩特：内蒙古科学技术出版社，2008年版，第127页。

的植物女神，贴切地体现了土地的繁殖力。不过，那些表现新石器时代女神形象的做工精妙而又复杂的艺术品具有万花筒般变幻莫测的意义：她是生命、死亡及再生每个阶段的化身。她是所有生命的创造者，人类、植物及动物源于大地，又复归于大地。可见女神的角色远远地超越了色情范畴。[①]

神话中也发现有伟大女神的痕迹。创造人、树立婚姻制度的女娲本来是伟大的女神，可是她却逐渐沦落为负责给男神做扫尾工作的存在。为火神祝融所败的水神共工怒撞不周山，结果撞塌了天空的一边，令天空中有了大的孔洞。而且大地横裂开了，森林发生火灾，所有的猛兽出现于人世戕害人类。共工和祝融的战斗造成了壮丽的悲剧。

对共工和祝融来说，重要的不是世界，而是谁统治世界。他们不顾人的幸福及世界的状态，只关心支配世上的统治权。他们的战斗将人世破坏了，修理被破坏世界的就是女娲。为了自己所爱的孩子们的幸福，女娲用五色石补天。类似现代那些面对不顾家的丈夫而单独照顾孩子的母亲，创造神女娲被树立为母亲的意象。至今我们心中的母亲还保留有大地母亲的意象。

默林·斯通说：有时大地的意象被认为是母亲、女性、被动地接受种子的存在。反而天空自然的本质被认为是男性的意象。可是近东和中东的大部分女神叫“天上的女王”。在埃及，古代女神努特（Nut）被表现为天，她的弟弟盖布（Geb）被表现为大地。[②]日本的最高神是太阳神天照大神。以日本的王为首，日本人认为王继承天照大神的血统。满族神话天宫大战出现的创造神阿布卡赫赫也是女神，可男神阿布卡恩都里代替了她的神格。

在韩国留传有“成为日月的兄妹”传说。从前，妈妈和兄妹住在山旮旯里，有一天老虎抓住并吃掉了回家的妈妈。老虎又想抓吃兄妹，老虎假装妈妈的样子去了兄妹的家。可是兄妹发现了老虎的真面目。兄妹藏躲到树上，不过他们被发现了。兄妹对天祈祷落下绳子，天给了兄妹新绳子，可是给老虎的却是糟朽的绳子。坠落于玉

① [美]马丽加·金芭塔丝：《活着的女神》，叶舒宪等译，桂林：广西师范大学出版社，2008年版，第5页。

② [美]默林·斯通（Merlin Stone）：《上帝是女性的时候（When God was a Woman）》，郑莹沐译，首尔：根与叶出版社，2005年版，第38页。

米田的老虎死了，因为老虎的血，现在玉米秸是红色的。升天的兄妹中，哥哥成为日，妹妹成为月。不过怕黑暗的妹妹想和哥哥交换，可是哥哥拒绝着说已经定的不能换。因此从这儿开始出现男孩是阳，女孩是阴的道理。

日月系统的故事不仅流传于韩国，在世界各地都有流传。不过各传说的结局不同，有的故事中，妹妹成为日，哥哥成为月，有的故事里，哥哥答应妹妹的请求换了位置。笔者认为“成为日月的兄妹”传说也反映女神和男神地位的变化。分出男性是阳、女性是阴的观念是人文学里男性中心主义的概念。可是像阿布卡赫赫和天照大神，本来妹妹即女性是太阳神的。《三国遗事》记录了类似的神话“延乌郎、细乌女”：

《延乌郎、细乌女》

第八阿达罗王即位四年丁酉，延乌郎、细乌女夫妻住在东海边。有一天延乌郎去采海草时，忽然出现的一个岩石背着他去了日本。日本人看见延乌郎后觉得他非同凡人，他们把延乌郎拥立为王。（按《日本帝记》，前后没有成为王的新罗人，估计是小地方的王而不是真正的王。）。丈夫不回来，细乌女去海边找丈夫，不过只发现丈夫的鞋子。那时又出现了岩石背着细乌女去了日本。看见细乌女的日本人惊讶地告诉王，他们见面，细乌女当了王后。

这时，新罗的日月失去了光彩，算卦的卜者对王说：“本来日月的精气下凡在新罗，可是现在去了日本，所以发生这样的怪事。”王派使者找延乌郎、细乌女这两个人。延乌郎说：“我来这儿是天意，怎么回去呢？不过有王后纺织的美丽的丝绸。以丝绸祭天就没事。”

王听从延乌郎的话，以丝绸祭天了，日月果然恢复精气了。于是把丝绸收藏在王的库中，作为国宝。仓库叫“贵妃库”，祭天的地方叫“迎日县”或者“都祈野”。

延乌郎、细乌女象征日月，可是记录中分不清楚谁是日、谁是月。神话中延乌郎、细乌女都具有太阳的因素。他们的名字中同时出现“乌”字，乌就是象征太阳的。因为在延乌郎、细乌女神话里同时存在女性太阳神观念和男性太阳神观念。这部神话估计原初属于女性太阳神神话，可是男性太阳神观念渐渐渗透进神话里，这时应该还处在两种观念交替的过渡期。延乌郎告诉新罗人以细乌女织的丝绸祭天，使得日月恢复了光明。细乌女的太阳神面目在这儿。她织的丝绸意味太阳神的神物。太阳神细乌女成为延乌郎的妻子，这一神话最终表现了她的地位。《三国遗事》的“仙桃圣母随喜佛事条”也出现这样的现象，仙桃圣母娑苏做红色朝服给丈夫，象征太阳的娑苏变成丈夫的助理。

日本的太阳神是天照大神，不过《古事记》中有类似“延乌郎、细乌女”的神话。

《天之日予》

有昔、有新罗国的王之子。名谓天之日予。是人参渡来也，所以参渡来者。新罗国有一沼，命谓阿具奴摩。此沼之边，一贱女昼寝。于是日辉如虹，指其阴上。亦，有一贱夫。思异其状，恒伺其女人之行。

故是女人，自其昼寝时，妊身，生赤玉。尔，其所伺贱夫，乞取其玉，恒里著腰。此人，当田于山谷之间。故耕人等之饮食，负一牛而，入山谷之中，遇逢其国王之子，天之日予。尔，问其人曰，何汝饮食负牛入山谷。汝，必杀食是牛，即捕其人，将入狱因。其人答曰，吾非杀牛。唯送田人之食耳。然，犹不设。尔解其腰之玉，币其国王之子。

故，赦其贱夫，将来其玉，置于床边，即化美丽孃子。仍婚，为嫡妻。尔，其孃子，常设种之珍味，恒食其夫。故，其国王之子，心奢詈言，其女人言，凡，吾者，非应为汝妻子之女。将行吾祖之国，即窃升小船，逃遁度来，留于难波。

于是，天之日予，闻其妻遁，乃追渡来，将到难波之间，其渡之神，塞以不入。故，更还，泊多迟麻国。（中略）故，天之日予持渡来的物者，玉津宝云而，珠二贯，又振浪比礼，切浪比礼，振风比礼，切风比礼，又奥津镜，边津镜，并八种也。[1]

由天之日予神话自然地联想到朱蒙神话，檀君神话，延乌郎、细乌女神话。首先，天之日予的妻子是日光感应出生的，她本来生为赤玉，然后变成女子。朱蒙感应日光从卵生出。朱蒙神话的卵与赤玉是相通的。而且天之日予去日本时带的东西与檀君神话的风伯、雨师、云师类似。这样的现象表明天之日予神话与檀君及朱蒙神话之间有关系。天之日予神话中，重要母题是玉。后边关于金冠的部分说明，新罗人重视玉，他们觉得玉尤其是曲玉象征生命的起源。有可能天之日予神话的玉代替了朱蒙神话中的卵，而且曲玉是日皇的三种神器中的一个。

天之日予神话的另外一个关键母题是太阳。天之日予的妻子因为太阳怀孕，从赤玉变成的太阳神的女儿，最后她去了日本。延乌郎、细乌女神话里，细乌女去日本后新罗的日月失去了光彩，然后以细乌女纺织的丝绸祭天，日月恢复精气。两个神话的共同点是女性与太阳的关系。[2]而且丝绸与镜子在日本神话里是象征天照大神的重要神话因素。《古事记·上卷》记载："此之镜子，专为我御魂而，如拜吾前，伊都岐奉。""天照大御神，坐忌服屋而，令识神御衣之时。"这样的现象表明天照女神估计是巫女。韩国学者认为檀君神话中桓雄带来的天符印中一个是神器镜子，檀君应是萨满王。日本学者三品彰英认为天照大神不是受祭祀的神，而是向神祭祀的女性。[3]可是我们已经通过柳花神话确认了女性的天神、太阳神的因素。

象征太阳、天、创造主的女神失去了伟大的地位。男性主义世界观掌握了世界的霸权。男性的世界观和人文学的思考结合后，女神的地位又跌落了。女神的地位变化同时意味着生态主义哲学的丧失和霸权主义的集权观念上升。天神女神的时代是生态主义时代。随着自然和人、动物和人之间的平衡被破坏，共存、相生的观念也大大减弱了。现在人类自认为是比自然优等的存在。问题是优等人类对自然、动物行使暴力，暴力的对象不仅仅限制于对自然和动物的破坏与伤害，暴力还要进行扩大再生产。暴力的对象从动物和自然扩大到人类之间，就是对社会的弱

---

① [日]太安万吕：《古事记·中卷》，权五叶、权静译，首尔：God' s Win出版社，2007年版，第403页。

② [日]失野尊义：《天照大神认同女神的理由》，《东亚女性神话》，首尔：集文堂，2003年版，第185页。

③ [日]三品彰英：《古代祭政と穀灵信仰》，东京：平凡社，1973年版，第428页。

者行使的暴力，还有为了掌握霸权对弱小国行使的暴力。天神女神和天神男神的关系变化就不仅是反映了男女之间的关系，而且也是人类和自然的关系、社会关系、国际关系的反映。

二、熊、熊女、熊文化

牛河梁积石冢中多次出土熊的下颚骨，女神庙遗址还出土有泥塑的熊下颌，而且位于主室中心部位，可能具有动物神中主神的地位。[①]女神和熊是什么关系？ 叶舒宪先生指出，对于牛河梁女神庙的熊头，似有三种可能的解释：①熊头骨的存在，代表红山人崇拜的熊神偶像；②代表氏族的图腾，体现着以熊为部落祖先的血缘观念；③代表的是熊神使者，即人与熊沟通的中介物。[②]三种可能性其实指向同一种结果。崇拜的对象就是图腾，人通过图腾的表现物沟通图腾神。不过崇拜熊的不仅是红山文化人。熊崇拜的文化存在比红山时期更早。

人和熊的关系是从什么时候开始的？瑞士阿尔卑斯山脉（Drachenloch）顶上附近洞窟里发现极为古老的尼安德特人（Neanderthal）所使用的初期穆斯底里安石器。这个时期估计是约12万—7万年前。在洞窟里又发现用石头制造的类似于箱子的物品。那个箱子里有熊的头盖骨和骨头，而且头骨的嘴咬着大腿骨，头盖骨下面放着脚骨。主导发掘这个遗迹的巴克勒（Emil Bachler）主张极为古老的人具有宗教的意识。当然也有众多学者不同意他的主张。

那么现代人类如何呢？克鲁麦农人在法国丘陵地带和西班牙山岳地带的洞窟里遗留下了灿烂的洞窟壁画。1923年其中一个洞窟里发现用泥土制造的熊形象，并且熊泥像中有几个空洞。空洞估计是把毛皮盖泥像后射箭的痕迹。这有些类似日本阿因努人的熊祭（Iomante）。

关于熊神话和熊仪式不只发现于一个地方，从欧亚到北美的北半球都发现存在着和熊有关系的文化。依据哈洛威尔（Hallowell）

---

① 古方：《萨满教特点对红山文化玉器研究的一些启示》，《红山文化研究》，北京：文物出版社，2006年版，第374页。

② 叶舒宪：《熊图腾》，上海：锦绣文章出版社，2007年版，第41页。

和配普洛斯（Paproth）的研究，北欧的Lappen，Finnen，Wotjaken，Syrjaenen族，乌拉尔地域和西部西伯利亚地域的Wogulen，Ostjaken，Juraksamojeden，Selkupen族，Jenessej地域的Keten族，南部西伯利亚的Chakassen，Schoren，Altaier，Tuwiner，Tofa，Burjaten族，力纳地域的Jakuten，Dolganen族，东部西伯利亚北部通古斯族的Ewenken，Lamuten，Negidalen，Solonen族，阿穆尔河和库页岛地域南部地域通古斯族的Golden，Oltscha，Orotschen，Udihe，Oroken族，Giljaken，阿因努（Ainu）族，北极海岸的Jukagiren，Korjaken，Tschuktschen，Itelmaenen及Eskimo族，还有北美印第安族都有熊仪式的存在。①东北亚神话中包括檀君神话在内也发现了这样的熊崇拜。

西伯利亚的大部分民族相信最高动物神是熊。他们认为熊主宰动物的事，而且决定动物和人的关系，所以人死后去熊的世界做熊神。这样，动物的最高神就是人的祖先。②那么，为什么熊被当作最高神和人的祖先呢？熊是在森林中力量最大的动物之一，不过熊的能力不仅仅是力量。冬天进入冬眠的熊到春天苏醒。熊的冬眠意味着死，熊的苏醒意味着复生。熊在现实中反复死和生，熊就象征着复活。这样的现象在萨满教的仪式中又得到重演。

萨满学习者要像冬眠中的熊一样基本上不吃任何东西经受饥饿和寒冷。分辨清楚死或活的状态等帮助他的精灵。这样的状态仿佛做梦。他在做梦的状态中仿佛看见自己再漂亮不过的样子。他感受到看见自己的时候他就会成为萨满。他具有和熊同样的能力。萨满是变形为熊的人。实际上，萨满在人们的面前穿着熊皮跳舞。③

这里可以得出初步的结论：熊图腾的信仰是欧亚大陆及北美史前宗教信仰的中心主题之一。作为女神宗教的史前信仰之所以崇拜熊，是由于熊的冬眠春醒习性，非常明显又有规律性地体现着大地母神的自然节律。熊作为死亡与再生女神的普遍象征性，给欧亚美三洲北方萨满教传承现象的整体审视，以及各地熊祖神话的系统关照，提供了重要理论契机。④

熊也是檀君神话的重要母题。韩民族的祖先檀君是熊女的儿子。如果不考虑以隐喻表达的想象力，韩民族的母系应该算是熊。不过是后

① [韩]李丁宰：《东北亚的熊文化与熊神话》，首尔：民俗苑，1997年版，第39—40页。
② [韩]李丁宰：《东北亚的熊文化与熊神话》，首尔：民俗苑，1997年版，第41页。
③ [日]中沢新一：《从熊到王》，金玉姬译，首尔：东亚洲出版社，2003年版，第152页。
④ 叶舒宪：《熊图腾》，上海：锦绣文章出版社，2007年版，第72页。

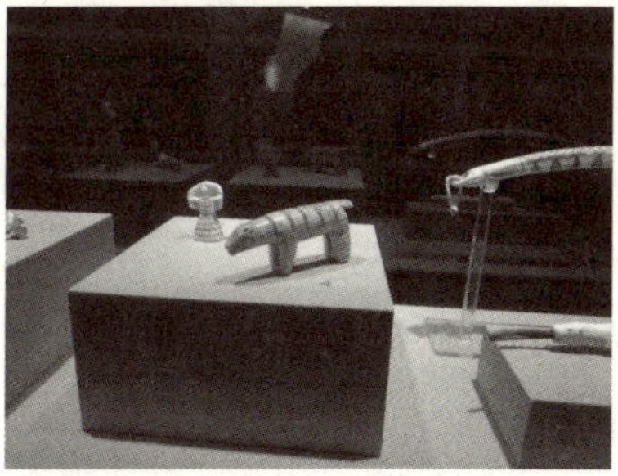

●图4-1-2　熊雕刻（18世纪末，俄罗斯Chukchis族）

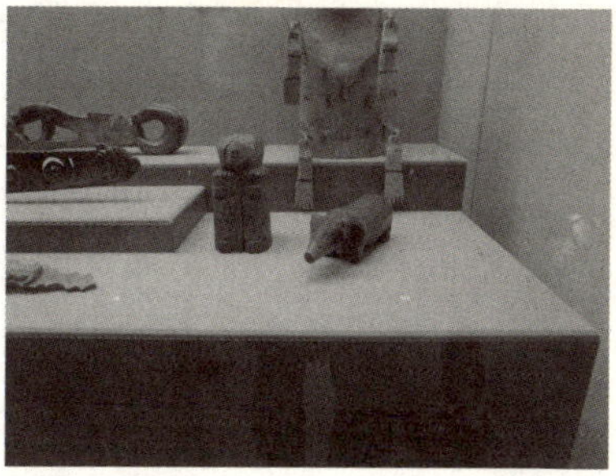

●图4-1-3　熊雕刻（20世纪初，俄罗斯Nanai族）

来在某时期失去了熊信仰，而以当初跑出洞窟的虎做山神，虎获得了替代性的神圣地位。可是朱蒙神话中出现和熊有关系的母题也值得重视。朱蒙的父母解慕漱和柳花第一次相见的时候，在熊神山。《三国遗事》记录的那个场面如下：

《国史·高丽本记》云：“始祖东明圣帝，姓高氏，讳朱蒙。先是，北扶余王解夫娄，既避地于东扶余，及夫娄薨，金蛙嗣位。于时，得一女子于太伯山南优渤水，问之，云：我是河伯之女，名柳花，与诸弟出游，时有一男子，自言天帝子解慕漱，诱我于熊神山下鸭渌边室中私之，而往不返。”

柳花在熊神山下鸭绿江边和解慕漱私通。而且李奎报的《东明王篇》记录解慕漱留在了熊心山：

汉神爵三年壬戌岁，天帝遣太子降游扶余王古都，号解慕漱。从天而下乘五龙车，从者百余人皆骑白鹄，彩云浮于上，音乐动云中，止熊心山经十余日，始腰带龙光之俭。

并且按照朝鲜时代的《世宗实录地理志》，解慕漱第一次见柳花的地方是熊心渊：

城北青河（青河即今鸭绿江）河伯，有三女：长曰柳花，次曰萱花，季曰苇花，神湙艳丽。三女往游熊心渊上，王胄左右，得而为妃，可有后胤。

第一个问题是熊神山和熊心山的名称。如果那座山的名称是熊神山，这意味着山的主神是熊，即熊神的山。“神”还是“心”？其实韩语发音上，神和心的发音相似。 如果是熊心山，就要考虑“心”的意思。笔者认为熊心山的“心”意思是“中心”或者“本体”。山的中心动物是熊、山的本体是熊，就是熊的山，即熊神的山。如果这样，熊神山和熊心山的意思是同一的。熊神山估计是熊女坐而为神的山。熊的韩语发音是“gom”、“gum”、“gam”、“goma”。檀君王俭的“俭”韩语发音是“gum”。有的学者认为“俭”意味着熊。[①]类似熊女成为山神，柳花死后也成为被祭祀的神。

第二个问题是有熊心渊的熊心山的位置，即熊心山是什么山。结构上，解慕漱的行迹和桓雄行迹同一。与桓雄率领集团降临太白山的神檀树开神市一样，解慕漱降临熊神山办政事。而且桓雄是天帝桓因的儿子，解慕漱是天帝的太子。结构对举，太白山和熊神山是同一的山。太白山和熊神山都是圣山。东北地域的圣山是哪里？这就是白头山。

熊心山分明是当代的白头山。从熊心山发源的青河是鸭绿江，熊心山上有熊心渊，这就是白头山的情况。然则白头山的另外名称也是熊心山。[②]熊心是熊神。白头山就是熊女的山。朝鲜半岛还留有熊信仰的痕迹。在韩国的中部有地名叫熊津。“熊津”的韩语发音是“oma-nalu”、“gom-nalu”。“gom”是现在“熊”的韩语发音。“goma”是古代的韩语发音。从475年到538年熊津是百济的首都。建立百济的人是朱蒙的儿子。朱蒙是建立高句丽的人。 百济灭亡后，唐在熊津设立了“熊津都督部”。后来670年新罗接管熊津。以后熊津的地名依次改为“熊川州”、“熊州”、“公州（970年）”，现在“熊津”的地名是公州。并且在那里口头流传着熊的传说：

以前有一个男孩住在这儿。有一天他去一座山中玩迷路了。他又累又饿，寻找休息的地方。他在流落中总算发现了一个岩洞。男孩在岩洞里休息的时候，突然有一个姑娘进洞窟来了。他和那个姑娘在洞窟里过了一天。那天他们成为了夫妇。

① [韩]郑镐完：《以韩语看的檀君神话》，首尔：明文堂，1994年版，第110页。

② [韩]徐大锡：《韩国神话的研究》，首尔：集文堂，2002年版，第45页。

过了几天后，男孩开始怀疑："这个姑娘到底是什么人？"因为那个姑娘出去后带来饮食的时候，她不让男孩跟她一起走。有一天男孩偷偷地跟踪女孩。他看到女孩变身熊后猎鹿的情况。那天雌熊也知道了男孩发现了她的真面目。所以雌熊每次出猎的时候，用石头挡住洞窟的出口，把男孩关在洞窟里。

时间过得很快。男孩和雌熊在一起的这段时间中，雌熊生了两个孩子。有一天男孩趁雌熊没挡住洞窟出口的机会出走了。雌熊回到洞窟后才发现，男孩已经不在了，只有两个孩子。雌熊抱着两个孩子追赶男孩。雌熊到金江的时候发现了男孩在游泳逃走。雌熊惨痛地叫着男孩。可是男孩没有反应。雌熊觉得男孩看到两个孩子的话可以回心。雌熊带着两个孩子向男孩哭喊希望他回来。但是冷酷的男孩一次也没回头。男孩竟然走了。雌熊完全绝望了。她抱着两个孩子跳江自杀了。

以后很多渡船渡过金江的时候，因为遇到风浪，所以翻了。人们认为雌熊的恨还存在江中。雌熊的灵魂造成风浪。人们为了安慰雌熊的灵魂，在渡津旁边盖了一家庙。1972年有人在这个渡津发现了石熊。这个石熊估计是在6世纪做的。现在"熊神堂"的位置就是那儿。

上述的故事类似赫哲族和鄂温克族的神话。他们都认为熊是父系或是母系的祖先。人变熊的传说在赫哲族特别多，妇女同熊结合产生后代及至产生氏族的传说在松花江下游赫哲族人地区也相当普遍。[①]到现在为止，鄂伦春族仍旧是猎熊的，虽然禁忌没有以前严格，但据经常打猎的人说，人们打到熊以后，仍旧是将熊头割下来，保持着风葬熊头的风俗。有的人——比如专业猎户——还要行跪拜礼，以请求熊的原谅。[②]

然则熊如何成为人的祖先，尤其如何成为人的母系？汤臣

① 黄泽、刘金明：《赫哲族——黑龙江同江市街津口村调查》，昆明：云南大学出版社，2004年版，第294页。

② 郭建斌、韩有峰：《鄂伦春族——黑龙江同江市街津口村调查》，昆明：云南大学出版社，2004年版，第302页。

(Tomson）印第安神话中有和野羊结婚的猎人的故事。成为人妻子的野羊告诉猎人丈夫不要猎母野羊和小野羊。因为母野羊是和他有染的妻子，小野羊是他的儿子。从生物遗传论的角度解释，如果杀母野羊和小野羊，会给集群的繁殖以致命打击，但如果针对公野羊打猎，只要保持一定的数量就不会给集群的繁殖造成破坏性的影响。①

印第安人的价值观是生态平衡的世界观。虽然生活中猎捕野羊获得肉和皮，可是在他们的意识和仪式中并没有羊对人的从属观念。对现代人来说，动物是低等的生命。现在熊和虎都不再是受尊敬的森林之王。现代人不敬畏天空的飞鸟。蜕化的蛇和脱皮的昆虫，冬眠后苏醒的青蛙也不是现代人敬畏的对象。人和动物、人和自然的平衡被破坏了。以前人和动物、人和自然互相拥有同等的地位、互相寻求同等的领域，可是现在人和自然之间已经变成了自然从属于人的关系。

鄂温克族在熊死的时候，像人的葬礼一样烧天香、哭、风葬。这样的习俗是萨满教的特点。东北的少数民族信萨满教是周知的事实。萨满教的特征之一是保留着图腾崇拜。萨满教的图腾和红山文化有密切的关系。

萨满教文化在树立自己精神力量的过程中，曾在诸多对自己有恩惠的和凶猛强大的森林动物中选择，大家不约而同地逐渐向熊靠拢。熊以其各方面的综合长处，终于成为百兽之王，成为包括人在内的动物界最凶悍和最权威的代表。赞美熊，亲近熊，以与熊有血缘关系为荣，把它当成祖先——于是熊作为一个鲜明的文化符号成了北方民族狩猎文化从现实生活到精神偶像的一个阶段性的标志，一个萨满教信仰发展链条上的重要历史环节。牛河梁积石冢多次出土熊的下颚骨，女神庙遗址还出土有泥塑的熊下颌，而且位于主室中心部位，可能具有动物神中主神的地位。有的学者认为红山文化玉猪龙的短立耳、圆睛的特征与熊相似，应称之为熊龙；双兽首环形器的兽有圆立耳，耳甚短不过头顶，菱形宽目，额头甚圆鼓而吻部向尖圆，上唇厚而稍翘，下唇薄，嘴微张，是一件典型的熊首。②

萨满教崇拜熊的原因在别的地方也可以发现。为了成为萨满，必须经过严酷的修炼。像冬眠的熊一样，萨满要经受饥饿和寒冷。那时

---

①［日］中沢新一：《从熊到王》，金玉姬译，首尔：东亚洲出版社，2003年版，第57页。

② 古方：《萨满教特点对红山文化玉器研究的一些启示》，《红山文化研究》，北京：文物出版社，2006年版，第373—374页。

候萨满能化为熊。中潭新一介绍通古斯人萨满起源神话时说：严酷的训练中的萨满志愿者在经受痛苦中感到精神状态的变化。他可以看见以前看不见的世界。他渐渐落到地下世界。在那儿存在像熊一样凶猛的怪物。怪物抓住萨满切成八块后，把萨满的身体放在烧开的大锅里。怪物把像铁水一样的身体拿出来。然后怪物像铁匠一样用萨满的身体做一个东西。萨满恢复意识的时候，发现自己的身体变成了发亮的金属。“打现在起你是真正的萨满。”怪物说一句话后消失。再回到现实世界的萨满变成出色的萨满。虽然一般人不能发现，但是萨满认为自己的身体已经由金属构成。所以他们可以进入别的世界。萨满化为熊后得到自然的力量。关于这一点叶舒宪也说：“熊及其生命存在的空间，都实际上充当着神界（不死的生命）与人界（必死的生命）之间的中介者职能。”[1]

① 叶舒宪：《熊图腾与东北亚史前神话》，《北方论丛》，2010年第6期，第5页。

第二节 象征的整体金冠

一、金冠的主人

新罗是金冠的王国。全世界挖掘出土的纯金王冠只有十余个，其中五个是从新罗古墓中发掘的。[1]新罗人从5世纪开始制作金冠，不过2世纪中叶新罗人已经使用金银珠玉。[2]《三国史记》记载："禁民间用金、银、珠玉。"[3]而且除了新罗以外，高句丽、百济、伽倻也使用了金铜冠。

有的学者主张高句丽、百济及新罗、伽倻的金冠和金铜冠出自古朝鲜的折风形式。[4]并且据《三国史记》的记录，新罗人是古朝鲜的遗民。[5]要关注的现象是金氏继承新罗王位后金冠很流行的事实。新罗第一代王是朴赫居世，然后昔氏和朴氏轮换登位，从第17代开始金氏一直在位。在新罗本来不存在金氏，新罗金氏的始祖是金阏智。《三国遗事》记录的金阏智神话如下：

> 永平三年庚申八月四日晚上，"瓠公"走月城西里时，见到大光明出于始林（有说鸠林）。有的紫云从天垂地，云中有挂在树枝的黄金柜，光自出柜中。而且有一只白鸡在树下叫。他告诉王，王去树林打开柜，柜里有一个童男，躺着的童男就站起来了。这样的现象类似"赫居世"的故事，赫居世故事中有"阏智起来一次"的句子。所以叫童男"阏智"。"阏智"

① [韩]李汉祥：《黄金的国家新罗》，首尔：Gimmyoung Pubilishers, Inc ，2004年版，第42页。

② [韩]林在海：《阐明新罗金冠的起源》，首尔：知识产业社，2008年版，第90页。

③《三国史记》卷1，〈新罗本纪〉第1， 逸圣尼师今 11年 2月。

④ [韩]朴仙姬：《阐明我们金冠的起源》，首尔：知识产业社， 2008年版，第114页。

⑤ 《三国史记》卷1，〈新罗本纪〉第1，" 始祖，姓<朴>氏，讳<赫居世>。<前汉><孝宣帝>，<五凤>元年，甲子，四月丙辰[一曰正月十五日]，即位，号居西干，时年十三。国号<徐那伐>。先是，<朝鲜>遗民，分居山谷之间。"

是小儿的意思。抱着阏智回到宫殿的时候，禽兽都高兴地跟随、跃、跳舞。王择日把阏智册封为太子，不过他交给“婆娑”太子的位子，不即王位。因为从金柜中出现，定为金姓。

阏智生热汉，热汉生阿都，阿都生首留，首留生郁部，郁部生俱道（又叫仇刀），俱道生未邹。未邹即王位，新罗金氏都出自阏智。①

神话的表现方法不仅仅是叙事。仪式、建筑、壁画、造型也是表现神话的途径。金冠也表现着神话。基本上金冠的构成包括树状的立式装饰、悬坠的曲玉、顶上有鸟形饰。对金冠的解释有两种倾向。第一种倾向是强调金冠文化和阿尔泰文化及西伯利亚萨满教的关系。在阿尔泰文化圈，崇拜神圣的乌，氏族的祖先及王所诞生于其下的神灵树。并且在Issyk发掘的金冠（公元前3世纪）侧面的立式装饰类似于西伯利亚巫冠的鹿角。所以按照有些学者的主张，金冠正面的“出”字形立式装饰可能表现树，侧面的立式装饰表现鹿角。这种倾向是一种传播论的立场。

第二种倾向拒绝传播论的立场。按照第二种倾向的意见，金冠是新罗人的固有文化。金冠表现的是金阏智神话。根据第二种倾向，表现树的立式装饰意味着金阏智被发现的树林，金冠上的鸟就是神话里出现的鸡，金冠侧面的立式装饰也是表现树的。第二种倾向是一种自生论。其实乌是象征太阳的，而且高句丽的古墓壁画中也出现三足乌。

●图4-2-1　鸡林：庆州金氏的始祖阏智出生的地方

●图4-2-2　鸡林碑阁

① 《三国遗事》卷1，《新罗本纪》第1，“金阏智脱解王代”。

●图4-2-3　天马冢金冠（天马冢出土，6世纪，庆州博物馆）

●图4-2-4　校洞金冠（新罗时代，庆州博物馆）

两者的立场都显得极端。文明是以自生性和模仿性的互相作用生成的。金冠也是如此。极端地主张传播论，否定自生性，或者同样极端地主张自生性，否定文明的共有性，都是失之偏颇的。这就类似于宗教和科学的关系。以科学的角度来看宗教，宗教是不能还原的虚构。如果以科学看世界，在世界中不能存在任何神圣性。同神话中包括分化和回归、罗各斯（Logos）和秘索思（Mythos）等辩证统一一样，物质文化里也同时存在自生性和模仿性。那么究竟应该如何解释金冠呢？

关于金冠的叙事中，关键的人物是金阏智。金阏智神话的重要母题是光明、始林、紫云、黄金柜、白鸡。光明、紫云、白鸡和天神崇拜、天孙降临有关系。金阏智从黄金柜里出现，他不是卵生。联系脱解神话，黄金柜里的人不是仅指金阏智一个人，他是代表，估计他也是率领集团的渡来人。然则金阏智到底是谁？

金阏智是金日磾的后代。在新罗第30代王“文武王碑”中记载：“我新罗之先君灵源自继昌基于火官之后，峻构方降，由是克（绍宗）枝载生，英异秺侯祭天之胤，　传七叶而（所自出）焉。”而且　“大唐故金氏夫人墓铭（1954年陕西省郭家滩出土）”阐明新罗金氏的始祖是少昊金天氏，金日磾是少昊金天氏的子孙。

按照《汉书》卷六十八《霍光金日磾传》，金日磾本来是匈奴王休屠的儿子，后来他投降汉武帝，他被汉武帝赐金姓。关于匈奴，《史记》记录：“匈奴，其先祖夏后氏之苗裔也，曰淳维．唐虞以上有山戎、猃狁、荤粥，居于北蛮，随畜牧而转移”。匈奴的力量从汉初期冒顿时强盛起来。《史记》又记录：“自淳维以至头曼千有余岁，时大时小，别散分离，尚矣，其世传不可得而次云．然至冒顿而匈奴最强大，尽服从北夷，而南与中国为敌国，其世传国官号乃可得而记云。”不过从匈奴王单于的记录上发现特异点。《汉书》卷九十四上《匈奴传》记录：

"单于姓挛鞮氏，其国称之曰：撑黎孤涂单于。而匈奴谓天为 '撑黎'，谓子为'孤涂'，单于者，广大之貌也。言其象天，故曰撑黎孤涂单于。"

按照记录，"天的儿子单于"是匈奴王的名称。撑黎同意味着天的蒙古语"腾格里（Tengri）"近似。 汉语的"天"一词在阿尔泰语系蒙占、突厥语诸民族语言中均称Tengri，但由于不同的语言特点，该词在民族语中稍有不同的发音。除 Tengri 之外，突厥语民族中还有 Tenggere，Tengrl，Tangri， Tangara，Ture等。在蒙古语族语言中有东部裕固成为Tengger；保安语称Tenggreg；达斡尔语称Tengger；土族语称Tenggr。据汉籍文献记载，古代阿尔泰语系一些民族称天为"撑犁"、"登疑梨"、"登里"、"登利"、"天哥里"等。[①]

撑犁是表现出对天即腾格里的信仰，而且单于也不是固有名词，而是一般名词。就《史记》的记录而言，无论谁是王，匈奴都呼其王为单于，一般匈奴王的名称就是单于。这样的称呼法类似檀君的称呼。有的韩国学者认为檀君的语源是"Tengri"。檀君的父亲桓雄是从天上降临的，所以檀君当然是天的儿子。而且檀君的正式名称是檀君和王俭合在一起的"檀君王俭"。王俭的"俭"意味着群长或者神。按照崔南山的理论，"檀君"的意思是祭主即巫君，"王俭"是表现政治的权威和权力的尊称。总之，檀君王俭意味着祭祀长兼政治长的祭政一致社会的首领。撑黎孤涂单于显示了檀君王俭的构词法。《史记》卷110《匈奴列传》又记录有单于作为祭祀长的因素。

岁正月，诸长小会单于庭，祠。五月，大会茏城，[一]祭其先、天地、鬼神。秋，马肥，大会蹛林，[二]课校人畜[三]计。其法，拔刃尺者死，坐盗者没入其家；有罪小者轧，[四]大者死。狱久者不过十日，一国之囚不过数人。而单于朝出营，拜日之始生，夕拜月．其坐，长左而北乡。[五]日上戊己。其送死，有棺椁金银衣裘，而无封树丧服；[六]近幸臣妾从死者，多至数千百人。[七]举事而候星月，

① 那木吉拉：《中国阿尔泰语系诸民族神话比较研究》，北京：学习出版社， 2010年版，第216页。

月盛壮则攻战，月亏则退兵．其攻战，斩首虏赐一卮酒，而所得卤获因以予之，得人以为奴婢。故其战，人人自为趣利，善为诱兵以冒敌。故其见敌则逐利，如鸟之集；其困败，则瓦解云散矣。战而扶舆死者，尽得死者家财。

向日出的地方朝拜的行为显示出匈奴崇拜太阳，即天神崇拜。天神崇拜的线索在《史记》的记录中可见：“其明年春，汉使骠骑将军去病将万骑出陇西，过焉支山[一]千余里，击匈奴，得胡首虏（骑）万八千余级，破得休屠王祭天金人。”

自从遥远的过去开始，阿尔泰语系突厥、蒙古语族诸民族就信仰腾格里神即天神，他们当中传承有关腾格里神话。在这些神话中腾格里是至高神，是宇宙万物的创造者，也是人类物质和精神生活以及思维活动等的赐予者。所以，阿尔泰语系诸民族对腾格里的崇拜达到无以复加之程度。在神话中的腾格里神具有这样的多功能，主要是以上述民族先民中广泛传承的“万物有灵”观念为基础的，是同以自然崇拜为特色的古老的原始宗教——萨满教有关的。因为腾格里是萨满教的最高神灵。当然由于人类社会的发展以及随之而来的人们的思想观念的变化，尤其是，由于阿尔泰语系突厥、蒙古语族诸民族在历史上不断改宗，腾格里信仰及神话也随之发生着变异。[①]

那么祭天金人到底是什么？ 关于祭天金人《史记集解》记录如下：

[二]集解汉书音义曰：“匈奴祭天处本在云阳甘泉山下，秦夺其地，后徙之休屠王右地，故休屠有祭天金人，象祭天人也。”索隐韦昭云：“作金人以为祭天主。”崔浩云：“胡祭以金人为主，今浮图金人是也。”又汉书音义称：“金人祭天，本在云阳甘泉山下，秦夺其地，徙之于休屠王右地，故休屠有祭天金人，象祭天人也。”事恐不然。案：得休屠金人，后置之于甘泉也。正义括地志云：“径路神祠在雍州、西北九十里甘泉山下，本匈奴祭天处，秦夺其地，后徙休屠右地。”按：金人即今佛像，是其遗法，立以为祭天主也。

① 那木吉拉：《中国阿尔泰语系诸民族神话比较研究》，北京：学习出版社，2010年版，第215页。

祭天金人估计是连接天和人的一种神物，而且是祭天的神主。制造人像崇拜的文化在红山文化的玉器中被反映。红山文化的玉器中有玉神祖、玉神人、玉女神。而且夏家店上层文化的青铜器中发现人面形饰和阴阳剑。锡西厄文化的特点就是金属工艺。

辽宁省文物考古研究所于2002年、2003年先后两个年度在红山文化牛河梁遗址第16地点进行考古发掘，发现6座红山文化墓葬，其中4号墓的发掘最引人注目。4号墓出土的玉人是红山文化玉器中新发现的器类，最为重要。[①]玉人出土在墓主人的左侧骨盆外侧，由淡黄绿色软玉圆雕而成。玉人裸体，身体清瘦，五官清晰，眉头紧皱、双眼半合、嘴巴半张，俨然一副神灵附体进入痴迷状态的表情。他双臂曲肘扶于胸前，双腿并立，额间凹陷，肚脐凸鼓，雕刻线条宽短而概略。背面在颈的两侧及颈的后部对钻三孔呈三通状，高18.5厘米。[②]发掘玉人的墓的规模与周围的其他墓葬形成鲜明对比，充分表现出墓主人“一人独尊”的地位，即一位通神的萨满。腰间悬挂的玉人等特殊器物即是萨满作法时使用的法器，目的在于制造庄严肃穆的气氛、增强法力，使神灵快快附体，沟通人神。[③]

法国的亚洲学者格鲁赛特（Rene Grousset）说：匈奴文化和锡西厄文化有密切的关系。匈奴的主要艺术品是雕刻动物纹样的青铜腰带等多样的版式、金银装饰、环、马具装饰、装饰长枪梢的母鹿等，这样的叫鄂尔多斯艺术。[④]祭天金人估计是玉人和锡西厄文化的结合物。

虽然金阏智具有匈奴的文化因素，却不能说金冠表现匈奴文化。金阏智来到新罗的时期是脱解在位的时期。脱解是新罗的第4代王，金氏从第17代开始当成王。金阏智和第一代金氏王之间有13名王，金阏智集团先要适应新罗文化，他们完全融入新罗社会后才当成王。而且高句丽也用了金铜冠，这样的现象说明分析金冠的时候，要考虑高句丽文化及东北文化。

---

① 曹楠：《红山文化玉巫人辨析》，《红山文化研究》，北京：文物出版社 ，2006年版，第322页。

② 朱达、王来柱 ：《牛河梁遗址第十六地点发掘获重大成果》，《中国文物报》，2003年。

③ 曹楠：《红山文化玉巫人辨析》，《红山文化研究》，北京：文物出版社， 2006年版，第327页。

④ [法]Rene Grousset：《欧亚游牧帝国史》，金浩东等译，首尔：四季节出版社，2000年版，第68页。

●图4-2-5　骑马人物形土器（新罗时代，庆州博物馆）

二、神话与金冠

与金冠直接有关系的神话是金阏智神话。不过金阏智神话和金冠都是受新罗文化的影响的。新罗的建国神话是朴赫居世神话。估计朴赫居世神话反映新罗的传统文化观念。而且《三国遗事·金阏智》中记载有“如赫居世之故事”。所以金阏智神话、金冠和朴赫居世神话需要进行对比。朴赫居世神话的主要母题是萝井、白马、紫卵，金阏智神话的主要母题是始林、白鸡、金柜，金冠的主要构成物是金、鸟、树。

神话和金冠的母题

	朴赫居世神话	金阏智神话	金冠的构成物
出现场所	萝井（鸡井）	始林（鸡林）	树
出现动物	白马	白鸡	鸟
出现方式	紫卵	金柜	金
出现者	朴赫居世	金阏智	曲玉

三者的结构相似。而且它们都表现天神崇拜思想。朴赫居世出现的场所是井边，金阏智是树林。这意味着朴赫居世是比金阏智农耕化的人。白马告知朴赫居世的出现，金阏智的象征动物是白鸡。可是朴赫居世的妻子阏英从鸡龙的左肋出现及她的嘴唇同鸡嘴类似。象征阏英的动物是鸡。《三国遗事·纪异新罗始祖赫居世王》后半部记载了鸡井、鸡林的问题：

国号徐罗伐，又徐伐。（今俗训京字云徐伐，以此故也）或云斯罗，又斯庐。初王生于鸡井。故或云鸡林国，以其鸡龙现瑞也。一说，脱解王时得金阏智。而鸡鸣于林中，乃改国号为鸡林。

朴赫居世出现的萝井又是鸡井。新罗文化中鸡是重要的动物，所以井和林叫鸡井和鸡林。可是朴赫居世神话的重要动物是马。马运送朴赫居世，同时象征朴赫居世的本来属性。新罗是几个集团的结合体，象征朴赫居世集团的动物是马，先住民的象征动物是鸡。联系几个集团、合并几个集团的朴赫居世要超越一个集团的象征，而且他是被养育后成为王的。所以朴赫居世神话中混杂着游牧文化和农耕的文化。阏英的情况也一样，她的嘴唇象征鸡，可是她的鸡嘴最终掉了下来，这是因为她成为王妃后不能只象征一个集团。阏英也要超越各集团。金阏智神话亦如此。他的神话里存在他自己的文化因素和新罗的文化因素。金阏智接近崇拜鸡和树的集团。金冠就是金阏智神话的物质的表现物。

有紫云从天垂到地上，其云中有挂在树上的黄金柜，那时白鸡在树下鸣。这是金阏智出现的情况。紫色象征天或太阳，可是垂到地上的是云。虽然云也是天上的东西，但是云不是天本身的象征。云是一种运送黄金柜的手段。通过云垂到地上的现象意味着金阏智无法阐明自己是天的嫡子，或者现实是，他到的时候，虽然新罗人承认他们是天神崇拜的集团，可是不承认他成为王。脱解王册封他为太子，但金阏智把太子的地位让给婆娑王。估计新罗社会中有排斥金阏智的集团的集团。所以金阏智不通过日光降临始林，而通过云降临始林。而且云联结雨，雨联结农耕。金阏智是游牧民族匈奴族的后代，但在他的神话中，没有表现出游牧民族的文化因素。金阏智神话中的母题表现他融入新罗社会的情况。所以象征新罗文化的鸡告知他的降临。不过黄金柜似乎表现了金阏智集团的金属工艺。

金阏智降临的地方是始林中的树枝。桓雄降临到太白山神檀树。圣树宇宙木、宇宙山是东北神话中常出现的母题。天命降下于圣树，和天沟通的圣树是人与天的中介者。金冠的“出”字形立式装饰表现了树的造型。1926年在庆州瑞凤冢出土了高度30.7厘米、圆径18.4厘米、垂饰24.7厘米的金冠。这顶金冠就是瑞凤冢金冠。瑞凤冢金冠的树枝上有鸟。韩国学者认为那只鸟是凤，可是笔者估计那只鸟是鸡，鸡是凤的原型。

帽顶上的鸟是金冠的特点。 解慕漱也戴了乌羽冠。高句丽人戴三角笠模样的折风，而且当官的人把鸟翎插上折风，有时候围金边或银边。在龛神冢、铠马冢、舞踊冢、双楹冢的高句丽古墓壁画中可以确认高句丽人的冠帽样式。鸟翎是鸟的象征。尤其高句丽人崇拜的鸟是象征太阳的三足乌。朝鲜的平安南道真坡里出土了金铜冠、金铜透雕装饰板。长22.8厘米、高15厘米的金铜透雕装饰板是5—6世纪高句丽时代的作品，在中央有象征太阳的三足乌，上边有凤凰，左右有龙。

三足乌曾经出现在湖南省长沙马王堆一号古墓丝绸画上。《楚辞》和《山海经》也记录了三足乌的存在。而且8世纪初编纂的《日本书记》和《古事记》中也出现类似三足乌的“八咫乌”。现在日本足球协会的象征也是三足乌。崇鸟、鸟灵思想是被普遍发现的现象，天神崇拜集团认为鸟是神和人的中介者。代表韩国崇鸟信仰的文化现象是立木，立木是立好杆子后，把鸟放在立木的顶上的仪式。一般杆子的材料是木，而有时候使用石柱、类似于烽礅的堆积石头，或用绳子盘秸秆。表现的鸟一般是鸭或雁。立木是天神或太阳崇拜思想和农耕文化的结合物。瑞凤冢金冠也表现树上的鸟。不过只有瑞凤冢金冠上出现了鸟。有的金冠上没有曲玉。帽的样式和装饰象征身份。估计鸟和曲玉的有无表现主人的身份、来历、地位。不过萨满的神帽和金冠的构成方式相似。

野祭的时候，鄂伦春族萨满戴顶有鹰的神帽。帽顶之鹰（模型）象征萨满灵魂的翔天能力。神帽则以铁片为骨架，帽口有一铁圈围成，上面是一十字形的半圆顶。在十字半圆顶上安有两只三杈或六杈的铁鹿角。帽角一般有三至九个角，用以挂铃铛和彩布条。越是老萨满，帽角就越多。铃铛，挂缀在帽檐部位。小镜子有的用亮铁片代替，安缀在帽前正中，据说可当照妖镜。穗子，由五颜六色的彩布条构成，缝缀在神帽的延沿处。遮眼，用串珠或黑丝绥带缝在帽下端，用以遮挡萨满的眼

●图4-2-6　金冠帽（天马冢出土，6世纪，庆州博物馆）

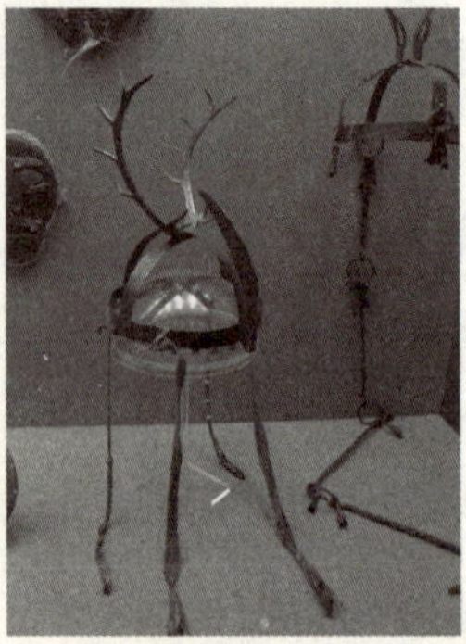

●图4-2-7　萨满冠（西伯利亚Ket族）

睛。帽的周围及帽顶，用布包好缝住，便构成了完整的神帽。①

有些韩国学者认为金冠侧面的立饰装饰表现的就是鹿角。可是韩国神话中，鹿只是在朱蒙给鹿发咒的时候出现过。虽然西伯利亚和东北萨满的帽子上有鹿角，可是那个地区和新罗的环境不一致，而且金冠是表现神话的。所以金冠侧面的立饰装饰应该是树枝。其实树和鸟的象征比较明显，问题在曲玉。虽然曲玉的样子简单，可是曲玉具有的象征意义并不简单。

三、象征原型的曲玉

（一）生命的起源

金冠上曲玉累累。曲玉不仅在金冠上使用，也挂在肩膀带和腰带上。而且伽倻的金冠上也有发现。韩国文化中，最早的曲玉是新石器时代用天河石制造的半块形曲玉。类似的曲玉发现于青铜器时代遗址北朝鲜平安北道大坪里和安眠岛古南里贝冢。②1966年在韩国庆尚南道的晋阳水库工事中，发现了青铜器时代玉工房遗址，出土了磨石和曲玉。测定放射线碳素年代，结果为玉房遗址的年代估计是公元前1590—公元前1310年、公元前1620—公元前1400年。③

发现与使用曲玉的地方不仅是朝鲜半岛，日王在继承王位的时

●图4-2-8　各种曲玉

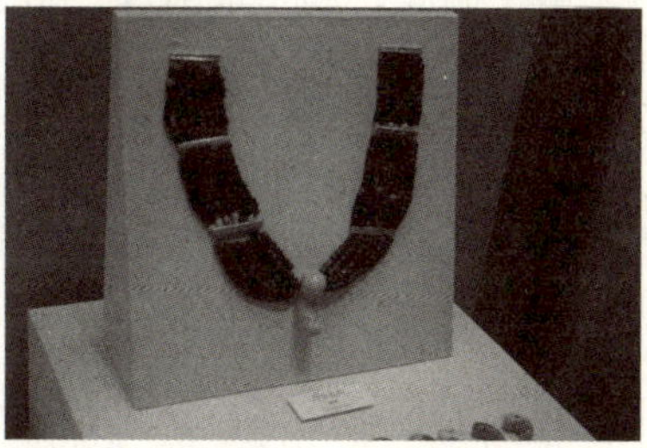

●图4-2-9　胸饰（新罗时代，庆州博物馆）

① 王宏刚、于晓飞：《北方萨满文化》，成都：四川文艺出版社，2007年版，第40页。

② [韩]金秉模：《金冠的秘密》，首尔：蓝的历史出版社，1998年版，第34页。

③ [韩]李亨求：《在渤海沿岸找到的韩国古代文化的秘密》，首尔：Gimmyoung Publishers, Inc, 2004年版，第178页。

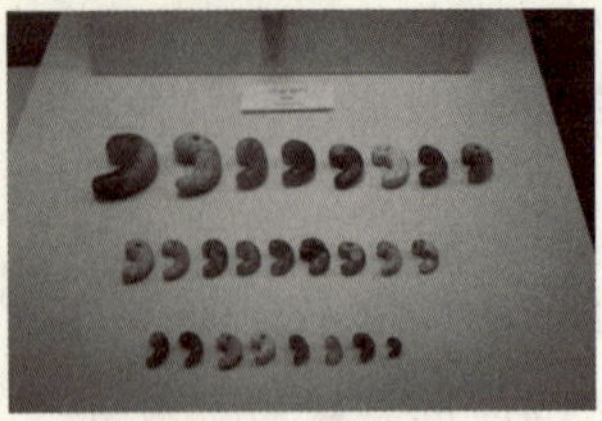

●图4-2-10　各种曲玉（新罗时代，庆州博物馆）

候，新王继承王的三种神器之一就是曲玉。按《古事记》和《日本书记》的记载，听从天照大神的命令，琼琼杵尊降临地上的时候，带来三种神器，三种神器象征天孙。三种神器证明王的天孙血统，象征王的正统性，不过王也不能看三种神器。三种神器是镜子、刀、曲玉。三种神器同萨满的神器或者桓雄的三个天符印相似，天符印也是象征天孙的。其实日本神话和檀君神话之间有很多相似的地方。除了日本以外，曲玉在阿尔泰东部Pazyryk古墓群（公元前5—公元前3世纪）也被发现。在Pazyryk古墓出土了大型毡，在毡上画着见萨满的骑士，马的胸部和鼻梁发现曲玉。那么，曲玉到底象征的、表现的是什么呢？

曲玉的由来大概分为虫子、鱼、月、胎儿四种。它们都和生命有关系。“盘古神话”和“创始歌”中，人从虫子感风而化来。虫子是卵和成虫的中间阶段，从卵孵出的虫子通过蜕皮成为成虫。看起来低级丑陋的幼虫褪去外壳后成为蝴蝶、蜻蜓等。对虫子来说，蜕皮是一种重生复活的过程。

虫子有很多种类。蚕蛾的幼虫蚕吐丝。古代埃及人看蜣螂滚圆屎块儿联想出了太阳神拉（Ra）推动太阳的样子。埃及的太阳神早上叫Khepri，中午叫Ra，晚上叫Atum。Khepri的样子就是蜣螂。古埃及人觉得虫子在屎或者尸体中产卵的行为象征复活。并且一次产下很多鱼子的鱼象征多产。

月象征生死复活。月象征诸种创造物避免死去，月是最早被联系到关于死亡的创造物。不过月同时也是重生的第一个创造物。月象征永远回归。月的样子总是变化，变化的样子给人循环的观念。比如说，因为发了大洪水，犯罪的人类绝灭后，新人类从神话的祖先或者具有伴月周期行为的动物（lunar animal）中出现。[1]

胎儿意味着生命的诞生。卵子和精子受精后，受精卵开始细胞分

① M.Eliade: *The Myth Of The Eternal Return*(*Cosmos And History*), Trask, Willard R. (TRN), Smith, Jonathan Z. Princeton Univ Press, 2005.

化，受精卵渐渐变成胎儿的样子。可是还没具备五官前，人的胎儿和鱼类、两栖类、爬虫、鸟类、哺乳类的样子类似。虽然人胎生，不过胎生和卵生之间有结构的相似性。卵被硬的壳子包围着。为了从壳子中孵出来，要把壳子打坏。人类胎儿被羊膜包围着，羊膜的状态类似卵。熊女、萨满的通过仪礼，熊和青蛙的冬眠，都与此类似，诞生是从单细胞开始不断地进行细胞分裂后，打坏壳子出现在新世界上的行为。

虫子、鱼、月、胎儿的形成、出生过程可以归结为生命、诞生、重生复活，通过曲玉，这些之间的联系可以得到象征性的表现。月和胎儿之间有更密切的关系。埃利亚德说："古代人崇拜具有产科效验的石头。多产石的效果起因于那块石头和月的认同或者借石头想起怀孕的事实。假如巴比伦人认同怀孕石和月的话。"[①]曲玉不是象征一个事物的。曲玉象征成为所有生命起源的过程。

形态上，曲玉是一种"C"字形玉器， "C"字形玉器也有分化，表现具体的人、动物等。有的"C"字形玉器表现动物和动物的结合。在神话上，常见两只动物或者动物和人结合起来构成一个生命体的形象。希腊神话中出现的Minotauros是牛头身人的怪物，Kentauros是半人半马的怪物。伏羲和女娲的样子是人头身蛇的，并且《山海经》中出现很多动物和动物的结合体、人和动物的结合体。红山文化出土的玉器也呈现出这样的现象。

怪物不是想象和想象的结合体，而是实际和实际结合引起变形产生想象的存在。在"C"字形玉器上发生的就是这样的过程。在神话中，受精卵变成胎儿、胎儿变成熊、熊变成人、人变成熊、熊变成龙的不是奇怪的现象。反而在神话的世界，不变的存在却是奇怪的。奥维德（Ovidius）说："一切的都是变化而已。没有消失的。到处彷徨的灵魂存在于适当的形象。动物的灵魂，存于人的肉体，人的灵魂，存于动物的肉体。这样一直循环而已，绝对没有消失的。"[②]如果有治神话世界的法则，这就是变形的法则。[③]能变化出一切的世界就是神话的世界。

---

① Mircea Eliade, *The Forge and the Crucible*, Translated from the French by STEPHEN CORRIN, The University of Chicago Press, 1978.

② 奥维德：《变身故事（Matamorphaes）》，李润基译，首尔：民音社，1997年版，第507页。

③ Ernst Cassirer：*AN ESSAY ON MAN*，YALE UNIV. PRESS, 1944，p.133.

●图4-2-11　玉熊龙（红山文化）

（二）龙与曲玉

在西方，龙具有邪恶的形象，可是东方的龙象征神圣。西方的Dragon和东方的龙完全不同。北玄武、南朱雀、左青龙、右白虎的四神中，龙是最富于想象性的动物。但想象的基础还是在于现实。巴什拉说："以水、火、土、空气四元素可以分类所有的形象。形象具有时代的超越性和文化的普遍性。"[①]虽然随着时代的潮流和文化的发展龙的样子变了，可是龙也具有超越性和普遍性。《尔雅翼·释鱼》说：

> 龙，春分而登天，秋分而潜渊，物之至灵者也（中略）角似鹿，头似驼，眼似兔，项似蛇，腹似蜃，鳞似鱼，瓜似鹰，掌似虎，耳似牛。头上有无如博山，名尺木，龙无尺木不能升天。

那么龙的起源是什么？闻一多、孙作云、袁德星等认为龙的原形是蛇；卫聚贤等学者认为是鳄鱼；朱天顺以为是闪电；刘淮城认为是蜥蜴或河马。此外还有彩虹说、云气说、神树说等等。[②]但是龙的形象不是一下子出现的。为了探索龙的原形先要看龙的转变。发现龙的地点和时期如下：

① [韩]洪命憙：《想象力和加斯东巴什拉（Gaston Bachelard）》，首尔：Sallim Books，2005年版，第34页。

② 刘毓庆：《图腾神话与中国传统人生》，北京：人民出版社，2004年版，第3页。

名称	发现地点	制造时期（公元前）
石塑龙	辽宁省阜新查海	5600年
蚌塑龙	河南省濮阳市西水坡	4400年
石塑龙	湖北省黄梅县	4000年
陶尊龙纹图	内蒙古赤峰市敖汉旗小山	4000年
多样的玉龙	辽宁省牛河梁	3500年
玉雕龙	内蒙古翁牛特旗三星他拉村	3000年

查海文化的石塑龙和西水坡的蚌塑龙类似于现在的龙的样子。不过龙不是实在的动物，龙的样子不是突然出现的。龙崇拜经过社会的合议和铭刻集团的象征的过程，龙的形象也经过具体的发展过程。初期具有龙的外形的遗物是红山文化的玉龙胎。玉龙胎大概分为三种：第一种是抽象型。整体造型近似扬口“C”字形。龙胎体呈左式，龙头上扬，龙体全身无足无爪，无角无鳞，光素无纹。第二种是简洁型。整体造型“C”字形。龙胎体倦曲呈坐式，扁圆形龙尾及身躯，光素无纹。第三种是古朴型。整体卷曲呈“臣”字形。龙体卷曲，首尾相连。龙嘴吼张，怒目锐角，弓形的龙背上雕琢几条宽窄适宜的弧形阳槽线，恰是龙随躯体翻滚蠕动，纵观整体造型，像似龙在空中腾飞。[①]可是第三种古朴型很难叫作玉龙胎。它不是胎的样子，而是已经长大的样子。

玉龙胎是分化的起点，玉龙胎的样子很像曲玉。曲玉可能就是玉龙胎形成前的原型。等到玉龙胎具备“C”字形玉器的形貌，红山文化的“C”字形玉器逐渐变形成为龙的样子。当然红山文化的“C”字形玉器和曲玉之间有很长的时间差。可是一般曲玉出土的地方是积石、石棺、支石墓、积石冢等同石头有关系的墓葬。积石木椁坟的红山文化墓制暗示红山文化和韩国文化可能的联系。而且“C”字形玉器中发现有其他动物和龙的结合。

从牛河梁工作站出来，继续参观积石冢，就是1984年发掘出那一对玉龙的所在地。给我留下深刻印象的是，庙与坟冢的相互对应：玉雕熊龙用于埋葬者，泥塑熊神偶像则用于生人举行仪式及祭祀的神庙中，并且与泥塑的女神像对应出现。这就隐约透露出围绕着熊神偶像的一套信仰和仪式。在我看来，孙守道等发掘者最初将积石冢出土的一对玉龙指认为猪龙，后来经过仔细辨认又改叫“熊

① 刘永胜、王长江：《红山古玉文化研究》，北京：宗教文化出版社，2004年版，第72—73页。

龙”，这是一次非常重要的改判。尽管至今学界仍然众说纷纭，没有就此达成一致意见，但是更加充分的旁证还是会使熊龙说后来居上，获得与日俱增的认可吧。①

玉器展示熊与龙的结合。为什么当时人把熊和龙结合到一起呢？弗雷泽在《金枝》中提出的巫术的原理可以参证。巫术原理的构成有两个基础。第一个是：相似的东西产生相似的东西。进一步说就是，结果像原因。第二个是：以前彼此接触的东西分开后也互相作用。第一个叫“相似律（Law of Similarity）”，第二个叫“接触律（Law of Contagion）”。类感巫术的基础是相似律，交感巫术的基础是接触律。熊的特点是重生复活和巨大的力量。想象出来的动物龙就必须拥有超越一切的力量。以相似律推断之，龙应该从现实中力量最大的动物形象中获取灵感——那很可能就是熊。

高句丽的古墓壁画和母子曲玉还显示出龙和曲玉的关系。在朝鲜平安南道南浦市发现了5—6世纪高句丽古墓狩猎冢，狩猎冢的壁画中画着四神图和三足乌，不过青龙的尾巴部位画着曲玉。蛇的生殖器在尾巴上，它产卵的地方也是尾巴部位。青龙的尾巴画着曲玉的动机可能预示着它将要生龙胎。母子曲玉的外形是在大曲玉上附着小曲玉的样子。而且母子曲玉上有类似于鳞的槽子。《广雅》中记载龙的鳞数是81个，个位中最大的正数9乘以9是81。母子曲玉上正好有81个槽子。这样的现象暗示曲玉和龙的关系。韩国学者姜友邦根据这些主张曲玉不仅是龙的来源，也是韩国传统纹样的来源。②不过曲玉更象征生命的起源，分化以前的状态。在神话世界，曲玉分化出所有的象征物。

这一章的物的叙事，通过女神像与熊，金冠与树、鸡、曲玉，曲玉和龙的密切象征关联，揭示了东北亚神话中内在的神话思维。分化、合一的循环往复与和谐认同是整个史前文化生生不息的动力之源，其对于现代文明失衡的启迪就在于此。

① 叶舒宪：《熊图腾》，上海：上海画报出版社，2007年版，第43页。

② [韩]姜友邦：《韩国美术的诞生》，首尔：松出版社，2007年版。

第三节
神话的图像叙事

一、死者的空间：高句丽古墓壁画与神话

古墓的墙和天花板上有图画。古墓壁画是为了死者而作的。古墓壁画表现了死者的在世、死者要去的世界、理想生活的世界。所以在壁画上共存着现实和想象、现世和来世。古墓是生者为死者营造的空间，古墓又暗示着神话和现实、神圣和世俗的观念。

发现壁画的高句丽古墓主要分布在从公元3年到427年间的朝鲜首都地区中，即第二次的首都国内城和第三次即最后的首都平壤地区。现在国内城的位置是吉林省集安县。到现在发现的古墓壁画一共有107幅。高句丽的古墓壁画不同时期表现出不同特点，一般古墓壁画分为3世纪到5世纪初的初期、从5世纪到6世纪初的中期、从6世纪到7世纪的后期。当然这样的分类并不是很严密。如下表：

高句丽古墓壁画的主题变化与来世观的潮流[1]

来世观	继世观 → 继世观 升仙观	→ 继世观 ↘ -- → 升仙观 → 升仙观 → 前生观 → 前生观	----------- - ↘ -- ↘---------- ↘ → 前生观 -----↗	→ 仙佛混合的来世观

① [韩]全虎兑：《高句丽古墓壁画研究》，首尔：四季节出版社， 2000年版，第356页。

（续表）

壁画主题	生活风俗（四神）	生活风俗、生活风俗+四神、生活风俗+装饰纹、装饰纹	生活风俗、生活风俗+四神、四神、生活风俗+装饰纹、装饰纹	四神
主要事件	372年公认佛教	427年迁都平壤	475年占领汉江流域、百济南迁	551年高僧惠亮亡命新罗
时期	4世纪	5世纪前半期	5世纪后半期	6世纪

古墓壁画的主题、古墓壁画主要表现的神、人、动植物等的形象直观说明了当时人的信仰、生活场景及他们所想象的来世。首先古墓壁画反映了死的观念。可是生死类似硬币的两面。活着的人画的古墓壁画表现死者的世界，被表现的死者的世界反映现实。现世的信仰和宗教决定自己的来世。基督教徒认为因为他们信上帝能去天堂。佛教徒认为自己置身轮回之中，按照他们宗教的逻辑，如果他们在现世行善业死后能去极乐。佛教、儒教、基督教的丧礼都不同。埋葬、火葬、风葬、水葬等的葬礼风俗也起因于信仰体系。

古墓壁画也被社会的变化所影响。高句丽的古墓壁画展示不同时期的特点。古墓壁画的变化意味着高句丽社会、信仰体系、来世观的变化。初期古墓壁画一般描写主人公的居所、主人公夫妻像、厨房等现实日常生活。而且坟墓内部结构也布置成类似现实家庭的样子。初期古墓壁画的代表是位于中国吉林省集安市如山南麓的角抵冢、中国吉林省集安市如山南麓的舞踊冢、朝鲜黄海道安岳郡龙顺里的安岳3号墓、朝鲜平安南道大安市德兴里的德兴里壁画古墓。

当时人为什么在古墓里画现实的生活呢？是生者希望死者去来世享受类似活着的生活吗？是相信死者愿意去来世享受类似活着的生活，还是他们认为来世类似现世？这里要再分析古墓壁画反映现实社会的信仰，初期古墓壁画反映那时代的社会来世观。初期古墓壁画的主要内容是日常空间和公务空间、打猎和跳舞、类似天文图的宇宙景象、古代的故事、包括四神等想象的动物。这些壁画的构成物是现世的变奏，同时展示死者所到世界与现世相似的信仰。现世的生活、现实的空间以及来世的信仰表现为继世观，即复现生者的世界。[①]在位于朝鲜南浦的龛神

① [韩]边太燮：《韩国古代继世思想与祖上崇拜信仰》，《历史教育3—4集》，1958、1959年版。

冢的古墓壁画中出现了西王母的形象。龛神冢壁画中的西王母坐在峻险的山峰之间。

西王母崇拜不是高句丽人的思想。《山海经·西山经》称："玉山，西王母所居地也。西王母其状如人，豹尾虎齿而善啸蓬发带胜。"按照《山海经·西山经》的记录，可能西王母本来是原始图腾形象。可是她的形象经过中国人民一代代的改造，变得更加美丽丰满。然后，西王母变成居住在昆仑山的最高女仙，是长生不死的象征。尤其汉代是西王母神话的鼎盛时期，最近半个世纪的考古发现，在河南、山东、陕西、四川、山西、浙江、江苏、湖南等汉代的中心地区，有大量的以西王母神话题材为主要表现内容的汉代画像石、画像砖、铜镜、铜摇钱树、壁画、玉器及漆器等出土文物，西王母故被称为汉代艺术中最为常见的神话人物。①

《汉书·哀帝纪》记录："哀帝建平四年春，大旱，关东民传行西王母筹，经历群国，西入关，至京师，民又会聚祀西王母。"无论贵族和民间，西王母的信仰一直香火不断，西王母信仰转变为救世信仰。这样的西王母信仰传播到乐浪。乐浪是汉武帝灭亡卫满朝鲜后设置的汉四郡之一。313年高句丽把乐浪并入。西王母信仰估计是由乐浪和迁移高句丽的汉人传进朝鲜的。

西王母的出现意味着新来世观的出现。到她出现之前的来世观是继世的，和西王母同时出现升仙的来世观，即升仙观。升仙的来世观取代继世观，和佛教的来世观并存于高句丽人的思维中。然而高句丽人为何会接受升仙的来世观呢？这个问题的线索在角抵冢的壁画上。代表角抵冢的壁画是摔跤的画面。摔跤的两个人左边有一棵树，树的根部有熊和虎。高句丽古墓壁画的问题在此同檀君神话和朱蒙神话联系起来。

首先树是古墓壁画中多次出现的题材。尤其是树的根部的熊、虎让人联想到檀君神话中出现的神檀树及熊和虎。檀君神话的桓雄降到太白山神坛树下，熊和虎对桓雄祈愿变成人。角抵冢的壁画表现神坛树下的熊和虎。而且神坛树不是一般的树。在神话上，树意味着人和神沟通的通道、宇宙的中心轴。神坛树内蕴着上升和下降的意象。

① 易思羽主编：《中国符号》，南京：江苏人民出版社，2005年版，第28页。

类似桓雄从天降到地上，朱蒙的父亲解慕漱也从天降到地上。然后解慕漱升天后不再回来。[①]升天不回来的存在不仅是解慕漱，同样朱蒙最后升天也没回来。”[②]新罗第一代王赫居世也升天。[③]还有檀君最后入阿斯达成为山神。[④]入山也包括上升的意象。檀君、解慕漱、朱蒙、赫居世都表现了上升、升天的意象。

升天意味着死，那么死后所到的天上是什么样？高句丽神话中不直接表现天的样子。神话只抽象说天这一词，可是神话中却有天的具体的代表、具体的故事。可能高句丽人认为天上的生活同现世的类似，所以他们具有的是继世观。西王母神话却描写了神仙界及昆仑山的样子。

昆仑山是一座神山，在遥远的西北，《山海经》、《淮南子》等古籍对昆仑山都曾有过详细的描述，称昆仑山是皇帝在下方的帝都，城内万物皆有，是人们向往的神仙乐园。[⑤]西王母信仰给高句丽人的升天观念附加上对天的具体描述，自然带来了升仙观。

除了升仙观以外，高句丽人又接受了新的来世观。那是随着佛教的到来而流入的前世观。佛教的前世观在壁画中出现的时期是中期。中期有代表性的壁画的古墓是中国吉林省集安市如山南麓的三室冢、朝鲜平安南道龙冈郡龙冈面安城里的双楹冢、朝鲜平安南道江西郡水山面水山里的水山里壁画古墓、朝鲜黄海道安岳郡大远面山上里的安岳第一号墓。

中期古墓壁画的两种特点是莲花纹、同心圆纹等纹样的出现和青龙、白虎、玄武、朱雀四神图的显著增加。在这里象征佛教的母题就是莲花纹。公元372年佛教传入高句丽。高句丽主动地接受佛教，并且利用佛教。

随着社会的分化，社会需要支持变化的社会思想。变化的高句丽社会接受的思想就是佛教。人所共知佛教的中心思想之一是轮回观。轮回的原因是前世的业。前世得恶业的人，在现世被苦痛困扰，同样前世积善业的人，在现世受福报。这样的逻辑可以说明身份制社会的存在。5世纪中叶后，在高句丽佛教达至鼎盛。这时期象征佛教的莲花纹也大量

---

① 《东明王篇》记录：“黄金钗刺革舆从孔独出升天。”

② 《东明王篇》有记录朱蒙的最后行迹：“王升天不下，时年四十，太子以所遗玉鞭于葬龙山。”

③ 《三国遗事》记录：“理国六十一年，王升于天。”

④ 《三国遗事》记录：“还隐于阿斯达为山仙。”《世宗实录地理志·平安道平壤府》记录：“入阿斯达为神。”

⑤ 易思羽主编：《中国符号》，南京：江苏人民出版社，2005年版，第29页。

出现了。可是和佛教的前世观一样，升仙观也持续下来。四神图的明显增加说明升仙观的发展和兴盛。到6世纪，象征前世观的莲花纹减少，四神占有压倒性的地位。可是佛教的思想没有被毁灭，而是同以四神为代表的五行思想混合起来。

中期四神图画较为典型，后期四神图中的动物各占有一个墙。这意味着以前不过是方位神的四神变成宇宙的守护神。后期有壁画的代表古墓是中国吉林省集安市大王村的五灰坟四号墓、朝鲜平安南道江西郡江西面三墓里的江西大墓、朝鲜平安南道江西郡江西面三墓里的江西中墓、朝鲜平安南道中和郡东头南面真坡里的真坡里第四号坟。

四神是一个大约出现在周代的概念。在战国秦汉间成书的《礼记》中，指麟、凤、龟、龙四兽；在汉代的《三辅黄图》中，指苍龙、白虎、朱雀、玄武四灵。古代记载说明：四神的最初身份是动物和天文神。四神思想是在其他一些思想的影响下发展起来的。其中特别值得注意的第一是四方观念，包括前后左右四分的方位观念和南北东西四分的方位观念；第二是二十八宿理论，据研究，周代四神旗上垂旒的数目是同二十八宿——太阳、月亮经行区周围的二十八个恒星星座一一相对应的；第三是阴阳五行学说，四神的组合实际上是“东方木”、“西方金”、“南方火”、“北方水”的组合，这里包含了五行（金、木、水、火、土）中的四行。四神中的玄武形象是龟蛇相交，这种形象代表阴阳结合。除此以外，汉代人还有“龙虎交”、“鸟龟会”的看法，这种看法明显是以阴阳观念内涵的。[①]

高句丽古墓壁画中四神占有重要地位的理由估计是三个。第一是因为高句丽人接受阴阳五行思想，第二是因为四神不仅代表四方之神，而且具有冥间保护神和吉祥物的身份，第三是因为四神和太阳之间有密切的关系。这样的原因再次联结了神话。

解慕漱和朱蒙神话不是当时的客观记录，神话是后代产生的。即神话是后代通过其认识祖先和世界的记忆。解慕漱是太阳的儿子，朱蒙是太阳的孙子。高句丽神话和太阳建立了不可分割的关系。而且解慕漱降到熊心山时，他坐五龙车、戴乌羽冠、挎龙光剑。熊心

① 王小盾：《四神：起源和体系形成》，上海：上海人民出版社，2008年版。

山展示了他降下的地方的特点。五龙车、乌羽冠、龙光剑展示解慕漱的本体性。首先乌羽冠象征太阳，即太阳崇拜和太阳的儿子。五龙车和龙光剑的共同点是龙。四神之首的龙象征王。而且象征东边的是青龙，象征中央的是黄龙。“广开土大王碑”中记录朱蒙“履龙首升天”。神话把解慕漱和朱蒙放在超越龙的神的位置上。在檀君神话中，重要的数目是三，三意味着天地人。可是解慕漱神话里，重要的数目是五。解慕漱坐的车是五个龙拉的。那么这里有五龙车的“五”象征五行的可能性。

高句丽古墓壁画包括着高句丽的历史、文化、思想、宗教、建筑等。在这里提到的内容只是极小的一部分，不能充分展示其风貌，但图像叙事中所蕴含的神话思维和历史是清晰的。

二、岩刻画

除了古墓壁画，还有岩刻画也能够以图像叙事的方式表现神话历史。蒙古西边Хо в д地域的岩刻画中有鹿、骆驼、猎狗等和骑马人物像五个。其中仔细看两个骑马人物像，头部是菱形，菱形的中央和右边的部位有以线作的装饰。他们肩膀宽，穿着从躯干到腿部整个儿连接一体的衣服，衣服上装饰有一定间隔的横线。而且左手抓马缰绳，右手拿矛。现在的研究者估计这些形象属于2世纪之后当地出现的刘渊族。[①]

刘渊族是从304年到246年期间君临中央亚洲的游牧民族。刘渊王刘渊建立了五胡十六国中的一国——汉。刘渊族是鲜卑族系或者鲜卑族和匈奴族融合后出现的民族。不过高句丽的古墓壁画中发现类似刘渊族的骑马人物像的骑马战士画。公元408年建于朝鲜南浦市的德兴里古墓是

●图4-3-1　盘龟台岩刻画

① [韩、蒙]东北亚历史财团、蒙古科学研究院考古学研究所：《蒙古戈壁阿尔泰的岩刻画》，首尔：东北亚历史财团 ，2008年版，第22—24页。

高句丽的大臣级人物“镇”的古墓。德兴里古墓壁画中有高句丽的重装骑兵强马武士的画。不过除了细部的差异以外，两个画面基本上一致。

中央亚洲的岩刻画和高句丽古墓壁画的类似性不止这些。中央亚洲的岩刻画中出现的拿旗帜的骑兵和战斗图再现在高句丽的古墓壁画中。在集安的高句丽古墓三室冢的攻城图中画着拿枪的骑兵追逐敌人和斩首的情况。[①]这两幅画也具有类似性。

同一时代、同一文化圈中发现的造型艺术反映同一的文化面貌。如果同一类型的物质文化或者同一样式的造型艺术发现于相近的地域可能表明过去某特定时期存在同一文化圈。[②]这样的现象不仅发现于中央亚洲的岩刻画和高句丽的古墓壁画之间，也发现于中央亚洲的岩刻画和韩国的岩刻画之间。同古墓壁画是当时人的文化记录相似，岩刻画也是当时人的文化记录。

简单地说，岩刻画是在岩石的表面上用琢、磨、划的方法刻的画儿。当然岩刻画中有涂颜料的彩色的岩刻画。这样的岩刻画叫岩彩画，比如说欧洲的阿尔塔米拉洞窟壁画和拉斯科动物壁画等是岩彩画，这样的岩彩画在中国和西伯利亚也有发现。不过韩国还没发现岩彩画，所以在韩国岩石上的画一般叫岩刻画。

解释岩刻画的关键词是“为什么画？”和“画什么？”。为什么他们画那些形象，这是岩刻画研究的起点。岩刻画里内涵画岩刻画的人的祈愿、崇拜、仪式。画作为重要食物的动物和猎人的形象的理由是为了通过这样的画祈求更多食物的来源和对猎物表示敬意。岩刻画表现仪式。在岩刻画中出现的唱歌、跳舞、吹喇叭的人就是进行仪式的。所以岩刻画多存在于举行仪式的场所或者为了举行仪式专门建造的空间。那么韩国岩刻画是从什么时候开始的呢？

距今3000年前左右，北方青铜器文明流入到朝鲜半岛，朝鲜半岛文化经历巨大的变化。这样的变化改变了信仰体系。朝鲜半岛东南部地域的人们在岩上刻着他们祭祀的习俗。估计最早产生于新石器末期或者青铜器初期。随着时间的流逝，人们给作为猎物的动物和

① [韩、俄]东北亚历史财团、俄罗斯科学院物质文化史研究所：《中央亚洲的岩画》，首尔：东北亚历史财团 ，2007年版，第140页。

② [韩、蒙]东北亚历史财团、蒙古科学研究院考古学研究所：《蒙古戈壁阿尔泰的岩刻画》，首尔：东北亚历史财团， 2008年版，第25页。

举办仪式的人画神像。这一时期估计是青铜器时代中后期。①

在韩国发现的岩刻画是15个。其中蔚山广域市蔚州群川前里刻石画、蔚山广域市大谷里盘龟臺岩刻画、庆尚北道高灵良田里岩刻画是韩国三代岩刻画。三代岩刻画都具有自己的特点，川前里岩刻画主要描写的是抽象的图形，盘龟臺是动物和人物，良田里是神像。韩国岩刻画的内容大概分为四种。②

第一种是刻具体事物的岩刻画：包括鹿、海豚、虎等动物和人。不过还没发现具体表现植物的内容。动物和人的画中最大的特点是夸张地露出的性器和大的肚子。西伯利亚和中国北部的岩刻画也有表现伸长性器的人和动物。一般韩国岩刻画描写长性器的人和肚子大的动物。大肚子表现怀孕的样子，长的性器意味着多产。而且出现了具体的打猎场面。刻人和动物的盘龟臺岩刻画中出现了在网里的动物、被标枪击中的海豚、被关在木栅里的动物等。岩刻画又表现参加仪式的人和萨满。盘龟臺和川前里岩刻画中的人一般是和仪式有关系的。内蒙古和蒙古、西伯利亚的岩刻画也发现这样的情况。

第二种是刻有抽象的图形的。抽象的图形有时候是圆、同心圆、三角形、水波形态，有时候有无数的点类似夜空的星散开着。展示这样抽象的图形的是川前里岩刻画，川前里岩刻画中同时存在人、动物、抽象的图形。不过抽象的图像是在画人和动物之后画的。三角形图形类似女性的性器，所以估计它们和生产丰饶的意识有关。圆和同心圆类似太阳，所以估计他们和太阳崇拜有关系。

第三种是刻神像的脸即神面的。良田里岩刻画是有代表性的神面岩刻画。这样的类型属于韩国代表性的岩刻画。至今发现的15个岩刻画中有8个可以被判定为神面岩刻画。这些图形的特点是梯形轮廓内部的横线。梯形里的横线构成格，格里有的两三个圆形槽子表现眼睛、鼻子、嘴，而且除了轮廓的下部以外，都有放射状形态布置的短线。这样的图形也发现于中央亚洲、西伯利亚、沿海洲、内蒙古。不过它们的样子比韩国的接近人面。因为它们被估定是描写太阳，所以韩国的估计也是描写太阳的。

第四种是刻画模制石剑和石箭头。因为这样的岩刻画一般刻在支石

① [韩]任世权：《韩国的岩刻画》，首尔：大圆社，2003年版，第19—20页。
② [韩]任世权：《韩国的岩刻画》，首尔：大圆社，2003年版，第25—31页。

墓中，估计是随葬品。

一个文化里有多样的特点。多样的特点包括共有、交流、独立性等。当然共有和交流之间有密切关系点，交流是共有的一部分，同时共有也是交流的结果。同时也存在每个文化集团的独立性。韩国岩刻画也显示出独特性。西伯利亚、中国北部、蒙古地域的岩刻画具有人和动物、神像共存在一起的特点。可是大部分的韩国岩刻画是以神像为主。虽然盘龟臺岩刻画主要表现的是人和动物，但它是韩国岩刻画中的特殊情况。韩国岩刻画和其他地域也有共有性，共有性意味着可能存在的交流。

韩国岩刻画的特点联系着神话。韩国岩刻画显示出从具体到抽象的倾向。第一次祈愿的对象是具体的事物。这意味着还没具备一定的信仰体系前对物的祈愿。这时的神都表现为具体事物。他们的食粮猎物同时也是崇拜的对象。他们和萨满一起举行仪式，目的就是实现祈愿。人和动物、举行仪式的画面表现出他们这样的信仰。这样的信仰是原初的、最古老的信仰体系。不过岩刻画的变化反映着信仰体系的变化。圆、同心圆表示太阳，太阳形象的出现意味着他们产生了太阳崇拜。并且岩刻画中太阳以神面表现出来，被赋予人格的太阳就不是自然现象了。太阳是有意志的存在，同时是给人影响的人格神。可是各民族表现的太阳都不同。如果说太阳崇拜是普遍的现象或者有共有和交流的可能，那么表现太阳的具体形象也显示出想象的独特性。

俄罗斯阿尔泰共和国的丘业（Chuya）江流域的岩刻画以多样的形象描写太阳。有时候太阳吊在动物的角、尾巴上，有时候在躯干里，有时候太阳接触人和动物。太阳和动物合一后神格化的现象是在西伯利亚常发现的情况，尤其鹿被认为是象征太阳的动物。[①]在西伯利亚，鹿象征太阳，韩国和中国象征太阳的是三足乌。虽然太阳崇拜的现象一致，可是太阳崇拜的样态不同。韩国的太阳不只是给人吉凶祸福的存在。高句丽人认为他们是太阳的后代。太阳的后代给太阳赋予人格。所以出现神面的太阳是自然的。当然西伯利亚人也以神面表现太阳，但是他们继承的太阳崇拜和古代韩国人继承的

---

① [韩]任世权：《在阿尔泰地域岩刻画表现的太阳神崇拜》，《先史与古代》26卷，首尔：韩国古代学会，2007年版，第119—146页。

太阳崇拜不同。在这里反映出文化的独特性。如果鹿是太阳的象征，鹿的后代就是太阳的后代。如果朱果象征太阳，吃朱果后怀孕的孩子就是太阳的后代。虽然不能断然说岩刻画的变化直接联系着高句丽或者新罗神话中的太阳神话，可是韩国岩刻画本身表现出信仰体系的变化，可以作为当时人的文化符号与记录。

第五章

神话与仪式：韩国巫神话

神话不断地被制造、反复、重演。从形式上看，时而舞蹈表现神话，时而音乐表现神话，时而跳舞、唱歌、文学、仪式等并称为神话。人类神话的起点并不是文字，有文字前有口头传承，有语言前还有动作、表情等，这些都可以使得人类之间实现沟通与交流，神话思维的原初表现很可能是动作。

第一节
韩国巫概论

一、萨满教与韩国巫

预测不可知的未来让人感到不安，人们既想知道自己的命运，却又害怕占得厄运。这样的心理，即便活在科学昌明时代的现代人也不例外。在韩国的门户网站里都有算命服务的内容，而且引得各个年龄层的网民趋之若鹜。这是为什么呢？窃以为，虽然时下科学理论盛行，但对于人们的生活而言还是有着太多用科学理性无法解释的问题。最简单的，大多数人都想预先知道自己的命运，这就是科学无法解决的问题。于是，渴求知晓自己未来命运的人就会试图从不同途径获得答案。还有的人不相信网站提供的虚拟算命服务，往往会亲自去找巫师算命。就这样，巫师的卦预言了人们的命运，也就决定了人们的喜怒哀乐。有时候巫师除了作出预言，还会给顾客符箓作为具体改变命运的道具，甚至有人听信巫师的话后，搞大了阵仗——举行巫仪式试图转变厄运，带来好运。有一个统计显示，在韩国，每十个人中就有四个人有过算命经历。在韩国制作的电影中，诸如《笔仙》之类的恐怖片曾经颇有些热门，也算是对大众心理的迎合吧。实际上，这种算命和贴符箓的行为都属于巫文化，而不应仅仅被否定为迷信与非理性。

有一种理论认为，人的恐惧和敬畏产生了宗教。对生之不安、对死之恐惧、对环境的敬畏都是宗教的起源条件。萨满教作为一种流行在北亚等地区的原始宗教，其起源并不同其他宗教有所差别。在现代智人逐渐统治地球之前，还有尼安德特人的存在，虽然不能断定尼安德特人已经具有宗教观念，但考古发现证明，他们已经具有了墓葬的习俗。墓葬行为是死后观念的反映，理应视作宗教的萌芽。同样，中国山顶洞人遗址也展示出北京人具有宗教观念的萌芽，而他们还要早，属于直立人阶段。20世纪30年代，考古工作者在旧石器时代晚期的山顶洞人遗址发现了中国最早的巫术遗址。山顶洞人遗址洞穴的下室有三具完整的人头骨和一些躯干骨，引人注目的是在这些人骨上面和周围撒有很多赤铁矿粉末。据专家推测，山顶洞人如此使用赤铁矿粉是因为他们将这些红色粉末当作血液的象征，认为用它可以补充死者业已枯竭的血液，使其在另外的世界里复活。①撒赤铁粉末是一种仪式行为，这样的行为是否同萨满教的原始形态有前后关联，很值得讨论，这里限于篇幅和证据的不足，不做展开。可以确认的是，萨满教可以反映人类最早的原始宗教思想。

希洛戈洛夫认为，万物有灵论为萨满教的创立提供了前提，也为萨满教的灵魂体系奠定了基础。从本质上讲，萨满教同原始的万物有灵论并无二致。萨满教的特征在于仪式、服装、法器、萨满以及萨满教特殊的社会地位等方面。②精灵崇拜、图腾崇拜、神和人的沟通是萨满教的核心因素。而且萨满教的中心有作为人、万物与神之间媒介的萨满。

广义上，韩国巫可以叫萨满教。巫是从古代留下来的韩国传统宗教，常常被认为就是萨满教。不过在韩国常用的表达是巫、巫俗、巫教。韩国巫的精华是巫仪式。在巫仪式过程中，存在着巫术场，这一场域模拟一种人与自然上天沟通的场所。主持仪式者能够自由地进出神界和现实世界。在仪式里，举办仪式的人被叫做巫堂，他们是人和神的媒介，接神的巫堂代表神和人沟通，也就是说，神和人沟通的任务就由这些特殊的人承担。按照前面所论，巫仪式正是同时发生分化和回归的载体。因而，巫仪式也体现了在分化和回归之间循环的神话结构。

如果广义的萨满意味着从原始宗教到当代萨满教的统称，那么狭义的萨满就意味着现代各地区、各民族的萨满教的具体形态。蔡家麒说：萨满教是原始宗教的一种，有其民族、社会经济、文化和传播地域上的渊源关系。他所述及的萨满教，系指曾经盛行在东起白令海、西迄斯堪的纳维亚半岛，横跨亚欧北部操乌拉尔—阿尔泰语系的渔猎或游牧各民族的原始宗教③。在中国历史上，古代北方民族——肃慎、挹娄、匈奴、东胡、勿吉、靺鞨、鲜卑、乌桓、扶

① 格罗塞：《艺术的起源》，北京：商务印书馆，1984年版，第42—49页。
② 史禄国：《北方通古斯的社会组织》，呼和浩特：内蒙古人民出版社，1985年版，第566页。
③ 蔡家麒：《论原始宗教》，昆明：云南民族出版社，1988年版，第111页。

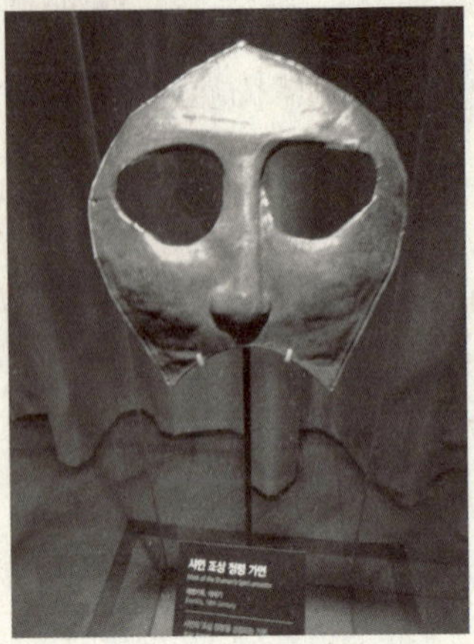

●图5-1-1　西伯利亚萨满面具

余、高句丽、突厥、回鹘、女真、柔然、奚、室韦、鞑靼、蒙古、吐谷浑、高车等民族或部族曾信奉萨满教。近代北方民族——满、蒙古、赫哲、鄂温克、鄂伦春、锡伯、朝鲜、达斡尔、裕固、维吾尔、哈萨克、柯尔克孜、塔塔尔等阿尔泰语系诸民族信奉萨满教或保留了萨满教的某些遗俗。[①]不过，在这一问题上，韩国学者更多关注的是韩国巫和西伯利亚萨满教的关联性。

一直以来，韩国巫的源头被认为来自西伯利亚的萨满教。这样的见解一直受到韩国学界的支持。韩国巫的西伯利亚起源说和韩民族的西伯利亚起源说同出一辙。简单说，从西伯利亚迁移而来的韩民族思维中继承着西伯利亚萨满教的因素，然后西伯利亚萨满教演变成韩国巫。尽管韩国巫文化和西伯利亚萨满教之间有相似性，可是，现在西伯利亚起源说面临着东北亚起源说的挑战。

否定西伯利亚起源说的最大理由是萨满（巫堂）和神沟通的方法。萨满和神沟通的方法大概可以分为两种。第一种是它界旅游（journey of otherworld），即着迷或昏迷（ecstasy）。昏迷（ecstasy）的时候，萨满的魂从身体中分离出来，去它界旅游，这样的状态也被称为忘我境或者脱我境。这是西伯利亚萨满和神沟通的方法。伊利亚德也重视入迷方式，他认为萨满的特殊性在于在入迷中萨满的灵魂被相信离开肉体并上升到天界或下降到下界。[②]不过，现在韩国巫堂不是这样，那是另外一种方式。

① 关小云、王宏刚：《鄂伦春族萨满教调查》，沈阳：辽宁人民出版社，1998年版，第11页。

② M. Eliade：*Shamanism-Archaic Techniques of Ecstasy*, Princeton University Press, 1974.

韩国巫堂和神沟通的方法是接神、降神，即附体（possession）。在韩国巫中，巫堂的魂并不离开本身，而是神降到巫堂的身上。仪式中巫堂先请神，感应到巫堂召唤的神降到巫师的身上，这时候巫堂变成了神，而不是他们自己。变成神的巫堂直接发布神托、神谕。神和人的沟通结束后，神离开巫堂的身体。巫堂的最高的技术就是接神。一出一进，这样的区别是西伯利亚萨满教和韩国巫之间最大的差异。需要说明的是，现在二者的此种区别并不能从逻辑上推导出古代也存有类似差异的结论。

神进来、魂出去意味着双向的交往。可是令人困惑的是，韩国巫堂同神的沟通方法可能并非只有降神。根据韩国具有代表性的传统巫歌“Bali”[①]公主中的内容所述，Bali公主为了救父母的命去它界旅游。Bali公主后来成为韩国巫堂的始祖，看起来，Bali公主的出行方式同西伯利亚萨满的出游是相似的，可是Bali公主的后代和神沟通的方式却不是它界穿行，反而变成了降神。这样的现象暗示韩国巫文化经过了某种变化。当然，降神和脱魂是萨满接神的两种方式，其核心仍然是萨满作为沟通的媒介。

在中国东北，鄂伦春族的萨满是一定要神招神授的。萨满跳神常表现出精神恍惚，在此状态中据说他的灵魂已离开肉体，升入了上界或降入了下界。出现“脱魂”，民间俗称“魂游”或“神游”。在祭礼中，萨满通过一定方式，将所请之神附到自己身上，即“凭灵”，民间俗称“神附体”或“下神”。[②]

不只是人（萨满），高山、树木、鸟类等也是和神沟通的媒介物，或者说人与天得以沟通的工具。鄂伦春族举行春祭时，场地选在河边洁净宽敞之地，众人一起搭建一个很大的“斜仁柱”。“斜仁柱”中央竖两根相距二尺左右的杆子，鄂语叫“吐如”，即神架，是神降临到的地方。[③]立木与神檀树都意味着和神沟通的神木或者宇宙木。通过神木神降到人世，同样神木又是它界旅游的通道。神木是人和神之间来往的通道。所以神木并不只意味着单向的沟通，而是意味着双向的沟通。

在萨满教的世界中，人、萨满、神灵三者构成一个立体的关系网

① Bali是受排挤的意思。

② 关小云、王宏刚：《鄂伦春族萨满教调查》，沈阳：辽宁人民出版社，1998年版，第112页。

③ 关小云、王宏刚：《鄂伦春族萨满教调查》，沈阳：辽宁人民出版社，1998年版，第65页。

络，彼此保持着各种形式的联系。以人为主体主动与神沟通的方式有多种，如祈祷、献祭、巫术等，但这些方式主要限于人的行为和意愿，此种情况，超自然的神灵不仅是被动的，而且是无为的，并没有实现人与神的直接沟通。只有在脱魂和附体的情况下，萨满才能与超自然的神、魂直接交往，相互遭遇，甚至达到彼此合一的境地。所以，脱魂和附体被国内外学术界公认为萨满通神的两种类型或者叫萨满出神的两种形态。①

从实质与内容包括形式上看，萨满教和韩国巫极具关联性。韩国巫的起源、韩民族的起源与前述檀君神话之间有密切的关系。桓因给桓雄天符印三个，众多学者认为象征神圣的天符印是一种神器。青铜器时代具有代表性的神器是多纽细纹镜、八珠铃、细形铜剑。而现在巫师的神器是镜子（又叫明图）、铃铛、神刀。把天符印和巫用器具联系起来的理由是因为檀君被认为是祭祀长或者天君。韩语中表达“巫师”有固有的语词，一般是“dan-gol”、“dang-gol”等。同样，蒙古语专指巫师的词语是“tangur”、“tengri”、“tangor”。②从语言学的角度看，韩语“檀君”就是“巫师”的意思。新罗王的神话中也包括了祭祀长、天君的因素。如《三国遗事·纪异第一·南海王条》的记录如下：

> 南解居西干，亦云次次雄，是尊长之称，唯此王称之。父赫居世，母阏英夫人，妃云帝夫人（一作云梯，今迎日县西有云梯山圣母，祈旱有应），前汉平帝元始四年甲子即位，御理二十一年，以地皇四年甲申崩，此王乃三皇之第一云。按三国史云新罗称王曰居西干，辰言王也。或云，呼贵人之称，或曰次次雄，或作慈充。金大问云，次次雄方言谓巫也。世人以巫事鬼神尚祭祀，故谓敬之，遂称尊长者为慈充。

按照记录，“次次雄”即是兼巫师的王。《三国史记》记录：“南解次次雄，以基亲妹阿老，主祭始祖庙。”这里主宰始祖祭祀的阿老也是巫师。新罗初期明显地维持着巫师王的传统。三国时代以前是三韩时代。三韩时代有苏涂。苏涂是举办祭天仪式的圣地，在苏涂建有神坛，竖立着带铃铛和鼓的大杆子。因为苏涂是圣地，所以犯人逃亡到

① 郭淑云：《中国北方民族萨满出神现象研究》，北京：民族出版社，2007年版，第42页。
② [韩]郑镐完：《以韩语看檀君神话》，首尔：明文堂，1994年版。

苏涂就不能再被抓回去。苏涂的祭祀长就是天君。而且《三国志卷三十·魏书三十·乌丸鲜卑东夷传第三十·夫余》记录："以殷正月祭天，国中大会，连日饮食歌舞，名曰迎鼓，于是时断刑狱，解囚徒。"高句丽也有祭天大会，《三国志卷三十·魏书三十·乌丸鲜卑东夷传第三十·高句丽》记录："以十月祭天，国中大会，名曰东盟。"《后汉书卷八十五·东夷列传》也记录："好祀鬼神，社稷零星，以十月祭天大会，名曰东盟。"

从远古到高丽时代，信仰巫的集团十分广泛，民间不必说，王室也信仰巫。可是到朝鲜时代情况完全变了。因为朝鲜（李朝）的统治理念是朱子学，政府不允许巫信仰的存在。朝鲜政府不但把巫师的身份划为贱民，而且在京城摈黜巫师。这种情况与近代十分相似。近代社会的范式是理性主义，对这种观念来说，巫是需要排斥的对象。但是，每个时代，无论提倡还是压制，巫及其信仰都顽强地维持着自己的生命力。高丽时代仍盛行巫文化。虽然第四代光宗时实施科举制度，儒学者登上政治舞台，但巫并不退缩。儒学者李奎报说："今国家有敕，使诸巫远徙，海东次风未扫除。"高丽时代常举行盛大祭仪，巫堂众多，甚至对巫业要收取税金，可见巫亦很兴盛。当时的巫仪式和现在的相似，李奎报在《东国李相国集·老巫篇》记录着："起跳腾身头触栋，巫口自到天帝释"。这里的帝释是现在仪式中的一个部分——帝释场——巫堂在仪式中嗖地跳起来接神。

在高丽时代，巫和佛教、儒教、道教共存，从王室到老百姓还都是信仰巫的。可是进入朝鲜时代，对巫的观念完全变了。以性理学为统治理念的朝鲜统治者为了实现儒教的理想社会而排斥巫、佛教、道教，尤其最蔑视的是巫。朝鲜政府规定巫师和僧侣是贱民，不允许举行巫仪式，还把巫师赶出都城之外。并且以儒教的祭祀仪式代替全国各地方的巫仪式，甚至村落的也不例外。两班官僚和儒学者把巫仪式称为"淫祀"[①]。这样的现象延续到抗日时期。日本帝国主义试图抹杀巫，可是他们却不能毁灭巫，于是他们改变策略，让巫师们在神堂祭日本的天照大神。近代以后，对待巫的观念从国家政治意识形态所决定的状态转变为由现代科学理性观念所左右，巫变成了前近代、落

① [韩]赵兴胤：《韩国的萨满教》，首尔：首尔大学校出版部，2000年版，第xxiii页。

●图5-1-2　山神图

●图5-1-3　性器崇拜（祈子石）

后的弊端之象征。可是在当代，对巫的观念又开始变化了，巫得到了重新重视，韩国政府已经将巫确定为国家承认的无形文化遗产。

二、巫的精华：巫仪式

自古朝鲜以来，巫是韩国的基层宗教，同时也是传统文化。巫文化的精华是仪式。巫仪式超越时空，在特定的场域中，最高水平的巫者能够以意念随意进出神和人的世界，此时神话和现实同时存在。回归神话的时空不等于脱离现实。巫仪式是分化和回归的场所。巫仪式最大的特点是整体性，举办仪式的巫师既是演员、歌手、跳舞者，也是口头语言表达者，从某种意义上说，巫仪式就是一种综合艺术。在韩国语词中，“仪式”叫“gut”。“gut”是专指巫仪式的用语。本论文中，“gut”即指代仪式。

划分巫仪式的方法有几种，其中一个方法是从巫仪式的规模、时期、目标上分类的。从规模上大概可以分为国家的仪式、村庄的仪式、个人的仪式；从目的及内容上可以分为为了亡者举办的死灵祭，祈愿丰收的丰收仪式，为了解决个人的问题举行的治病仪式或搬家、祈求好运等仪式；从时期上可以分为春节或者春天、秋天、每年一次举行的仪式是周期性仪式，有人死去或者家里发生不吉之事而举行的禳灾、祓除仪式是非周期性仪式。当然，这些仪式也往往被交织在一起而不能截然分开。不过举行巫仪式的根本对象却很明确——巫仪式是为了活着的人举行的。胡新生把中国古代巫术分为预测、禁忌和禳除三大类。他认为：

●图5-1-4　说神话的巫堂

“这三类手段和行为都建立在超自然力信仰的基础之上，都相信通过一套固定而神秘的程序或借助来自灵物，巫师的神秘力量就可以解决现实生活中的具体问题，因而都属于广义巫术的范畴。”[①]

虽然举行巫仪式的根本目的没有发生变化，可是巫仪式的形式变化了。在很长的时间里，巫仪式在地方的特点、委托人的经济情况、仪式的目标等方面显示出了差别。引起韩国巫和萨满教差别的最大原因是社会的变化。韩国巫随着韩民族突破氏族社会建立国家、经历被儒佛道影响的过程，显现出了不同。从仪式上看，韩国巫比北方萨满教更多发展出了崇拜祖先、人格化的神和形式化的特点。当然，这些特点在中国北方少数民族中也存在着类似之处。比如鄂伦春人就说：“神是通过萨满的嘴来和人间说话的。”[②]萨满及其祭神仪式——跳神，是萨满教的主要内容，它是适应血缘氏族社会发展的需要产生，在图腾和祖先崇拜基础上出现的，体现在观念上就是崇拜自然物，向崇拜人、崇拜祖先观念转变的结果。[③]韩国巫堂祭奉的神大部分是历史上的人物或者巫堂的祖先。到今天，韩国巫的图腾观念已经淡薄了，比如说，一般而言老虎不是崇拜的对象，只有作为山神象征或者山神使者的老虎才是崇拜的对象。由于特殊的附属关系，在朝鲜时代朝鲜王不能向天祭祀，因为儒家的仪礼秩序下，祭天只能由宗主国的皇帝来完成。那时的天不是主宰天（神祇），而是义理天（天道）。对照之下，北方萨满教的情况就不尽相同。

北方民族的萨满祭礼中，普遍有祭天与祭日、月、星辰的，有的民族保留了单独的祭礼，如蒙古族、裕固族、鄂温克族的祭天，鄂

① 胡新生：《中国古代巫术》，济南：山东人民出版社，2006年版，第3页。

② 《黑龙江省呼玛县十八站鄂伦春民族乡情况——鄂伦春族调查材料四》，内蒙古少数民族社会历史调查组1959年编印，第207页。

③ 奇文瑛：《满-通古斯语族民族宗教》，北京：中央民族大学出版社，2005年版，第107页。

伦春族的日、月祭，满族的星祭等，有的民族在综合性祭礼中保留了此类自然崇拜的祭礼。[1]除了祭天与日、月、星祭以外，北方萨满教的代表仪式是火祭、雪祭、山祭、柳祭、春祭、鹰祭、熊祭、跳鹿神、野山祭、斡米纳、奥米纳日祭礼、敖包祭、清宫堂子祭等。

虽然满—通古斯族民族有各种目的的萨满祭神仪式，但不外乎分为集体和个人两种。集体仪式随着社会变化，有过部落、氏族、村屯和家族几种集团形式。祭礼活动包括例行的祖先祭礼、专为生产和氏族祈祷的祭礼，萨满集体跳神，以及临时应特殊事件而举行的仪礼等。[2]

例行的仪式归纳列表如下：[3]

民族	祭礼名与举行时间	与生产季节的关系
鄂伦春族	春节/5月	布谷鸟第一声鸣叫，标志冰雪消融万物复苏，鹿茸期
	秋节/8月	秋猎季节
	山猎祭/2月下旬—3月初	鹿胎期
	萨满集体祭神/5月	冰雪消融，万物复苏
狩猎鄂温克族	奥米纳愣/4月	冰雪消融，万物复苏
游牧鄂温克族	奥米纳愣/8月	羊羔离奶时
赫哲族	跳鹿神/2、3月	打鹿胎
	秋祭/7、8月	秋猎（以猎鹿、犴为主）
锡伯族	春祭/春暖雪化	开耕之前
	秋祭	秋收之后
东海窝集部女真人恰喀拉人	星祭/初雪时节	冬季狩猎开始
	正月	新年伊始
	鱼祭/鱼汛期	开网捕鱼前
	野祭/第一批雁飞来	春天来临

生存方式，尤其是生产问题是对人而言最重要的问题，所以萨满教的仪式和生存季节有着密切的关系。当然北方萨满教的仪式中有非周期性的仪式。例如天旱求雨、氏族的消灾、治病等。韩国巫的仪式也具有这样的特点。朝鲜半岛自古代以来主要的生产方式是农耕，所以韩国巫仪式和农耕季节之间亦有着密切的关系。不过韩国农耕仪礼已经转变为

① 王宏刚、于晓飞：《北方萨满文化》，成都：四川文艺出版社，2007年版，第49页。

② 奇文瑛：《满-通古斯语族民族宗教》，北京：中央民族大学出版社，2005年版，第133页。

③ 奇文瑛：《满-通古斯语族民族宗教》，北京：中央民族大学出版社，2005年版，第143页。

岁时风俗。

按照韩国人类学者赵兴胤的归纳，韩国巫仪式大概分为12种。[①]

（1）国家仪式：国家仪式是王室委托巫师举办的仪式。掌管国家仪式的巫堂叫国巫。国家仪式分为三种。

—— 国家仪式：在王宫内举行的仪式。

—— 国家祭堂仪式：朝鲜时代把举行仪式的堂放在宫外，那个堂叫祭堂。

—— 外边仪式或者外方仪式：首尔郊外或者地方举办的仪式。

（2）神灵祈者仪式：巫堂为了自己本身举行的仪式，分为三种。

—— 虚主仪式：某人显示具有将要成为巫堂的资质时举行的仪式，以判明是否可以成为候选人。虚主意味着杂神，如果着了杂神，要逐杂神。

—— 降神仪式：如果通过虚主仪式判明巫师候补者真正要成为巫堂的时候，举行降神仪式。举行降神仪式后，候补者才当成巫堂。

—— 神仪式：每年或者两年举行一次，巫堂为自己祭的神举行的仪式。

（3）天神仪式：信仰巫的人为自己的家庭举行仪式。富裕的人叫天神仪式，贫穷的人叫幸运仪式。

（4）死灵仪式：为亡者举行的仪式。

（5）龙神仪式：为龙神举行的仪式，一般在海或者江上乘船进行。

（6）受成造仪式：一般男孩被比为横梁，横梁神叫成造。为了得男举行的仪式。

（7）妈妈拜送仪式：在这里的妈妈是疱疮神。

（8）治病仪式：得病的时候举行的仪式。上流社会阶层叫忧患仪式。

（9）都堂仪式：一般韩国村里有祭村子守护神的祭坛或者巫堂的堂，为了祭祀守护神，村民委托巫堂举行的仪式。

（10）丰收仪式：为了祈愿丰收举行的仪式。

① [韩]赵兴胤：《韩国巫的历史与现场》，首尔：民族社，1997年版。

（11）天尊仪式：不仅祈雨，还有疫病、灾难、天灾地变、病虫害等盛行的时候，在王宫举行的仪式。

（12）预探仪式：为了给祖上汇报花甲、婚礼等家庭的喜事举行的仪式。

有问题的人去找巫堂。他们相信巫堂具有解决问题的能力。一般寻求巫堂解决问题的人是妇女。过去生活在大男子主义观念盛行时代的妇女，有很多的苦恼，无处倾吐，她们却放心地向巫堂诉说自己的问题。那时候巫堂起到一种心理医生的作用。为了解决问题，巫堂给出这样那样的解决办法。当所有的方法都不管用的时候，巫堂就要举办仪式。在巫仪式中，达到解决个人问题，斩断个人之间纠葛，沟通生者和死者的目的。

这样的现象符合一种萨满教的原理。在盛行“万物有灵”观念的社会中，人的生老病死以及社会发生的一切事情，都被认为是神灵所为，所以作为“神的使者”，尤其是祖先神灵的代言人，萨满主持与祖先以及各种神灵的交流仪式，履行祈福禳灾、保护氏族或家族的职责。[①]仪式中巫堂被当成神，如果求助人的母亲降临到巫堂的身上，巫堂就变成其母亲，如果其爷爷降临到巫堂身上巫堂就变成其爷爷，将军神降临就变成将军神。在仪式中，通过巫师联系到已经逝去的母亲的求助者能够听到母亲的愿望，求助人对母亲告饶，同宽恕自己的母亲约定照顾自己的后代。

那么韩国巫仪式的结构是什么样的呢？一般三四名巫堂一起举办一场仪式。按巫堂的地位、能力高低决定巫堂所担当的巨里。除了巫堂以外，演奏笛子、横笛、奚琴的乐师也参加仪式。仪式中，举行巨里以外的巫堂，敲长鼓或者鼓，辅助仪式的进行。每个巨里的主神、巫堂的服装、使用的神器不同。一般巫堂穿的服装是朝鲜时代的官服，使用的巫具是扇子、铃铛、神刀、三叉戟、五方旗等。

根据仪式的目的、时间、求助者的经济情况决定仪式的规模和内容。巫仪式没有固定的程序和基准。现在举行的仪式也都不同，可是仪式在结构上有共同点。巫仪式的总体结构和一个巨里的结构相似。巫仪式的结构分为“感应—请神”、“应酬—娱神”、“祈愿—送神”：先由巫堂请神，神到举行巫术的场所；然后应酬神，告诉神人们的愿望；最后送神。这样的步骤是巫仪式的过程，同时也对应着每一个巨里巫

① 奇文瑛：《满-通古斯语族民族宗教》，北京：中央民族大学出版社，2005年版，第133页。

术的结构。在巫仪式的每个巨里中有各自的主神，每个场环节中，巫堂反复叫神、应酬神、祈愿、送神。仪式的核心是接神。通过接神，人的问题才解决。为了接神巫堂唱巫歌。这样的现象北方萨满教也不例外。

例如鄂伦春族，萨满按请神、迎神、入神（神附体）、跳神、敬神、送神等祭祀程序请来诸自然神与祖先神，几乎包括了鄂族所信奉的主要萨满教神灵，萨满吟唱的神歌与“二神”的答对神歌内容因所请之神不同而各异，一般是唱述其非凡的来历，颂扬其威力与职能，表达族人对未来美好生活的企盼。[①]

《巫堂来历》中比较详细地记载了仪式的过程。《巫堂来历》成书于朝鲜末期，估计在1885年，是外号兰谷的人所写。他以画和文字说明描绘了首尔仪式的十二个巨里。《巫堂来历》分为“大书”和“小书”，不过小书更完整。《巫堂来历》的著者兰谷在序文里阐明巫师的来源是檀君。《巫堂来历》的序文如下：

> 上元甲子（唐尧时）十月三日，神人降临于太白山（白头山 或云 妙香山）檀木下，是为檀君。乃设神教而教之。长子扶娄贤而多幅，故人民尊信。后日择地等坛，土器盛禾谷，编草掩之，称曰：“扶娄坛地。”业主嘉利每岁十月，新谷既等以甑饼酒果致诚祈祷。祈祷时必用老成女子，世称巫人。其后数爻增加，谓之巫党。迩来百弊端叠出，汉唐以来狱频繁。近日佛家谓之新罗中叶，咸阳等地，有法雨和尚。生八女分遗八路，为巫云。无据讹言莫此为甚。时乙酉仲春，兰谷破寂耳。

估计兰谷参考了《三国遗事》中的记述，他认为巫从檀君开始，由扶娄继承，农耕社会的谷神信仰变成了当时的巫。《巫堂来历》的主要内容是描述仪式的具体情况，那么兰谷定义的仪式是什么样的呢？

（1）不精巨里：“始作，或有不精之虑，无名杂鬼，使之安定。此巨里，年久传来云耳。”

---

① 王宏刚、于晓飞：《北方萨满文化》，成都：四川文艺出版社，2007年版，第67页。

不精是写错的，正确的写法应该是“不净”。不管什么样的仪式，第一个举行的都是“不净巨里”。“不净巨里”的目的是净化仪式场。举行“不净巨里”的时候，巫堂坐着一边敲长鼓、一边唱巫歌。巫堂先列出在仪式场存在的不吉利的东西，说明举行仪式的时间和场所，然后恳求跟不吉利有关的神净化仪式场。只有净化后的场所，才能举办巫仪式。净化仪式场的时候，最重要的是告诉神举行仪式的时间和场所。举行“不净巨里”后，开始正式的巫仪式。

（2）感应请陪：“致诚时，巫女望太白山，口呼圣灵憾应三遍。近日望丰德德物山，崔将军请陪云，失真大矣（致诚时，巫女手执白纸，望太白山，口呼圣灵憾应三遍，谓之檀君请陪。近日，崔将军请陪云，失真大矣）。”

兰谷认为：本来感应请陪的主神是檀君，后来崔莹将军取代了檀君。崔莹将军是高丽末的名将，他被建立李氏朝鲜的李成桂处刑。巫堂们认为崔莹将军是巫堂的保护神，认为他是给人们长寿、安过太平的神。

（3）帝释巨里：“檀君称曰：三神帝释，高句丽山上王无子，祷于三神，果得贵子。故生子发顾成俗耳。”

本来帝释是佛教的名称。在佛教的世界观里，帝释是象征世界中心的须弥山上层帝释天的天神。巫的象征是生命和富贵。这个巨里具有很浓重的佛教色彩，仪式中巫师穿白长衫、戴三角帽、戴念珠、拿扇子。不上肉类，上白蒸糕。帝释巨里的起源是三神信仰，三神又被叫三佛帝释。三神就是桓因、桓雄、檀君。还有另外的三神，那三神是担当胞胎的神。同帝释神有关系的巫歌是帝释本puli。

（4）别星巨里：“檀君侍臣高失礼，教民稼穑，故人民不忘其恩。檀君请陪时，谓之别星。近日巫女谓之，崔将军请陪时，思掉世子陪行云，尤极横说竖说。”

兰谷认为别星神是农耕神。可是现在别星被叫别相或者别神。别相神一般被认为是当官的人或者王室的人物。有时候叫痘神别神或者户口别星。

（5）大巨里：“俗称崔将军巨里，檀君请陪后，以圣意所顾使之，成就云，旧时以檀君服色用之，近日以崔将军服色用之。”

兰谷认为大巨里的主神也是崔莹将军。可是大神本来和檀君王俭的“俭”有关系。“俭”的韩语发音是“gam”、“gum”、“gom”，意味着神。现在大神变成大监。大监一般是掌管房基的神，即土地爷。土地爷是房基的主人，他和保护房子的成造神不同。大监和家的安全、财产、运气有关系。一般认为大监胃口大，所以要供奉很多的祭物。

（6）户口巨里："天然痘神，谓之户口，家有未疫儿，致诚时祝其顺痘，近日谓之崔将军女，又云妾忘发极矣。"

户口巨里是祭痘神和致病神的。又叫妈妈拜送仪式或者客人仪式。"妈妈"是尊驾的意思，由于害怕痘疮尊称妈妈。客人的意思也同样，如果不善于应酬客人，客人会生气，造成得痘疮。

（7）祖上巨里："致诚时祖上次第入来，后日吉凶祸福预报云，不过巫女讨索质，可笑。"

为了祖先举办的仪式，尤其是祈求祖先免去地狱而去天堂。在这场巨里中，去世的爷爷、奶奶、爸爸、妈妈、姐妹、兄弟等死灵都降临巫师的身上。祖上神一个个降临到巫师身上，陈诉活着时经历的痛苦和怨懑。如果解决了祖上的怨恨，子孙就会受福。其实包括巫师，一般巫的神都是祖上神，檀君也是祖上神中的一位。 祖上神掌管后世子孙的吉凶祸福。

（8）万明万神巨里："巫女称，而（或云万身，又云满神）未知执是，大抵此舞张其巫女年禤而已。"

因为巫堂祭众多的神，所以巫堂又叫万神。这场巨里祭祀的是巫堂的神。李能和说："我语呼女巫曰万神，盖巫者无神不祀，故称之而万神者欤。万神之称由来最久，按《抱朴子》：'皇帝东到青丘，过风山，见紫府先生，得三皇内文以刻，名万神云云。' 由是观之，则万神之称，源于青丘（朝鲜）出自仙书者欤。盖上古则，神与仙无甚分别，而混同称之矣。"[①]关于万明他又说："万明者，新罗金庾信母为神号万明，啸云居士李圭景五洲衍文云：'舆地胜览，军威县西岳，有新罗金庾信祀，其母万明亦为神，今巫女之咒万明而祀之。安万明神处，必挂铜镜名曰明图云云者是也。"[②]

（9）逐鬼巨里："以五色旗指挥，五方神将，一切鬼杂神诸班杀格，除却云，而近日病致诚多行，未知何时代所自出。"

① [韩]李能和：《朝鲜巫俗考》，李在崑译，首尔：东文选出版社，1995年版，第29页。
② [韩]李能和：《朝鲜巫俗考》，李在崑译，首尔：东文选出版社，1995年版，第42页。

请神将，逐杂鬼的仪式，又叫神将巨里或者将军巨里。巫堂穿各种的将军服、戴将军帽。

（10）唱妇巨里："巫女择其年少美妙者，一场游戏，不过赛钱而已，六十以来次次盛行耳。"

唱妇或者是唱夫，是唱戏神。请唱夫神，祈求好运的巨里。

（11）成造巨里："檀君时每岁十月，使巫女祝成造家之意，人民不忘其本，致诚时依例举行耳。"

成造神是掌管家庭的吉凶祸福的家屋神。因为他在横梁上，又叫上梁神。成造神是家神中第一神，成造神观念中包含祖上观念和谷灵观念。人们向成造神祈求家内平安、丰收、富贵、无病等。

（12）军雄巨里："明时以水路往来，故每当使臣出发时，使臣城隍（慕华岘外）以巫女祝其无故回环矣。因为成俗，致诚时，依例举行（白纸里金钱以助赆于连路浮鬼云）。"

军雄一般意味着神格化的战争神。京畿道以军雄祭村的守护神。

（13）后饯巨里："致诚毕无名杂鬼一切犒馈，使之安定，年代无考，传来之俗而已。"

仪式的最后场。为仪式中被忽视的杂鬼杂神举行的部分。

巫仪式的祭祀次序不是固定的。可是一般仪式从不净场开始到后饯结束。不过巫仪式常被认为由十二个巨里（场）构成。韩国有一句话：汉阳十二巨里。这句话的意思是在汉阳举办的巫仪式一般分为十二个场。还有日本学者赤松智城和秋叶隆在《朝鲜巫俗的研究·京城十二第次》中说明了20世纪30年代京城的巫仪式。赤松智城和秋叶隆记录的京城十二祭次如下：[1]

●图5-1-5　佛师巨里

●图5-1-6　神将巨里

① [日]赤松智城、秋叶隆：《朝鲜巫俗的研究·上》，沈雨晟译，首尔：东文选出版社，1991年版。

（1）不净：净化举办仪式的场所。

（2）Gamang请拜：请拜Gamang神的祷词。Gamang估计是上位神的衙前或者家亡。

（3）山夫人：祭奉高丽时代的将军崔莹。

（4）别星：祭奉冤死的王室人物。

（5）帝释：祭奉佛和菩萨等佛教的神。这时候巫师穿跟和尚一样的衣服。

（6）天王：在佛教中，天王是治天的诸天王，帝释天是忉利天的王。虽然帝释巨里和天工巨里分开，两者有密切的关系。

（7）胡鬼：祭奉主管麻疹等疾病的神。

（8）万明：万明估计是新罗时代的将军金庾信母亲的灵。

（9）军雄：军雄是勇士或战死者的灵。

（10）大监：祭奉以基主大监即宅地神为首各种大监神。

（11）倡夫：祭祀艺术的神。

（12）后饯：祭祀城隍、乞粒等杂鬼杂神。

十二巨里不是固定不变的，而是根据巫术的目的、举办的场所和举行的规模来决定。除了逐鬼仪式，巫仪式中不变的原则是：人要善于应酬神灵，而神灵则善于处理人的要求。巫仪式通过行为表现神的来历、神和人的关系、人和人的关系。巫，尤其是巫仪式的精神是调和，仪式中神和人之间没有界限。这样看来，能够不受限制，自由地联结神和人的空间就是神话的世界。

第二节

巫堂与重生仪式

一、巫堂金有感

宇宙木、宇宙山、立木、圣鸟是人和神沟通的通道。不管萨满或者巫堂，他们最大的能力是和神沟通。无论萨满教还是韩国巫，他们都是核心代表。在中国北方的萨满是本氏族生活安宁的保护人，其主要职能是：在氏族宗教节日或重大事件发生时，为氏族举行祭祀祈祷仪式；为氏族成员除秽祛邪、跳神治病，并承担保婴育子，使氏族人丁兴旺之职责；为氏族排难解纷、占卜吉凶、观测灾异、筹谋生计；氏族文化的承继与传播者。[①]实际上，韩国巫堂本身也具有这样的功能。

韩国一般对巫师的称呼是“巫dang”。“巫堂”的“堂”是借音的。另外的称呼是“巫觋”、“巫女”、“巫夫”、“万神”等。巫堂给人传达神灵的话的时候，自己叫“祈者”。“巫dang”的dang这个词汇估计同叫巫师的蒙语“Udagan”、“Böge”有关系。

虽然从朝鲜时代到现在巫堂被人轻视，但是真正的巫堂是一般人不能达到的神圣境界。所以成为巫堂的过程也很艰难与苦恼。一般韩国巫堂分为降神巫、世袭巫、学习巫。降神巫是因为神灵降临巫堂的身上而成为巫堂的；世袭巫是累代继承巫业的巫堂；学习巫是学巫业后当成巫堂的。可是也不能全然这样分类，巫堂们的俗话说“灵验是神灵给的，

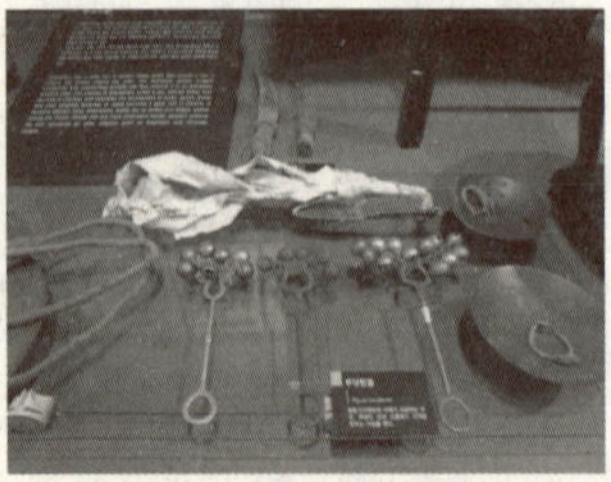

●图5-2-1　各种巫具

① 郭淑云、王宏刚：《活着的萨满——中国萨满教》，沈阳：辽宁人民出版社，2001年版，第98页。

本事是要学的”。巫堂的能力被认为是由神灵和后天学习共同决定的。

北方萨满教的萨满传承不是世袭的，而要用各种特殊的方式鉴定，通过一段很艰苦的学习和特定的考验仪式，才能成为新萨满。一般有以下几种方式：[①]

（1）老萨满用神验的方式来选定接替人。如萨满年迈以后，想寻找接替人，便把族中男女青年聚集在一室，老萨满焚香摇晃，一时香烟弥漫，谁被烟熏得发抖，乃至昏晕，老萨满便选定他当接替人。

（2）已故的萨满“抓”的。某一氏族老萨满谢世，氏族中没有能主特大祭的萨满，俗称“扣了香”。过若干年，族中有人久病不愈；病人突然外出，或去高山，或去大江，过了一段时间回来便神志清醒，并有当萨满的愿望，便被认为是成了神的老萨满“抓”的。

（3）孩童有病难治，其家长祈神保佑，并许愿如病愈则当萨满，侍候神祖。如孩童病愈，经族人同意，便可去学萨满。

（4）由族人推选。一般都推选几个品貌端正、口齿伶俐、敏慧好学的青年跟本姓萨满学习，学习优者，并通过了考验，方能成为新萨满。这种方式是清乾隆以后，满族普遍流行规范化的家祭所采用的萨满传承方式。这类萨满的主要职能是祭祀。

虽然北方萨满传承没有世袭的，可是北方萨满教和韩国巫传承萨满之间有相似的地方。第一共同点是神的选择。如果没有神的选择，不能成为萨满或巫堂。萨满或巫堂是和神沟通者，神的选择意味着神给巫堂沟通的能力。至于昏迷、已故的萨满“抓”的都意味着神的选择。并且孩童有病难治的情况也是一种神的选择，病愈当萨满也是神的意志。第二共同点是成为巫堂前得的病。韩国巫堂成为巫堂前一般会得巫病。萨满最根本的功能是沟通人与神之间的联系，“以期借助超人的形式说明解脱人间的痛苦和灾难”，[②]所以萨满不是什么人都可以胜任的。而且满—通古斯语族民族以“巫病”为当萨满的条件，并不是偶然的。[③]第三共同点是学习。由族人推选和世袭巫展示相似的地方。当然传承萨满和成为巫堂之间有差别，

① 王宏刚、于晓飞：《北方萨满文化》，成都：四川文艺出版社，2007年版，第28—29页。

② 乌丙安：《神秘的萨满世界》，上海：三联书店上海分店，1989年版，第201页。

③ 奇文瑛：《满-通古斯语族民族宗教》，北京：中央民族大学出版社，2005年版，第123—124页。

因为在北方萨满的地位和韩国不同，萨满教和巫走的路也不同。

以下是一实例，通过韩国大巫金有感的人生说明巫堂的情况。巫堂金有感1924年出生于首尔，七岁第一次降神，1996年被指定为韩国重要无形文化传承人104号首尔Sae-nam-gut技能保有者。金有感是Sae-nam仪式的继承人。在韩语中“Sae”的意思是“新”，“nam”的意思是“生”，“gut”的意思是仪式，所以 “Saenamgut”叫重生仪式。首尔重生仪式目的是安慰死者的灵魂，同时也是为荐渡灵魂而举办的亡者荐渡仪式。金有感于2009年去世，当成巫堂的69年的时间里，属于维持着巫业的韩国代表巫堂。

金有感出生于巫堂家门。她的母亲Bansengup（1888—1951）是国家的大巫。金有感说：“我的母亲是在明成皇后面前举办仪式的大巫。举办仪式的时候，她在宫里连续四个小时挑着两百斤的猪串。”[①]在仪式中，特别是萨满出神状态下出现奇闻怪事是常见的。鄂伦春族58岁的吴吉明（男）证言：他记得没定居前，鄂伦春萨满跳神很频繁。当时的萨满有神衣、神裙，有腰铃和铜镜。大神（萨满）唱请神歌，请来神灵后，跳神的萨满经常昏迷倒地，他昏倒后，主要由二神（萨满助手）来唱。记得当时有个50多岁的女萨满，她的萨满服有100来斤。她前身挂的是铜镜，还有腰铃，小铃铛。她家里有桦皮画的人形神像，都是祖先神。[②]

七岁的时候，金有感第一次降神。1930年农历五月的一天，她在母亲的面前用泥土玩过家家儿时，突然拍着手说“就是天下大臣、地下大臣，就是雷中的霹雳大臣，充满长安、充满世界、充满国家”，后来她爬上舞鹤峰，用手挖大岩石，在石下的泥土中她挖出了一层绸、两层纸包裹的扇子、铃铛、12枚铜钱。

水平较低，远离神灵的巫堂或者有事情停业的巫堂有时候会把自己使用的扇子或者铃铛埋在山中。金有感挖掘的东西就是这种神器。找神器是成为巫堂的步骤之一。成为巫堂前，巫堂候补者会患上原因未详的病，这种病叫神病。得神病的时候，巫堂候补者做奇异的梦或者幻觉中看到神灵，并受某种指示。找到神器的金有感就得了巫病。

---

① 可是明成皇后生于1851年，1895年被日本浪人弑杀。考虑时间上的不吻合，估计让她的母亲举办仪式的人物不是明成皇后，而是皇室的另外人物。

② 孟慧英：《寻找神秘的萨满世界》，北京：西苑出版社，2004年版，第4页。

●图5-2-2　巫堂金有感

金有感找神器的时候，她的义父跟着她，他看到金有感那种样子，就打了她三个左嘴巴。就在那时，金有感的腿变硬了，她变成了瘫子。义父背着金有感下山，侍候她。过了七个月后的冬至月，金有感突然拍着手说“我的祈者让我残疾了吗？”，说完后，她就恢复正常了。

第一次降神经历后过了两年，金有感接受了降神仪式。那时发生了“天罚”的事件。天罚有两种，第一种是不恭敬的时候受的惩罚，第二种是巫堂候补者回避成为巫堂的命运时受的惩罚。以前在韩国，巫堂被认为是贱民中的贱民。巫堂不能从事正常的社会活动和过正常的日常生活，而且祭神本身就意味着艰苦的生活。所以有些得到降神征兆的人为了不做巫堂而放弃了降神仪式，这要遭受惩罚。可是虽说有些天命候选者放弃成为巫堂而未遭天罚，却要经受更深的痛苦。有时候天罚很残酷，除了自己的痛苦以外，还要经历亲人去世、事故、失掉所有财产等。所以天生降神的巫师出现神选的征兆后，不遵从命运的话不仅自己遭惩罚，也会波及身边的亲人。

金有感也经历过天罚。小时候，她自己觉得当巫堂是很惭愧的事。一出家门人们就戏弄她了，指手画脚着说“哪儿来的巫堂”。那时她怨恨自己和母亲。所谓天罚的惩罚后果，金有感经历了很多，比如听从哥哥的差遣偷拿出来钱，而不由自主打自己巴掌；最小的弟弟在熟睡时被踩睾丸死去。九岁上课的时候，黑铜钱遮住课本不能看字；无心地去教堂参加礼拜，唱圣歌后得了严重的眼疾。

举办降神仪式的巫堂叫神母，给金有感举办仪式的巫堂是住十里堂后边的“Sun-jeong”妈妈和七星宅奶奶。巫堂一般使用别号。使用别号的内在原因意在表达巫堂不属于人世，而属于神世的观念。起别号的基准是降神仪式中的态度、家业、巫堂住的地名、巫堂所属的阶级、巫堂的外貌等。

一般降神仪式包括虚主和降神两个过程。虚主仪式是要判明神病是否真实，抑或是杂鬼杂神的作祟。如果巫堂候补者的症候是真的，举行仪式的同时候补者边鼓掌边笑着跳舞。参加仪式的巫堂们先让候补者跪下，然后把候补者盖上围裙后，大声喝斥着给候补者撒杂粮。喝斥和撒杂粮是为了驱逐无关的神灵及其行为。在韩国巫的观念里，杂鬼杂神也是需要接待的对象。所以仪式中往往经候补者的头上把三条干明太鱼投在门外，目的是为了哄劝杂鬼杂神。同时，候补者一直跳舞，在候补者的胸前一个巫堂撕开各色的麻布和土布。这是表示给神开通道的行为。然后候补者要找神母隐藏起来的扇子、铃铛等神器。

结束虚主仪式后三个月之内举行降神仪式。在降神仪式中决定巫堂的等级。巫堂祭的神决定其等级。一般在降神仪式中决定巫堂的主神，不过如果巫堂以后祭更高地位的神，巫堂的等级也可以上升。降神仪式中，巫堂接神列举自己的神灵。然后巫堂拿一碗凉水为人们算命。本来由虚主和降神两部分构成的降神仪式，经过抗日时期和现代化渐渐合并成一个仪式。

同举行降神仪式的神母无关，教给金有感巫业的是她的亲生母亲。虽然没有经过系统的学习，但是她通过在母亲行仪式时旁观就慢慢掌握了巫业。如此学巫大概一年的金有感参加了1937年6月在府民馆举行的朝鲜民俗艺术大会，表演仪式的她获得京城府尹奖。这确实应该看作是天赋。

金有感祭的神是崔莹将军、盲人神将、唱夫、大臣奶奶等。崔莹将军是她的主神，盲人神将和医术有关系。据说，25岁的时候，五个盲人神灵来到她的身上，那个神灵来后使得她的夫妻关系疏远了，一次行房的时候她血崩了。不过盲人神将赋予金有感治病的能力，他们给她签筒和针筒，并说“如果你拥有这些东西一辈子不用担心吃饭”。此后她就拥有了预防凶事的能力。艺术神唱夫给金有感艺术能力。大臣奶奶和金有感的关系最密切，金氏奶奶和姜氏奶奶赋予金有感生活的指针。

巫堂的能力取决于巫堂的神灵。1979年去世的鄂伦春族女萨满孟永尼也是举行仪式的时候展示奇闻怪事：她十几岁就领神，领了五六个神，其中有火神。她能用舌头舔烧红的铁刀，在火堆里坐着，或者跳来跳去，但是烧不伤，她不能吃火炭。传说孟正西萨满曾经与孟永尼萨满斗法，他们比赛入地、腾空，结果孟永尼获胜。[①]当然，这些相似的奇闻怪事在现代科学理性看来属于迷信，可是对于信众而言都是更加真实的，这也是神话意义上所看重的巫仪式的合理性所在。这实际上是另一种解释系统。

成为巫堂后，巫堂的活动一般分为为本神做的事和为信奉巫堂的人做的事。巫堂自己的神堂分主神和辅佐神。巫堂每天清晨给神行至诚仪礼，有时候去名山行至诚仪礼。到举行降神仪式的日子时，巫堂自己择时间为自己的神举办仪式。

为信奉巫堂的人做的事分为定期的事和非定期的事。定期的事是：一、为了预防横祸，正月进行的行事。二、四月初八的行事。三、七月七日的感谢秋收祭。四、预防三灾。五、冬至行事等。非定期的事是：一、病占、运气占等的算命。二、护符。三、信奉者有事的时候进行的仪式，比如说在搬家、生孩子、得病、死亡等的时候进行的仪式。

金有感精通巫堂的事，所以巫堂们常常问金有感关于预防灾祸、举办仪式的方法。金有感最大的本领在重生仪式。大巫金有感去世后，她的弟子们继承了她举办的重生仪式。

二、重生仪式

重生仪式是首尔、京畿地方的亡者荐渡仪式。在韩国，每一地方的亡者荐渡仪式的称呼不同，首尔、京畿地方叫“sae-nam”或者“jin-o-gi”，平安道地方叫“十王”，全罗道叫“ssi-gim”，庆尚道地方叫“o-gu”等。不过亡者荐渡仪式的名称都同冥府、死灵有关，十王是冥府十殿的王，“ssi-gim”是洗的意思，即把灵魂清洗干净后荐渡，从语言学上讲，“o-gu”估计和地狱的“狱”词根有关系。

重生仪式分为两个阶段，一是“an-dang-sa-gyoung-ma-ji”，二才是正式的重生仪式。前者类似首尔、京畿地方的天神祭。在这

① 孟慧英：《寻找神秘的萨满世界》，北京：西苑出版社，2004年版，第8页。

●图5-2-3　丧舆

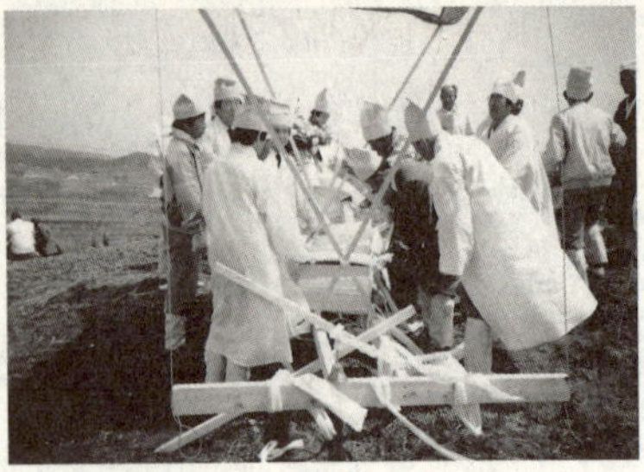
●图5-2-4　韩国传统葬礼

儿的“天神祭”不是为天神而举行的仪式，而是为了家门的好运气而举行的仪式，朝鲜的上流阶层把为自己举行的仪式叫天神仪式。“an-dang-sa-gyoung-ma-ji”从头天晚上开始到第二天清晨举行，祭仪的顺序是不净、感应请陪、进爵（给神灵酒）、佛师、户口、本乡、祖上、大臣奶奶、殿安（祭以关羽为首的中国神灵）、神将、上山、别星、巫感（或叫舞观，委托仪式的家人们穿神服跳舞）、帝释、城造、唱夫、后饯。重生仪式中的天神仪式和一般天神仪式的差别是祖上巨里中有没有“yong-sil”的程序。“yong-sil”是叫出亡者，听他讲话的过程。

第二天上午开始重生仪式。重生仪式的祭仪次序是重生不净、感应请陪、zhong-di-ba-san、使者三圣巨里、mal-mi、外公子、yong-sil、内公子、sang-sik、后yong-sil、剖开布、十王军雄巨里、后饯。各巨里的说明如下：

（1）重生不净：对十大王和使者告知有亡者，祈愿荐渡极乐。

（2）感应请陪：一般的仪式中请所有的神，可是重生仪式的感应请陪中请的神是掌管冥府的神。

（3）zhong-di-ba-san：坐着进行，巫堂敲着长鼓念经，巫堂对地藏菩萨祈愿亡者的极乐往生，然后唱十王的显灵。

（4）使者三圣巨里：为冥府使者进行的巨里。按巫堂的话来讲，使者是日直使者、月直使者、青直使者或黑直使者的三个。

（5）mal-mi：又叫Bali公主。重生仪式中最核心的过程。巫堂穿公主的服装颂Bali公主神歌。

（6）外公子：Bali公主把亡者的魂荐渡至极乐世界的过程。先设置奉地藏菩萨的莲池堂和冥府门。打扮成Bali公主样子的巫堂向莲池堂进发，后边丧主和家人跟着巫师。到门口的巫堂和门使者对话，在这里门使者要求过门的费用、钥匙的费用。门使者打开门后，Bali公主一行

●图5-2-5　Sang-sik床

●图5-2-6　剖开布

通过门。

（7）yong-sil：Bali公主祈求地藏菩萨发慈悲。在莲池堂拜谒的亡者陈诉冤情，恳求菩萨的慈悲。

（8）内公子：为了亡者顺利地通过冥府门，Bali公主和一行绕着大桌子转九次。

（9）sang-sik：亡者去极乐前最后受的一桌菜是sang-sik桌。遗属对亡者祭祀。

（10）后yong-sil：通过巫堂的身体，亡者对遗属说生前还没说的话和嘱咐。

（11）剖开布：拿神刀的巫堂剖开长的土布和麻布。土布象征现实的桥，麻布象征冥府的桥。因为巫师拨开去冥府的通道，亡者顺利地到达冥府。

（12）十王军雄居里：十王军雄是护卫十大王的神将。对他们祈愿照顾亡者。

（13）后饯：为亡者的祖上神或者杂鬼杂神进行的巨里。

首尔重生仪式展示出三个特点。①虽然进行的巨里繁多，可是结构上完整、华丽。②巫、佛、儒的观念和仪礼适当地掺杂在一起。③重生仪式包括朝鲜公众文化的因素。一般举行重生仪式的是上流阶层，重生仪式有时候在宫中举行。

第三节
巫神话“Bali公主”

一、口传神话“巫歌”

语言具有无尽的力量。在基督教有天地创造始于神的言说。神说：“要有光。”就有了光。神看光是好的，就把光暗分开了。神称光为“昼”，称暗为“夜”。有晚上，有早晨，这是头一日。神说：“诸水之间要有空气，将水分为上下。”神就造出空气，将空气以下的水、空气以上的水分开了。事就这样成了。神称空气为“天”。有晚上，有早晨，是第二日。[①]神以话语创造世界。

语言存在于文字之前。语言又是表达宗教思想的起点。佛经的开头都是“如是我闻，一时佛在”。佛经是佛说教的文字记录。《论语》的大部分开头亦是“子曰”。文字是为了记录语言而产生的。所以存在没有文字的语言，却不存在没有语言的文字。语言具有神圣性和咒术性。后来，话语的权威转移到了文字。张声作说：一般所说的原始宗教大都存在于无文字社会，而原生性宗教不但从史前社会延续到文明时代，而且许多民族的原生性宗教还具有成文的经典。[②]

巫文化重要的传承方法不是文字。巫堂和神的沟通，巫堂和人的沟通，以及巫堂之间传授技术一般都是通过语言进行的。以前笔者读硕士研究生的时候，老师曾出的考试题目是背诵Bali公主巫歌。老师想让学生们知道巫堂的传承方式和传承的苦恼。Bali公主巫歌有几十页，当时笔者几十次朗读后才背诵。可是考试结束后又都忘记了。巫堂要背诵每个巫仪式场的巫歌、曲子、动作。所以巫文化及其神话都不是记录在古代文献里的一成不变的材料，那是真正的口头传承与记忆。

---

① 《圣经·旧约·创世记》

② 张声作：《宗教与民俗》，北京：中国社会科学出版社，1997年版，第81页。

神话不断地被制造、反复、重演。从形式上看，时而舞蹈表现神话，时而音乐表现神话，时而跳舞、唱歌、文学、仪式等并称为神话。人类神话的起点并不是文字，有文字前有口头传承，有语言前还有动作、表情等，这些都可以使得人类之间实现沟通与交流，神话思维的原初表现很可能是动作。

举行仪式时唱的歌叫巫歌或者神歌。为了和神沟通，仪式中，巫师不断地唱巫歌。吟唱诸神的渊源和能力，以巫歌传达人们的祈愿，然后神借用巫师的口应答。虽然唱巫歌的人是巫师，但巫歌的内容分为人的表达和神的言说。巫歌的四个特点是咒术性、神圣性、娱乐性、继承的限制性。巫歌可以说明巫的功能即占卜、治病，还有证明预言咒术的效果。巫歌的神圣性在于听者。巫歌的听者是神，是神和人的对话。请神、许愿是人对神说的话；预言、神谕是神对人说的话。巫歌是人对神说唱的神圣文学。可是巫歌也包括娱乐的因素，有的巫歌类似戏剧，而且巫歌里有相声、滑稽等喜剧的因素。巫歌从巫堂到巫堂持续传承，这就是巫歌的继承限制性。巫歌按仪式的目的分为祈福祭巫歌、死灵祭巫歌、治病祭巫歌、巫神祭巫歌。按体裁划分的巫歌如下：[①]

（1）抒情巫歌：在恍惚经中借用现存的诗唱的歌。

（2）教术巫歌：短篇的巫歌。巫师告诉神人的愿望，巫师告诉人神的意思。说明和描写事物的来历。

（3）叙事巫歌：有结构的故事。有巫俗神话的特点。

（4）戏剧巫歌：又叫巫剧。有对话。

巫歌不能被严格地分类。巫歌有很多特点，只不过各个巫歌强调的部分都不一样。口传文学是文学的原型。记录文学起源于口传文学。口传文学变成记录文学的过程是采录、记载、创作。文字被创造并普及之前，在祭政合一的社会里，口传的巫歌是神圣的故事。巫歌的神圣性和继承限制性正是出于口头传承的原因。可是在理性主义支配的近代和当代，口传的巫歌被人们忽视。人们错误地认为只有文字记录才是可信的。

举行巫仪式的时候，巫堂即时口诵巫歌。以文字记录的神话不能改变，只能解释。可是巫歌是正在进行时的神话。巫歌是活着的神

① [韩]张德顺等：《口碑文学概说》，首尔：一潮阁出版社，2007年版。

话。所以巫歌包括从产生之时到现在的变化。

二、巫堂的自画像“Bali公主”

Bali公主巫歌是重生仪式中唱颂的。巫堂颂Bali公主的时候，要穿公主的服装，即穿深红色裙子、唐衣，披蒙头里，手里拿着铃铛，头上戴着装饰华丽的假发。巫堂把长鼓反置在地上，坐着左手摇铃铛，右手敲着长鼓颂Bali公主。而且把祭桌放在巫师的面前，祭桌上有一个香炉、两个蜡烛以及大米。还有以纸搓的三足芯子。唱颂完毕的巫师把三足芯子点着火，凭借芯子烧后的样子，来卜算死者的命。

1937年，日本学者赤松智诚和秋叶隆第一次采录Bali公主巫歌。在《朝鲜巫俗的研究》中记录了京城巫女裴敬载的口传。《朝鲜巫俗的研究·巫祖传说》中记载：“在这儿采录的传说叫Bali公主或者‘mal-mi’、‘ji-no-gi’，是举行亡者的巫祭时，巫女摇着铃铛、敲着长鼓唱的长话。估计成于朝鲜建成之初，Bali公主是巫女的始祖。”[①]以后Bali公主巫歌就不断地得到采录了，除了黄海道、平安道、济州岛以外的朝鲜半岛都传承Bali公主巫歌。其中首尔、京畿地方的Bali公主展示了最具因果论的虚实结构。大略的情节如下：

从前Ogu大王治理大星山。国家是太平盛世，不过大王还没有正宫。经过严格的挑选后大王决定跟吉大夫人结婚。为了决定吉礼的日期，大王让天下宫的算命先生占卜。算命先生说：“今年举办吉礼的话，正宫将生七个公主。可是明年举办吉礼的话，大王将会得到三个王子。”大王偏偏当年就结婚

●图5-3-1　Bali公主

① [日]赤松智城、秋叶隆：《朝鲜巫俗的研究》，沈雨晟译，首尔：东文选出版社，1991年版，第14页。

了。果然吉大夫人连读生了六个公主。但是大王并不失望，等着正宫生儿子。谁也没想到夫人又生了公主。发怒的大王让臣子抛弃第七个公主。那时候，正宫痛苦地恳求大王起名字。大王叫公主“Bali”，“Bali”是离弃、受排挤的意思。起名后，大王就命人把公主放在玉盒里扔进大海了。突然金龟出现带走了玉盒。有老两口儿发现了公主，并收养了她。

丢弃公主后过了15年，有一天，大王夫妇同时得了重病。什么药都没用，唯一的办法是由Bali公主去西天西域国带来药水。有个臣子历尽艰难地找到公主并把她带回官殿。虽然大王曾经扔掉公主，可是公主为了报答父母的恩情还是答应去西天西域找药水回来。公主就这样出发了，可是公主根本不认路。当公主徘徊的时候，突然出现了鸟鹊引导她来到释迦那儿。释迦听完公主的故事后感动了，他给公主两个礼物。一个是花，另外一个是金杖。离开释迦后公主到了一个地方，那个地方是八万四千地狱。地狱里充满了罪人们的叫苦之声。公主一摇动释迦给的花，罪人们就从地狱出来了。公主为他们的极乐往生念了佛。过地狱后公主遇到茫茫大海。这个大海连羽毛也会下沉的。公主向大海投下金杖就有了虹桥。在大海的对岸公主遇到路标。路标问公主有没有带来路费、火费、水费。公主没有。路标要求公主锯木头三年代替路费，拔火三年补偿火费，打水三年付出水费。总算过了九年了，可是路标又要求公主生七个儿子。生七个儿子后，公主想回大星山。路标对公主说：“你用的水就是药水，你栽的草就是开眼草，在园子里的花就是生命花。”路标想跟公主一起回去。所以公主、路标和七个儿子一起回去了。可是他们到大星山的时候，大王夫妇已经去世了。公主用药水、开眼草、生命花使大王夫妇复活。再生的大王想报答公主的劳苦，问公主想要什么东西。可是公主什么都不要，只想当巫师引导死者。就这样，公主就当巫师了。

Bali公主巫歌里有多样的元素。不过构成Bali公主巫歌的多种元素不指向其各自表面的意义。在Bali公主的巫歌里提到一种元素的原因不是为了强化它。而是要强调Bali公主巫歌中的不同元素是产生其他巫歌的母题。Bali公主巫歌里的不同元素模式混合为一了。为了了解Bali公主巫歌，要考虑文本、唱颂文本的巫堂、文本的内容和包围文本的社会之间形成的紧张关系，即文本和文本的说唱人及听者、包围他们的社会之间的动力学关系而产生的新的文本。

具体而言，首先，从结局来看，Bali公主表现的是巫堂的来历。Bali公主巫歌中表现的巫堂的诞生情节绝妙地表现了早期巫堂神话实际观念的变形。早期古代社会是祭政合一的社会，即巫堂就是王。在早期古代社会，巫堂成为王的理由在于巫堂的神圣性。王是上天的后代，檀君、解慕漱、朱蒙等神话中出现的王一般都是天孙。天孙都具有显明的神圣血统，神圣血统被当作是正统性的根据。继承了神圣血统，天孙就成为在大地上有意义的存在。在早期古代社会，这样的存在就是巫堂。类似地，根据满族神话《天宫大战》的内容，天神养育萨满：

> 阿布卡赫赫派神鹰哺育女婴，使她成为世界第一个大萨满。神鹰受命后，用昆哲勒神鸟衔来的太阳河中的生命与智慧的神羹喂育女婴；用卧勒多赫赫的神光启迪女婴，使他通晓星卜天时；用巴那吉额姆的肤肉丰润女婴，并使他学会运用神技；用耶鲁里自生自育的奇功诱导女婴，使她懂得男女媾育的医术。女婴成长为世间百聪百伶、百慧百巧的万能神者，抚安世界，传继百代。不知又过了多少万年，北天冰海南流，洪涛盖野，大地上只有代敏大鹰和一个女人留世。这个女人繁衍了人类，成为人类始母神[1]。

由于萨满是神的后代、由神养育而成，萨满自然具有行使神技的能力。可是Bali公主的神圣血统是被否认的。虽然她以公主的身份出生，但她被抛弃了。按照其他的Bali公主神话版本，王生了六个公主后，为了再生一个王子，他给神行至诚的仪礼。王和王妃做祥瑞的梦后孕生了第七个孩子，不过生出的又是公主。在这里祥瑞的梦意味着Bali公主的命运。可是王又违反神意抛弃公主。抛弃是Bali公主巫歌的重要母题，

① 王宏刚、于晓飞：《北方萨满文化》，成都：四川文艺出版社，2007年版，第160页。

可是抛弃的情形和其他的神话不同。

檀君出生时桓雄不在，朱蒙出生时解慕漱也不在，父亲不在的情况下，他们要克服考验，完成开国大业。朱蒙克服考验和开国的时候，明确地阐明自己的血统。檀君和朱蒙的血统都没被否认。朱蒙经过考验的理由是他属于另外的世界。如前面分析的，在胎生的社会，朱蒙是卵生。同样脱解也在胎生的社会卵生。虽然脱解在龙城国出生，可是他不属于龙城国。但是，Bali公主不同，她没有被抛弃的决定性根据。因为Bali公主只是女儿，所以她被抛弃。Bali公主的六个姐姐也都是女儿，可是她们没被抛弃而留在了王宫。当第七个孩子也是女孩时，国王生气了，结果Bali公主被抛弃。这种情形，不是因为异族而被抛弃。Bali公主被抛弃的情况不是自然的现象，而是人为的现象。如果Bali公主是第一个或者第二个、第五个乃至第六个，她也不会被抛弃。因为是第七个出生的公主而被抛弃和以卵出生被抛弃的意味完全不同。这可以说明，胎生的社会中卵生是奇迹的明显表现，同时也是他和凡人不一样的宣言。

为什么同样是异于社会，却一个被赋予了神性，成为奇迹，而另外的一个却被作为不合心意，抛弃大海？这里面有着现实的反映。Bali公主被抛弃的现象里蕴含着属于社会却被轻视的巫堂的不平。巫堂不是自己甘愿成为巫堂的。朝鲜时代巫堂被打上贱民的烙印。巫堂过着很孤单、很疏离的生活。正如Bali公主被抛弃不是她自己的意愿，本质上，成为巫堂与个人意愿无关。选择巫堂的是神，遵奉神的意旨就是被神所选择。神的选择是神圣血统的另一种表现。可是巫堂的正统性和神圣性并未被社会接受。这是因为除了巫堂以外连巫堂的神也一起被抛弃掉了。

朝鲜时代没有神选光荣的观念。在彻底的人文学的世界观支配的社会，人和神之间的距离越来越远。统治阶级来决定何者为神，同样，只有皇帝能在天坛祭天，遭统治范式否认的神被抛弃。朝鲜时代巫堂和巫的神都被抛弃了。被抛弃的Bali公主隐喻着社会中被抛弃的巫堂。

那么巫堂是在社会中没用的职业与人吗？不是。巫堂和巫堂的神都还有信奉者。所以神话故事中Bali公主的父王两次拒绝神谕，受到惩罚。第一次拒绝次年举行婚礼的神谕，第二次拒绝通过祥瑞的梦表现的对Bali公主的神谕。结果王和王后得了重病。因为拒绝神谕得了病的事实是一种巫神的警告，同时暗示如果蔑视、抛弃巫堂，就会挨罚。治病情节的存在也只是强调巫堂的神力。第一个公主、第二个公主、第三个公主直到第六个公主都不能找药水回来，而且她们说“因为我们一直住在宫里，又不认路又怕，不能去”。这暗示着，宫里没有能救大王夫妇的人。就是说，她们不是神选的人，也就不具备这样的能力，因此放弃了通神之路。

为了救国王夫妇，有个臣子先找Bali公主，臣子告诉Bali公主她的真正身份，可是Bali公主要求证明她是国王的女儿。臣子拿出有国王夫妇的血的金盘子滴血认亲，Bali公主的血滴在盘子中，王夫妇的血和Bali公主的血混在一起，Bali公主这才承认自己的身份。这样的过程意味着身份的恢复，神圣血统的认定，抛弃自己的社会和Bali公主关系的修复。其实Bali公主也不认路，可是她为了报答孕生自己的父母的恩惠出发去寻药。Bali公主的行为和巫师的活动类似，仿佛这样说：“你们抛弃我，我不抛弃你们。虽然你们驱除我，但你们最需要我的时候，我为你们捐躯。”这就是巫堂的生活。

李氏朝鲜时代，巫堂从都城不断地被驱除。可是有时候，王室还找巫堂。1927年李能和写下了朝鲜时代巫文化的情况。他写的《朝鲜巫俗考》第6章“李朝巫俗”篇记录召集巫堂举行祈雨祭的事实；第7章“宫中好巫”篇记录往来宫中的巫堂和在宫里举行的巫仪式；第11章“禁妖巫及”篇记录朝鲜时代禁止巫业的情况；第12章“黜巫城外”篇记录从都城驱除巫师的事实。①

巫堂因为统治阶级的需要被驱除，同样因为他们的需要又被叫来。巫堂自然没有决定的权力，社会的统治阶级决定是否允许巫堂的存在。类似Bali公主因为王被抛弃，又因为王的需要被叫来，这是巫堂的命运。Bali公主去找药水，而被叫来的巫堂不拒绝做自己的事，这也是相似的。

Bali公主巫歌表现关于巫堂和包围巫堂的社会的关系。而且Bali公主巫歌又表现了当巫堂的过程和巫堂的能力。当巫堂前，巫堂候补者需要经过痛苦的考验，经过痛苦后候补者才能成为巫堂。巫堂经过的痛苦和考验正是前面提到的神病。

---

①[韩]李能和：《朝鲜巫俗考》，李在崑译，首尔：东文选出版社，1991年版。

●图5-3-2　路标

●图5-3-3　路标与立木

Bali公主最后成为荐渡亡者的巫堂。这一神圣的言说表明，成为巫堂的第一步是被抛弃，Bali公主的被抛弃意味着巫堂候补者受降神祭前要经过的巨大考验，即是一种神病的开头。[①]巫堂的考验不仅仅是神病，为了成为巫堂要举行仪式，巫堂要学很多东西。巫堂为了学习专门的技艺又要经过巨大的考验、要拼命地努力。这样的过程相当于Bali公主给路标打水、生火、生孩子的考验。然后候补者才能成为真正的巫堂。

按照Bali公主巫歌，巫堂所具有的最大的能力是重生。通过去冥府的旅途，巫堂拿到在现实世界没有的重生药。不过在这里要考虑到巫的重生复活观念。巫的重生复活并不意味着肉身的重生复活。在巫的世界观里，生者和死者共有同一世界。重生不是恢复肉身的意思，而是意味着新出发。通过重生仪式，亡者从不好的状态进入到好的状态。

这样的过程不限制于亡者，亡者的家族也都有怨恨。可是通过重生仪式能够消除亡者和家族怀有的怨恨。消除怨恨后，亡者和家族结成和以前不一样的新关系。新关系的形成就意味着重生。在这里巫堂就是亡者和生者的中介。而巫堂召唤来冥府的亡者又意味着他是冥府和现实世界的中介。

① [韩]赵兴胤：《韩国的萨满教》，首尔：首尔大学校出版部，1999年版，第172页。

●图5-3-4　冥府门

三、他界旅游神话比较

在中国东北地方也发现通过冥府旅程令死人重生的神话。代表的神话是满族的《尼山萨满》：

> 明朝的时候，罗洛寸的富人巴勒杜巴颜五十岁得一子，取名瑟尔古黛，不想他十五岁的时候，在横栏山打围时身亡。巴勒杜巴颜到尼西海河岸请尼山萨满救活他的儿子。尼山萨满将神作法，渡过几条河，闯过几道关，靠着鹰神等灵禽神兽的相助，到了依尔孟罕那里找到了瑟尔古黛·费扬古的魂魄，并与依尔孟罕的舅舅蒙古勒代讨价还价，为瑟尔古黛争取了寿限，留下了鸡、狗和大酱作为谢礼。在阴间的归途中，尼山遇到了亡夫。亡夫向他提出了复活的要求，并说如不应允就要用油锅炸死她。尼山告诉他：他已死多年，尸身已烂，不能复生。但亡夫仍纠缠不休，尼山作法将他抛到了丰都城。后来尼山在子孙娘娘的宫殿里看到了惩罚恶人的各种刑具，并以此劝诫世人行善。尼山萨满救活了瑟尔古黛·费扬古，受到了巴勒杜巴颜的重谢，可是，由于婆婆的控告，皇帝令人把她抛到井里处死。

大多数文本中尼山萨满都是这种悲惨的结局，也有版本讲尼山也救活了亡夫并以大团圆为结局。他界旅游是萨满的最大的能力。他界旅游中，萨满要通过关口。Bali公主的关口是侍奉路标。可是赫哲族的神话中，出现的关门有所不同：

老萨满的故事是这样的：[1]

有一个萨满，是个老太太，特别有能耐。她时常到阴间去走走，把不该死的人的灵魂从阎王爷那里要回来。有一天，萨满正在河边洗桦皮篓，来了个比她岁数还大不少的老太太，说自己的儿子不知道是怎么回事，冷不丁地就迷糊过去啦。老太太一边说一边掉眼泪，哭得叫人揪心不拉的。

萨满到了老太太家看到病人说："他的灵魂已经到阎王爷那里去了，我得到阴间去一趟，三天就回来。"这天晚上，萨满请下神以后，就向阴间去了。走着走着，前面有座大山，山顶上有座小房子，矮趴趴的。萨满爬到山顶，看见一个白胡子老头正在那儿烧水。老头把一碗开水递给了萨满："你爬山爬得汗巴流水的，喝口水解解渴吧。"萨满把水碗推过去，说啥也不喝。原来，这里是阴间的第一关，白胡子老头烧的不是开水，是迷魂汤，谁要喝了，就再回不到人间了。萨满来阴间多少趟了，啥事也瞒不了她。她才不上这个当呢！

翻过大山，山下就是一条大江，白亮亮的江水，没边没沿，江边有个老头，坐在桦皮船上打瞌睡。萨满到桦皮船上，把老头叫醒，求他把船摆过去。萨满说："你送我过河吧，我也是替别人办事。你把我送过河吧，等把别人的病治好了，我让他们时常给你供狍子头和酒还不行吗？"老头点了点头，不声不响地拿起了一只桨，只划了一下，小桦皮船像箭似的漂到对岸。

萨满过了江，又走了好半天，才上了一条大道。大道上人来人往，车马不断，热热闹闹，萨满又往前走了一会儿，来到一个城门。这里可不像大道上那么热闹，两面都是黑森森的大树。过往的人谁也不敢说话。原来，这里离阎王爷住的地方不远啦。

① 陶阳、钟秀编：《中国神话》下册，北京：商务印刷馆，2008年版，第1347—1351页。莫庆云叙述，白水夫采录，选自《中国民间故事集成黑龙江卷》。

萨满走进阎王爷住的大门口，有两个小鬼正站在门口把门，不让她进去，说阎王爷正在里面比武哪。萨满对站岗的小鬼说："那我就抽袋烟等一忽儿吧。"萨满掏出烟袋，装上烟，可是忘记带火了，就和站岗的小鬼说借火。站岗的小鬼说："我们用的火，你们哪能用啊。"萨满只好把烟袋掖起来。等了半天，站岗的小鬼还是不让进去。萨满把自己的雷神掏出来往空中一扬，"咔嚓"一声，来了块黑云彩把萨满拖上了天。

萨满站在云彩上往下看，嘿，阎王爷住的院子里，四边也都是矮趴趴的小房，中间有一块空场，阎王爷正在空场上和好多大力士摔跤呢。替阎王爷拿生死簿的那个小鬼正站在一边看热闹呢。萨满让雷神下去把夹着生死簿的那个小鬼给带上来，赶着云彩就跑出了阎王爷住的大院。萨满对小鬼说："我们那儿有个小伙子，年轻力壮，又孝顺老人，你们干啥把他的灵魂拿来啊？快快查查，查完了还给我，不让的话，我就让雷神把你押走！"夹生死簿的小鬼刚翻开生死簿子要看，阎王爷带着两个小鬼追上来了。阎王爷一看萨满是熟人，就说："你怎么这么爱管闲事？"萨满说："你们把小伙子的灵魂拿来了，小伙子死了，他的两个老人咋办？"阎王爷说："小伙倒是没什么错，是他的寿禄到了。"萨满说："你就行行好，让他把两个老人发送完，再活个十年二十年就行啊。"阎王爷听了点点头，让随身的小鬼把小伙子的灵魂拿来交给了萨满。萨满把小伙子的灵魂接过来装进了袍子里，拍了拍说："你在这里好好呆着，咱们这就回去，你家的老人一定是等得着急了。"小伙子的灵魂在萨满的皮袍里面说："好阿妈，袍子里面太憋屈了，你把我放在你的腰带上站一会儿吧。"萨满就把小伙子的灵魂掏出来掖在腰带子上。

萨满带着小伙子的灵魂往回走，又走到那条大江的边上。萨满又上了那条桦皮船，这回船上坐的不是白胡子老头，是他死去的掌柜。他掌柜说："你这么有能耐，能救别人，为啥不救我呢？这趟把我也带回去吧。"萨满说："你怎么能怪我呢？你死的时候，我还没当萨满呢！"掌柜的说啥也不让他过江。萨满没办法，只好又掏出雷神往空中一扬，又是“咔嚓”一声，来了一块黑云把她托过了江。

萨满过了江，走了一会儿，路过一片林子，见一帮人正在你推我搡地打一个女人。小伙子的灵魂问萨满，他们为啥打这个女人。萨满说：“这个女人的寿禄还没到，她就上吊了，怎么不打她呢？”小伙子的灵魂随萨满进了屯子，看见两个人把一个女人的舌头拉出来，拴上皮条，来回地抽。就问萨满：“他们为什么把这个人的舌头拴上皮条啊？”萨满说：“这个女人活着的时候，大嘴拉舌的，净说别人的坏话，就该受这样的苦！”萨满又往前走了一段路，小伙子的灵魂看见又有两个人把一孩子的两只耳朵拴上绳子往外拽，小孩痛得噢噢叫。就问萨满：“这么点的孩子抓他干什么？”萨满说：“这个小孩不听老人的话，总淘气，就得这样管管他。”

小伙子的灵魂随着萨满走进一座大房子，见里面一男一女老老实实地坐在那里。房子里冷气拔人，那一男一女坐在那儿浑身冒汗，就问萨满是怎么回事。萨满说：“这两个人在阳间就要成亲了，不知道他们诚心不诚心，就让他们晾在这房子里看看。谁要是不诚心，谁就得冻死，再也回不到人间了。你看这两个人都在冒汗，就是诚心。”离大房子不远，有一根木桩子，上面钉着一个女人，有两个人拿着一把大锯，把女人从中间劈开。小伙子的灵魂问萨满是怎么回事。萨满说：“这个女人活着的时候，有了掌柜的还和别的男人小胡搞，不把她劈开怎么能行呢？”

在木桩子不远，有几个女的正在吃死小孩。萨满告诉小伙子的灵魂说：“她们几个在世的时候，和别的男人胡搞，生了孩子又不养活，想着弄死，阎王爷就惩罚他们吃自己弄死的孩子啦！”又走了一会儿，到了屯子头。他们看见几个女人在那里，有的吃带血的布，有的吃臭烘烘的肉。萨满告诉小伙子的灵魂说：“这些女人，有的把垫卡巴裆的布乱扔，有的把吃剩下的肉乱扔。等他们死了，阎王爷就罚她们吃这些东西。”

他们走出屯子不远，碰到一个白头发老太太，面相挺和善的。萨满把小伙子的灵魂拿在手上，对他说："这个老太太是专门管人生的，你要给她磕个头，好好谢谢人家。"小伙子的灵魂在老太太的面前跳了两下。老太太对他说："因为你孝顺老人，阎王爷才放你回来的。你回去后要把你看见的事，一件一件地对别人说，要让他们做好事，别做坏事。"小伙子的灵魂又跳了几下。老太太说完话，在萨满的脑门上拍了三下，萨满长长地打了个哈事（哈欠）醒过来了。一看到小伙子也坐起来和老人们唠起嗑来啦。

小伙子病好了，两个老人挺乐，又是肉，又是酒，又是烟地伺候着萨满。

起死回生的能力属于医术的领域。医术的最高境界就是起死回生。通过他界旅游，萨满表现出起死回生的能力，这意味着萨满具有最高的艺术能力。他界旅游和起死回生展示出萨满的能力，而且这两个能力是Bali公主、尼山萨满、老萨满的共同点。当然三个神话之间有差别。最大的差别是他界旅游的动机和旅游的起点。

尼山萨满和老萨满她们已经是萨满了，她们具有他界旅游的能力。她们的旅游很熟练，她们很熟练地去冥府，很容易地过关。而且她们不是为了自己去他界旅游，因为有人恳求，所以她们才去冥府救人。可是Bali公主并没有他界旅游的经验，她旅游的时候还不是萨满，去冥府的理由也不是受到恳求，Bali公主是为了救父母的命去冥府。虽然有这些不同，可是他界旅游的共同母题是血缘。尼山萨满和老萨满不救自己的丈夫。因为夫妻关系不是血缘的关系。丈夫是对现实或大男子主义社会的隐喻，不救他们也是一种抗拒意识的表现。父母和子女之间最强调的伦理道德是孝。神话试图采用孝的母题，让特殊的事件升华为普遍的行为。

Bali公主巫歌和尼山萨满、老萨满故事中出现的死者死亡的原因也不同。Bali公主的父母得病的理由是因为拒绝神谕，但是尼山萨满和萨满故事中的死者死亡原因是短命的命运。尼山萨满和老萨满拒绝命运，令死人回生。两个萨满具有超越神之意志的能力，萨满是对抗神的存在。反而Bali公主救的却是拒绝神之意志的父母。父母的重生依靠Bali

公主的牺牲。可是尼山萨满依靠自己的能力救瑟尔古黛。回到现实的Bali公主被奖赏财富和地位。不过Bali公主自己愿意做巫堂。救瑟尔古黛的尼山萨满也回到现实，可是等待她的是官司，结果皇帝令人把她抛到井里处死。在现实中，尼山萨满不能发挥自己的能力。社会约束萨满。就在这里显示出了Bali公主巫歌和尼山萨满的世界观和本体性的差异。

虽然巫师是被疏远的存在，可是Bali公主巫歌中先是公主后为巫师的主人公主动地寻找存在的价值。在尼山萨满的故事中，萨满的价值限制了她的影响范围。萨满只在萨满的世界、萨满的领域中，才是伟大的存在。回到现实社会的萨满是渺小的存在。可是在Bali公主巫歌中，巫师试图说明在忽视巫师的现实社会中她们如何成为伟大的存在。通过得病的王夫妇在萨满帮助下死而复生，讥讽忽视巫师和巫神的现实。在现实社会出事的时候，能解决问题的存在只是巫师。这就是巫师存在的理由。

Bali公主巫歌、尼山萨满、老萨满去阴间的故事折射出萨满自身的命运。神话包括了现实和理想、圣和俗以及萨满存在的理由。虽然萨满要生活在贫瘠的现实中，这里是神和人的距离十分遥远的世界，还有人文学的世界观支配着社会，统治者抛弃她们、忽视她们，可是她们确实是具有最高能力的人。

结语

神话历史仍延续在当下

从创世开始到现在神话在不断地产生。曾被蔑视的巫神话现在被作为文化遗产，对檀君的认识也不断地变化，朱蒙神话、首露神话等建国神话变成电视剧。这样的现象也是一种神话。神话产生神话，神话变成现实，历史转变成神话。我们活在神话历史的时代。

英国的诗人、画家布莱克说：一沙一世界。半导体工学学者在一粒沙子里会看到巨大卫星通信的组合，土木建筑家在一粒沙子中会看到建筑物。根据所看之人的文化背景和经验，一个Significant（能指）能够散发出千差万别的意涵。①以多样的角度看神话会产生多样的解释。但是不管从什么角度看沙子，沙子就是沙子。神话也一样，无论从什么角度看神话，神话就是神话，其自有本质属性。因而神话就像是贤首发藏对武则天说法《华严金狮子章》中的金狮子：

> 一、金与狮子，同时成立，圆满具足，名同时具足相应门。二、若狮子眼收狮子尽，则一切纯是眼；若耳收狮子尽，则一切纯是耳。诸根同时相收，悉皆具足，则一一皆杂，一一皆纯，为圆满藏，名诸藏纯杂具德门。三、金与狮子，相容成立，一多无碍；于中理事各各不同，或一或多，各住各位，名一多相容不同门。

因为神话是动力学的整体，所以神话不能从一个角度来解释。神话是以文学的眼睛、考古学的鼻子、人类学的耳朵、宗教学的嘴、想象力的腿、美术的尾巴构成的金狮子。看的角度不一致，形容金狮子也不一致，可是金狮子是一体的。神话也如此，但是神话什么角度也都包容。类似金和狮子的包容成为金狮子，无数的要素构成神话。可是这样表现出的神话是完整的吗？我们目睹的神话是一种符号，它由文本符号、雕刻符号、壁画符号、建筑符号等组成，这些符号共同成为神话符号的整体。我们既要看到神话的有机成分，也要从整体上把握这些要素。

所有神话都一样，韩国神话也是动力学的整体。为了把握整体，要考虑时间与空间、产生与继承、过去与现在、社会与范式的关系以及表现神话的各种各样的物质与非物质文化。韩国神话不能离开历史，同时韩国历史不能离开神话。其实神话与历史的同一个存在里有两种因素。虽然韩国神话有神话历史的系统，但是韩国神话不能限制现在的领土、民族、范式等概念中去狭隘理解。那样就只看到了韩国神话的“小传统”，而忽视了神话从起源到流变的“大传统”。

人们经常说当今是科学的时代，并认为我们的象征系统、知识、分

① [韩]金庆镕：《符号学是什么》，首尔：民音设，2008年版，第167页。

类法是很科学的。但是现在的理性观念也不是绝对与科学标准等同的。像托马斯·库恩所揭示的，我们的知识系统、科学观念在不断变化。以现在的知识断定什么是科学的，严格地说，这也是非科学的。我们的科学判断从长远发展看都是暂定的，不过是在新范式前出现前所保留的表象。神话的内容依据其产生时代的范式。神话时代的象征与解释、认知系统和现在的系统不一致。想要清楚了解那时代的系统，就应该把握那系统的逻辑。想解释神话，先要知道那时代的范式。在神话发生的时代，它是最“科学”的故事。

科学也拥有神话性。科学技术把想象变成现实。当代出现了信仰科学，甚至有崇拜外星人的宗教。广义上讲，发生不可能发生的事，也被称为神话。飞跃发展的科学产生自身的神话。不管接受与否，神话性具有广泛的存在。问题在于，人们看待神话时往往执着于自己的观点，马克思·穆勒也一样。自然的拟人化与语言疾病说不能说明所有的神话。自然神话与语言疾病只是解释神话的一个渠道。虽然我们看到的是同一个事物，但是各自有各自的感觉。

“毛嫱丽姬，人之所美也，鱼见之深入，鸟见之高飞，麋鹿见之决骤。四者孰知天下之正色哉？”[①]庄子说的是相对性。人的美感与动物的美感不同，皆因人和动物处在不同的系统中。就人自身而言，系统不同价值观也不同。价值观是判断是非的标准，据此设定一个标准产生善恶美丑的观念。不过各时代有各时代的价值观，时代不同标准也不同。这样的现象意味着各时代被各时代的秩序所支配。一个事物放在哪个时代、哪个社会，当时、当地的秩序决定其意义。时代的变化、社会的变化、范式的变化就是脉络的变化。脉络往往决定意义，这个脉络也就是所谓的文化传统的继承与演变。韩国神话也经过这样的过程，各时代以各时代的范式解释神话。每个时代，神话的意义不同。

诱惑亚当吃禁果的是女子夏娃，打开箱子把所有的恶播撒出来的潘多拉也是女子，但她们和母系社会的地母神不同。韩国传统观念上，老虎是山神或山神的使者。可是在东南亚老虎是奸邪的象征。社会的脉络、文化的脉络决定老虎的象征意义。鲁思·本尼迪克特（Ruth Benedict）在《文化的模式（Patterns of Culture）》中提

① 《庄子集释·上》，北京：中华书局，2007年版，第93页。

到跟我们不同的社会是如何认识善恶的：

> 多夫人有很鲜明的特点。他们没有法律，而且不能相信……。他们都对别人存有敌视的态度。他们没有特罗布里恩诸岛具有的制度。在特罗布里恩诸岛有受尊敬的首长运用和平交换的组织。在多夫没有首长。也没有政治组织。严密地说没有合法的……。不过发生这种现象的原因不是他们活在自然、无政府的状态，而是因为在多夫，共同的社会形态助长恶意和背叛，而且恶意和背叛是他们社会的美德。[①]

在多夫人的社会观念发展脉络上，恶意就是美德。一个观念、事物、价值的意义不是绝对的，关键的是把它们放在哪儿。这样的话，事物和意义的关系是任意的，即是能指（Significant）与所指（Signifie）的关系。女性能指在各个系统被赋予不同的所指。德里达说：语言符号在空间上有差异，在时间上延伸，产生意义。所以世界的表达是差延的，是在差延系统上显现的。[②]意义本身并不固定。时代的脉络产生意义，时代的范式影响时代的脉络。沿着时间之流记述能指和所指的关系，脉络、范式就表现出历史。

范式或价值观不同，看待神话的态度也不同，这种现象的代表神话人物在本文中是檀君等。时代的变化引起对檀君不同的认识。朱蒙神话也展示如果继承人不同，所强调的部分就不同。所以神话要在其脉络上把握。神话在何时、何地，神话的解释、意义也要随之变化。当然我们还要考虑神话所表现的现实内容。

意义沿历史和社会的变化流动形成。在这样的脉络上，表现和内容、能指和所指不是先验一一对应的关系。意义在历史的过程中会产生新变。在这里能够发现动力学的意义概念。同时，很简单的符号形态也具有固有的历史性和社会性。[③]神话与神话的意义也受时代、社会、范式的脉络影响。我们通过各时代的神话研究倾向可以分析出各时代的范式。神话符号与意义的演进，就反映出不同时代的脉络。这样的现象暗

---

① Ruth Benedict：*Patterns of Culture*, Boston：Houghton Miffin Company，1989, p. 150.

② Jacques Derrida：*Writing and Defference*, tr Alan Bass, Chicago：Chicago University Press，1978, p. xvi.

③ [韩]金云瓘：《现代符号学与文化分析》，首尔：Open Books，2005年版，第70页。

示神话学里的多层次。我们通过神话文本接近对象体。接近对象体时，必然受时代范式的影响。既要体认过去的时代范式，也要小心当代的时代范式，防止歪曲神话的方法是保持对时代影响的警惕性而去接近对象本体。

神话产生神话。分化的神话通过回归产生另外的神话。新产生的神话反映那时代的观念。即不断产生的神话反映不断变化的时代。神话产生神话的原因是什么？神话不是固定的东西。鲁斯文（K. K. Ruthven）说：神话的结局是开放的，可文学是完成的制作品。在神话上任何人都会加一点自己的，可诗或戏剧要尊重原来的完结性。[①]从这意义上说，神话不断被创造，不断被赋予新意义。

神话本体没变化，但是神话载体（文本）一直在变化。文本的结构随分析文本的工具、使用者的文本分析能力而变化。文本在什么空间，用什么理论、新发现的材料、使用者的态度、社会经济的发展脉络等都会决定神话文本的意义。

从创世开始到现在神话在不断地产生。曾被蔑视的巫神话现在被作为文化遗产，对檀君的认识也不断地变化，朱蒙神话、首露神话等建国神话变成电视剧。这样的现象也是一种神话。神话产生神话，神话变成现实，历史转变成神话。我们活在神话历史的时代。

① [英]K.K Ruthven：《神话》，金明烈译，首尔：首尔大学校出版部，1987年版，第79页。

参考文献

中国典籍

- 《北史》
- 《博物志》
- 《道德经》
- 《管子》
- 《四书集注》
- 《后汉书》
- 《淮南子》
- 《晋书》
- 《离骚》
- 《梁书》
- 《辽史》
- 《论语》
- 《三国志》
- 《山海经》
- 《尚书》
- 《尚书大典》
- 《诗经》
- 《史记》
- 《水经注》
- 《隋书》
- 《太平御览》
- 《通典》
- 《魏书》
- 《盐铁论》
- 《战国策》
- 《正蒙》
- 《周易》

●《周易略例》

●《庄子》

中国专著

●《黑龙江省呼玛县十八站鄂伦春民族乡情况——鄂伦春族调查材料四》，内蒙古少数民族社会历史调查组1959年编印。

●《中国原始宗教百科全书》编纂委员会：《中国原始宗教百科全书》，成都：四川辞书出版社，2002年版。

●柏杨：《中国历史年表》，海口：海南出版社，2006年版。

●蔡家麒：《论原始宗教》，昆明：云南民族出版社，1988年版。

●曹楠：《红山文化玉巫人辨析》，《红山文化研究》，北京：文物出版社，2006年版。

●冯友兰：《三松堂全集》第三卷，郑州：河南人民出版社，2001年版。

●富育光：《萨满教与神话》，沈阳：辽宁大学出版社，1990年版。

●高凯军：《通古斯族系统的兴起》，北京：中华书局，2006年版。

●古方：《萨满教特点对红山文化玉器研究的一些启示》，《红山文化研究》，北京：文物出版社，2006年版。

●谷长春主编：《天宫大战　西林安班玛发》，富育光讲述、荆文礼整理，长春：吉林人民出版社，2009年版。

●关小云、王宏刚：《鄂伦春族萨满教调查》，沈阳：辽宁人民出版社，1998年版。

●郭大顺、将星德：《东北文化与幽燕文明》，南京：江苏教育出版社，2005年版。

●郭大顺、张克举：《辽宁省喀左县东山嘴红山文化建筑群址发掘简报》，《文物》第11期，1983年。

●郭建斌、韩有峰：《鄂伦春族——黑龙江同江市街津口村调查》，昆明：云南大学出版社，2004年版。

●郭淑云、王宏刚：《活着的萨满——中国萨满教》，沈阳：辽宁人民出版社，2001年版。

●郭淑云：《中国北方民族萨满出神现象研究》，北京：民族出版社，2007年版。

●胡新生：《中国古代巫术》，济南：山东人民出版社，2006年版。

●黄泽、刘金明：《赫哲族——黑龙江同江市街津口村调查》，昆明：云南大学出版社，2004年版。

●李学勤：《走出疑古时代》，长春：长春出版社，2007年版。

●辽宁省文物考古研究所：《辽宁牛河梁红山文化“女神庙”与积石冢群发掘简报》，《文物》第11期，1986年。

●刘永胜、王长江：《红山古玉文化研究》，北京：宗教文化出版社，2004年版。

●刘毓庆：《图腾神话与中国传统人生》，北京：人民出版社，2004年版。

●马大正、李大龙、耿铁华、权赫秀：《古代中国高句丽历史续论》，北京：中国社会科学出版社，2003年版。

●孟慧英：《寻找神秘的萨满世界》，北京：西苑出版社，2004年版。

●孟慧英：《中国北方民族萨满教》，北京：社会科学文献出版社，2000年版。

●那木吉拉：《中国阿尔泰语系诸民族神话比较研究》，北京：学习出版社，2010年版。

●裴文中：《中国石器时代》，北京：中国青年出版社，1963年版。

●奇文瑛：《满—通古斯语族民族宗教》，北京：中央民族大学出版社，2005年版。

●史禄国：《北方通古斯的社会组织》，呼和浩特：内蒙古人民出版社，1985年版。

●苏秉琦：《辽西古文化古城古国》文物八纪，北京：文物出版社，1986年版。

●孙进己：《东北民族源流》，林东锡译，首尔：东文选出版社，1992年版。

●塔娜：《满族始祖女神“佛托妈妈”新探》，《内蒙古社会科学》第2期，1994年。

●陶阳、牟钟秀：《中国创世神话》，上海：上海人民出版社，2006年版。

●陶阳、钟秀：《中国神话》上册，北京：商务印书馆，2008年版。

●田继周：《先秦民族史》，成都：四川民族出版社，1996年版。

●王宏刚、于晓飞：《北方萨满文化》，成都：四川文艺出版社，1990年版。

●王明珂：《华夏边缘：历史记忆与族群认同》，北京：社会科学文献出版社，2006年。

●王小盾：《四神：起源和体系形成》，上海：上海人民出版社，2008年版。

●王钟翰主编：《中国民族史概要》，太原：山西教育出版社，2004年版。

●乌丙安：《神秘的萨满世界》，上海：三联书店上海分店，1989年版。

●谢选骏：《中国神话》，杭州：浙江教育出版社，1995年版。

●萧兵：《中国文化的精英——太阳英雄神话比较研究》，上海：上海文艺出版社，1989年版。

●徐旭生：《中国古史的传说时代》，北京：文物出版社，1985年版。

●杨军：《高句丽民族与国家的形成和演变》，北京：中国社会科学出版社，2006年版。

●叶舒宪：《老子与神话》，西安：陕西人民出版社，2005年版。

●叶舒宪：《物的叙事：中华文明探源的四重证据法》，《社会科学报》，2010年6月17日。

●叶舒宪：《熊图腾》，上海：锦绣文章出版社，2007年版。

●叶舒宪：《熊图腾与东北亚史前神话》，《北方论丛》，2010年第6期。

●叶舒宪：《英雄与太阳》，西安：陕西人民出版社，2005年版。

●叶舒宪：《庄子德文化解析》，西安：陕西人民出版社，2005年版。

●叶舒宪编：《结构主义神话学》，西安：陕西人民出版社，1988年版

●易思羽主编：《中国符号》，南京：江苏人民出版社，2005年版。

●于建设等：《红山文化概论》，呼和浩特：内蒙古科学技术出版社，2008年版。

●袁珂：《中国古代神话》，北京：华夏出版社，2004年。

●张声作：《宗教与民俗》，北京：中国社会科学出版社，1997年版。

●赵志辉：《三仙女传说与玄鸟生商比较研究》，《民间文学论坛》第4期，1986年。

●朱达、王来柱：《牛河梁遗址第十六地点发掘获重大成果》，《中国文物报》，2003年。

韩国典籍

●《朝鲜王朝实录》

●《帝王韵纪》

●《东国李相国集》

●《东国通鉴》

●《高丽史》

●《广开土大王碑》

●《龙飞御天歌》

●《牟头娄墓志》

●《三国史记》

●《三国遗事》

●《巫堂来历》

韩国专著

●崔南善：《不咸文化论》，郑在乘译，我们历史研究财团，2008年版。

●崔南善：《檀君古记笺释》，《思想界》2卷2号，首尔：思想界出版社，1954年版。

●韩炳三：《失岛》，国立博物馆，1976年版。

●韩昌均：《古朝鲜的成立背景与发展阶段》，《国史观论丛》，1992年版。

●韩国考古学会：《韩国考古学讲义》，首尔：社会评论出版社，2007年版。

●韩永熙：《韩民族的起源》，《韩国民族的起源和形成·上卷》，首尔：小花出版社，1997年版。

●洪命憙：《想象力和加斯东巴什拉（Gaston Bachelard）》，首尔：Sallim Books，2005年版。

●黄弼昊：《关于伊利亚德的“逆的合一”》，《神话与历史》，首尔：首尔大学校出版部，2004年版。

●黄浿江：《韩国神话的研究》，首尔：新文社，2006年版。

●姜承哲：《中韩太阳神话比较研究》，哈尔滨：黑龙江人民出版社，2006年版。

●姜友邦：《韩国美术的诞生》，首尔：松出版社，2007年版。

●金秉模：《金冠的秘密》，首尔：蓝的历史出版社，1998年版。

●金秉模：《许黄玉渠道：从印度到伽倻》，首尔：历史的早上出版社，2008年版。

●金秉莫：《金秉莫的考古学旅游》，海豚线，2006年版。

●金翰奎：《辽东史》，首尔：文学与知性社，2008年版。

●金华庆：《韩国神话的源流》，首尔：知识产业社，2005年版。

●金基凤：《后现代主义时代的历史是什么》，《后现代主义与历史学》，首尔：蓝的历史出版社，2008年版。

●金庆镕：《符号学是什么》，首尔：民音设，2008年版。

●金仁镐：《楚辞和巫俗》，首尔：Shina社，2001版。

●金廷鹤：《檀君说话与图腾》，《历史学报》第7集，1954年版。

●金廷鹤：《以考古学看韩国民族》，《白山学报》，1966年。

●金宪宣：《韩国的创世神话》，首尔：Gilbut出版社，1994年版。

●金元龙：《韩国考古学概说》，首尔：一志社，1989年版。

●金云璨：《现代符号学与文化分析》，Open Books，2005年版。

●金载元：《武氏祠石室画像石的檀君神話》，首尔：新文社，1988年版。

●金贞培：《韩国古代史论的新潮流》，首尔：高丽大学校出版部，1980年版。

●金贞培：《韩国民族的起源》，首尔：高丽大学校出版部，1973年版。

●金贞培：《韩国民族的文化和起源》，高岱译，上海：上海文艺出版社，1993年版。

●李弼荣：《北亚洲萨满教与韩国巫教的比较研究》，《白山学报·25号》，1979年版。

●李弼英，《韩国长干子信仰研究》，延世大学校史学系博士论文，1989年版。

●李丙焘、金廷鹤等：《古朝鲜史·三韩史研究》，首尔：一潮阁出版社，1999年版。

●李丙焘：《韩国古代社会与其文化》，瑞文堂，1973年版。

●李丁宰：《东北亚的熊文化与熊神话》，民俗苑，1997年版。

●李汉祥：《黄金的国家新罗》，Gimmyoung Pubilishers，Inc，2004年版。

●李亨求：《渤海沿岸栉纹土器文化的研究》，《韩国史学》10集，韩国精神文化研究院，1989年版。

●李亨求：《东北亚石墓文化的分布和起源问题》，《韩国学的课题和展望》，韩国精神文化研究院，1988年版。

●李亨求：《在渤海沿岸找到的韩国古代文化的秘密》，Kimyoung社，2004年版。

●李亨求等：《寻找韩国人的渠道》，首尔：BM Sungandang出版社，2009年版。

●李能和：《朝鲜巫俗考》，李在崑译，首尔：东文选出版社，1995年版。

●李钟周：《东北亚的圣母柳花》，《社会科学战线》，2000年第1期。

●林在海：《阐明新罗金冠的起源》，首尔：知识产业社，2008年版。

●朴善珠：《韩民族的起源》，《韩国民族的起源和形成·上卷》，首尔：小花出版社，1997年版。

●朴时仁：《阿尔泰神话》，首尔：青鹿出版社，1994年版。

●朴仙姬：《阐明我们金冠的起源》，首尔：知识产业社，2008年版。

●朴元吉：《欧洲与亚洲草原帝国的萨满教》，首尔：民俗苑，2006年版。

●朴玧贞：《'02高城文岩里先史遗址发掘调查》，《韩国新石器研究》，韩国新石器学会，2003年版。

●全虎兑：《高句丽古墓壁画研究》，首尔：四季节出版社，2000年版。

●任世权：《韩国的岩刻画》，首尔：大圆社，2003年版。

●任世权：《在阿尔泰地域岩刻画表现的太阳神崇拜》，《先史与古代》26卷，韩国古代学会，2007年版。

●任晳宰、张筹根：《关北地方巫歌》，文化财管理局，1966年版。

●申采浩：《朝鲜上古史》，朴基峰译，首尔：飞凤出版社，1988年版。

●孙宝基：《上老大岛的先史时代生活》，首尔：修书院，1982年版。

●吴江原：《古朝鲜什么时在那儿》，《古朝鲜、檀君、夫余》，首尔：东北历史财团，2004年版。

●徐大锡：《韩国神话的研究》，首尔：集文堂出版社，2002年版。

●徐荣洙：《古朝鲜的发展过程及疆域的变动》，古朝鲜史研究会、东北亚历史财团：《寻找古朝鲜的历史》，首尔：学缘文化社，2007年版。

●徐永大：《传统时代的檀君认识》，芦泰敦编著《檀君与古朝鲜史》，首尔：四季节出版社，2007年版。

●徐永大：《檀君神话的意义和功能》，《檀君与古朝鲜史》，首尔：四季节出版社，2000年版。

●张秉吉：《宗教学概论》，首尔：博英社，1975年版。

●张筹根：《韩国的神话》，首尔：成文阁出版社，1964年版。

●张德顺等：《口碑文学概说》，首尔：一潮阁出版社，2007年版。

●赵显卨：《我们神话的谜语》，首尔：Hanibook，2006年版。

●赵兴胤：《韩国的萨满教》，首尔：首尔大学校出版部，2000年版。

●赵兴胤：《韩国巫的历史与现场》，首尔：民族社，1997年版。

●郑镐完：《以韩语看的檀君神话》，首尔：明文堂，1994年版。

●郑守一：《古代文明交流史》，首尔：四季节出版社，2001年版。

其他国家专著

● [德]格罗塞：《艺术的起源》，蔡慕晖译，北京：商务印书馆，1984年版。

● [加]麦克卢汉：《理解媒介——论人的延伸》，何道宽译，北京：商务印书馆，2000年版。

● [美]凯伦·阿姆斯特朗：《神话简史》，胡亚豳译，重庆：重庆出版社，2005年版。

● [美]马丽加·金芭塔丝：《活着的女神》，叶舒宪等译，桂林：广西师范大学出版社，2008年。

● [美]迈克尔·格兰特（M. Grant）：《希腊罗马神话》，徐美释译，首尔：现代知性社，1999年版。

● [美]默林·斯通（Merlin Stone）：《上帝是女性的时候

（When God was a Woman）》，郑莹沐译，首尔：根与叶出版社，2005年版。

● [美]米尔恰·伊利亚德：《神圣的存在——比较宗教的范型》，晏可佳、姚蓓琴译，桂林：广西师范大学出版社，2008年版。

● [美]约瑟夫·坎贝尔：《千面英雄》，张承漠译，上海：上海文艺出版社，2000年版。

● [美]卡普拉：《生命的网子》，金镕贞译，首尔：汎洋社，1998年版。

● [法] 博亚（Lucian Boia）：《想象力的世界史》，金雄权译，首尔：东文选出版社，2000年版。

● [法]Gilbert Durand：《神话批评与神话分析》，俞平根译， 首尔：Sallimbooks，1998年版。

● [法]Marcel Detienne：《神话学的创造》，南秀仁译，首尔：Ecilo出版社，2000年版。

● [法]Rene Grousset：《欧亚游牧帝国史》，金浩东等译，首尔：四季节出版社，2000年版。

● [法]列维-布留尔：《原始思维》，丁由译，北京：商务印书馆，1981年版。

● [英]K.K Ruthven：《神话》，金明烈译，首尔大学校出版部，1987年版。

● [英]雷切尔、斯多姆：《东方神话》，曾玲玲等译，太原：希望出版社，2007年版。

● [英]马林诺斯基：《原始神话论》，徐永大译，首尔：民俗苑出版社，2001年版。

● [英]麦金德：《历史的地理枢纽》，林儿蔚、阵江译，北京：商务印书馆，1985年版。

● [英]西安·琼斯（Sian Jones）：《民族主义与考古学》，李俊贞等译，首尔：社会评论出版社，2008年版。

● [日] 中沢新一：《从熊到王》，金玉姬译，首尔：东亚洲出版社，2003年版。

● [日]《完译日本书记》，田溶新译，首尔：一志社，2006年版。

● [日]三品彰英：《神話と文化史》，首尔：平凡社，1971年版。

● [日]三品彰英：《古代祭政と穀灵信仰》，首尔：平凡社，1973年版。

● [日]失野尊义：《天照大神认同女神的理由》，《东亚女性神话》，首尔：集文堂，2003年版。

● [日]赤松智城、秋叶降：《朝鲜巫俗的研究·上》，沈雨晟译，首尔：东文选出版社，1991年版。

● [日]太安万吕：《古史记·上》，权五晔、权静译，God' sWin出版社，2004年版。

● [朝]金根植等：《龙谷洞窟遗址》，平壤：金日成综合大学出版部，1986年版。

● [朝]金庸杆：《美松里洞窟遗迹发觉报告》，《各地遗迹定理报告》，平壤：金日成综合大学出版社，1963年版。

● [朝]社会科学考古学研究所：《朝鲜考古学概要》，首尔：科学百科词典出版社，1977年版。

● [朝]张佑镇：《朝鲜人的起源》，首尔：社会科学院，1989年版。

● [韩、蒙]东北亚历史财团、蒙古科学研究院考古学研究所：《蒙古戈壁阿尔泰的岩刻画》，首尔：东北亚历史财团，2008年版。

● [韩、俄]东北亚历史财团、俄罗斯科学院物质文化史研究所：《中央亚洲的岩画》，首尔：东北亚历史财团，2007年版。

● [希]Ovidius：《变身故事（ Matamorphaes）》，李润基译，首尔：民音社，1997年版。

●《圣经》。

●Bryan S.，Rennie，*The potential Contribution of Non—Western Cultures to the Spiritual Healing of the West*，2002年11月5日在韩国江南大学发表。

●E. E. Evasn—Pritchard，：*The Nuer*，Oxford：Oxford University press 1940，p p. 199—200.

●Edmund Ronald Leach，*Structuralist Interpretations of Biblical Myth*，Cambridge Univ Press 1985.

●Ernst Cassirer, *AN ESSAY ON MAN*, YALE UNIV. PRESS, 1944.

●Gorden. W. Allport, *The Nature of Prejudice*, Perseus Books Group, 1988.

●J. Frazer, *The Golden Bough*, abridged ed. In one volume, MACMILLIAN &CO., London, 1959.

●J. Michael, *Myth of the World*, London. Kyle Cathie Ltd, 1995.

●Jacques Derrida, *Positions*, tr. Alan Bass, Chicago: University of Chicago Press, 1982.

●Jacques Derrida, *Writing and Defference*, tr Alan Bass, Chicago: Chicago University Press 1978, p. xvi.

●Joseph Mali, *Mythistory*, The University of Chicago Press 2003.

●M. Eliade, *Pattern in Comparative Religion*, Merdian Books, 1972.

●M. Eliade, *The Myth Of The Eternal Return* (*Cosmos And History*), Trask, Willard R. (TRN), Smith, Jonathan Z. Princeton Univ Press 2005.

●M. Eliade, *Shamanism*, New York Pantheon Books 1964.

●M. Eliade, *Myth and Reality*, New York: Harper&Row, Pubilishers 1963.

●M. Eliade, *The Forge and the Crucible*, translated from the French by STEPHEN CORRIN, The University of Chicago Press, 1978.

●Michael Grant & Jonh Hazel, *Who's Who In Classical Mythology*, Oxford University Press 1993.

●P. H. Gulliver: *The family Herds*: *A Study of Two Pastoral Tribes in East Africa the Jie and Turkana*, London: Routledge & Kegan Paul LTD1955.

●Ruthven, K. K., *Myth*, London: Methuen 1976.

●Shirokogoroff, S. M, *Psychomental Complex of the Tungus*,

Kegan Paul, Trench, Truber&Co., London 1935.

●The Hugo Pan—Asian SNP Consortium, *Mapping Human Genetic Diversity in Asia*, Science 11 December 2009, Vol326, no5959.

●Uno Holmberg, *The Mythology of All Races*, Finno—Ugric Siberian, Cooper Square Publishing Co., 1964.

后 记

韩国电影《电台之星》里有一句对白说：缀满繁星的夜空中，几乎没有自己发光的星辰。凭借着其他星的星光，一颗星才会发出光芒。本书完成的情况亦如此。如果我现在有点光，那并不是我自己的光辉，父母生我，叶舒宪老师教我，同学们帮我，出版社给我机会，这都是我借以发光的力量。

本书是在我的博士论文基础上修改而成的。我一直认为神话是活着的千面故事，这故事不只限于语言叙述的故事，动作、舞蹈、美术等都是我们表现故事的方法，所以被表现的故事可以被理解为神话。世上万物都具有自己的由来与故事。世上万物自有其价值，所以世上万物都包含着自己的神话。我把这些故事叫神话，亦即是我对神话所作的广义理解。

有人说："当代不是神话的时代，而是科学的时代。愚昧的傻瓜才以神话作解释。"可我有疑问。世界上有数不胜数信仰宗教的人。他们中有科学家、政治家、企业家等，虽然职业不同，但是信徒们都笃信自己宗教的神、创造、道理与教义。基督教徒相信上帝创造了世上万物。谈到科学的时代，不是还仍然持续着进化论和创造论的争论吗？从这角度看，科学证明的事实也许不是绝对的真实，而是在当时有效的假说。在天动说支配社会的时代，主张地动说的人不是被认为是狂人或者否定神的历史的叛逆者吗？

判断是科学还是非科学的基准是什么？在我看来，只是时代的范式而已。我们看古代神话时，觉得荒唐、不合理、非科学。可是当时人觉得，神话是最合理、可信、科学的道理，因此他们创造、保存神话并世代流传。当代被认为是科学、理性的时代，可是当代同时也是非理性、非科学的时代。现在的地球上，这个地方发生虐杀，那个地方毁坏生态环境；一个地方生产过剩销毁食物产品，另一个地方的人却因饥寒而死。人和人、人和自然之间的平衡关系已经被破坏了。很多神话道破人和自然、人和人之间的平衡关系的重要性。神话让我们警醒，教给我们该走的路。我觉得神话还在产生，我们仍然活在神话的时代。

我希望接近神话的"意"，可是还是没深入把握神话的实体。

王弼说：

> 夫象者，出意者也。言者，明象者也。尽意莫若象，尽象莫若言。言生于象，故可寻言以观象；象生于意，故可寻象意观意。意以象尽，象以言着。故言者，所以明象，得象而忘言；象者，所以存意，得意而忘象。犹蹄者所以在兔，得兔而忘蹄；筌者所以在鱼，得鱼而忘筌也。[①]

我深知自己所处的情境。我仍在“言”的领域，希望达至“明象”的境地。这世上没有孤立的人与事物，万事万物都是相互关联的。

2004年我到了北京。时光不等人，今年是2011年，2004年33岁的青年现在变成了40岁的中年。我决定学神话的时候，有一个梦想。当时我的梦想是写类似《魔戒》的小说。用东北亚神话写一部神话小说。我还是抱着那时的梦想。悲剧不是无法实现梦想，而是失去梦想。

① 王弼：《周易略例·明象》。